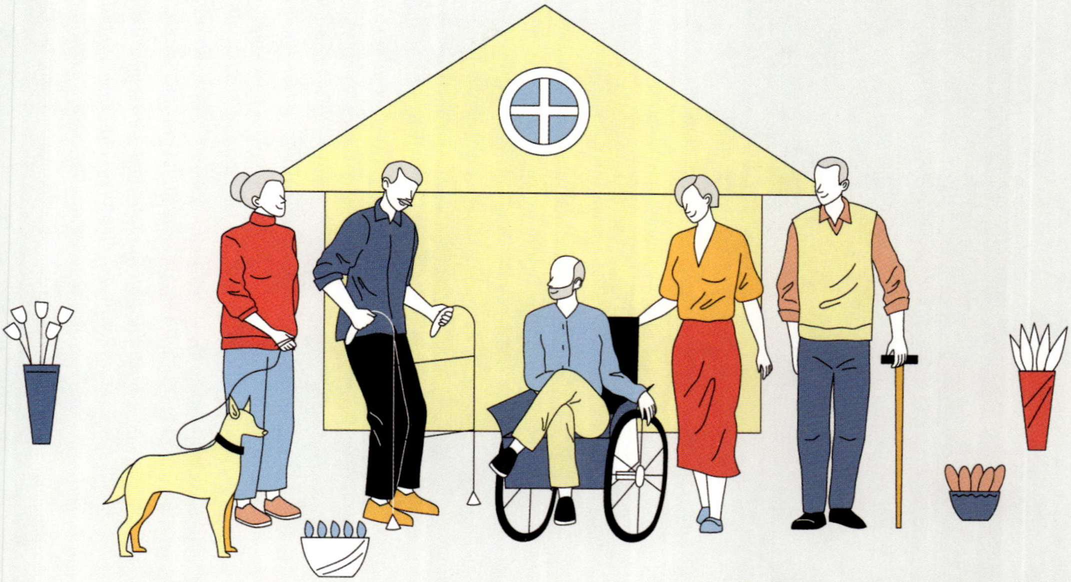

SILVER CARE PRACTICE

실버케어 실무

이나겸

양성원

머리말

우리나라는 소득 수준의 향상에 따른 식생활과 생활여건의 개선, 보건의료기술의 발전, 건강에 대한 관심의 증가, 주거환경의 개선 등으로 인해 불과 26년 만에 고령화사회에서 초고령사회로 진입했으며, 이는 세계 어떤 국가와도 비교하기 힘들 정도로 빠르게 진행되는 압축적 고령화이다. 이러한 급격한 인구의 고령화는 평균수명의 연장과 합계출산율의 감소로 인한 노인 인구의 절대 수와 상대적 비율이 증가한 것이 근본적 원인이지만, 한국전쟁 이후에 출생한 베이비 붐(baby boom)세대가 한꺼번에 노인 인구로 전환되는 것이 가장 결정적인 원인이라고 할 수 있다. 이것은 그만큼 노인 문제에 대처할 시간이 부족하다는 것을 의미한다.

인구의 고령화는 노동력의 부족과 소비의 감소에 따른 경제성장의 둔화, 노인에 대한 부양지수와 노령화지수의 급격한 상승의 문제 뿐만 아니라 노인성 질병의 발생 등으로 인한 노인 의료비 증가, 연금지출 등의 사회보장을 증가시킨다. 이는 궁극적으로는 사회적, 경제적 발전을 저해하는 사회적 문제가 예상된다. 따라서 증가하는 노인의 부양과 보호의 문제 뿐만 아니라 의료비용과 연금지출의 급증 그리고 주택과 생활환경 및 고용과 여가 문제가 개인이나 가족의 문제만이 아니라 사회적, 국가적인 책무로서 강조되어 실버케어에 대한 종합적인 대책이 필요한 시점이다.

노인의 간병과 장기요양의 문제를 사회적 연대원리에 의해 정부와 사회가 공동으로 해결하여, 노인의 생활안정을 도모하고 그 가족의 부양 부담을 덜어 줌으로써 국민의 삶의 질 향상을 위해 2008년 노인장기요양보험제도가 도입되었다. 이 제도는 질병의 치료보다 고령이나 노인성 질병 등의 사유로 인하여 거동이 불편하거나 치매 등으로 인지가 저하되어 6개월 이상 기간 동안 혼자서 일상생활을 수행하기 어려운 노인 등에게 장기요양서비스를 제공하는 데 목적을 둔 사회보험제도이다. 노인장기요양보험제도의 실시로 요양보호사가 케어 인력으로 탄생하여 대상자에게 신체적, 심리적, 사회적인 요양서비스를 제공하므로 사회복지 영역에서는 요양서비스에 관한 체계적이고 전문적인 지식과 기술이 필요하다. 그러나, 장기요양 관련 시설과 인력이 크게 증가하였음에도 불구하고 사회복지 영역에서는 새로운 영역에 대한 무관심과 준비의 부족으로 오히려 간호 등 타 영역에 실버케어의 새로운 일자리를 내어 주고 있는 것이 현실이다. 케어, 즉 돌봄, 수발, 요양, 원조 등은 누구나 마음만 있으면 할 수 있는 과거의 비전문적인 가족 수발의 개념이 아니라 직업으로서, 특히 전문직으로서 사회복지 영역에서 새롭게 개척해야 할 분야이며, 우리 노년의 삶의 질을 확보하기 위해서는 복지가 중심이 되어 다른 영역과 함께 활동해야 할 분야인 것이다.

노인장기요양의 실버케어 영역은 스스로 일상생활이 어렵고 치매로 인해 도움을 필요로 하는 대상자들에게 병의 원인을 규명하고 치료하고자 하는 서비스가 아니다. 타인의 도움 없이는 일상생활을 영위할 수 없는 상태에서 남은 생애를 인간적이고 행복하게 그리고 잔존기능을 최대한 유지하고 발휘하면서 인간답게 삶을 영위하도록 돕는 서비스이므로 아무런 지식과 기술 없이 마음만으로 도울 수 있는 서비스가 아님을 인식해야 한다. 이러한 요구에 부응하여 사회복지학계에서는 실버케어의 필요성을 인식하고 사회복지사들이 케어의 전문적인 지식과 기술을 갖추어 전문사회복지사로서 그 역할을 할 수 있도록 실버케어 교육과정을 도입하여, 사회복지사가 전문적인 케어 복지교육을 받을 수 있도록 사회복지사 교육체계를 정비해 나가야 할 것이다.

본 교재는 크게 2부로 구성되어 있다. 제1부에서는 실버케어의 기본적인 이론과 지식으로 실버케어의 필요성, 케어의 개념과 원칙 및 실천의 구조, 사회복지와 노인장기요양보험제도, 대상자에 대한 이해, 장소별 케어와 팀 케어, 사례관리, 치매노인의 케어, 종말기 케어 등에 대해 다루었다. 제2부에서는 실제 현장에서 기본이 되는 기술로서 기본 케어 기술, 신체의 변화와 건강상태 관찰, 개인위생 케어, 영양과 식사 및 배설 케어, 체위 변경과 이동 케어, 욕창 케어와 안전 관리, 응급처치 등에 관련된 것들을 다루었다. 저자는 2000년부터 장애인복지와 노인복지를 사회복지실천현장에서 직접 실천했던 현장의 경험을 토대로 전국의 많은 후학들에게 도움이 되기를 바라는 마음에서 집필하였기에 현장에 계시는 많은 분들에게 참고가 될 것으로 생각한다. 실버케어에 관한 전문적인 지식과 기술을 제공하기 위한 실무의 교과서로 사용될 수 있으며, 장기요양시설의 종사자와 재가복지 담당자들에게 참고서로 유용하게 사용될 것이므로 앞으로도 실버케어에 대한 이론과 실무적인 체계를 확실히 하기 위해 더욱 노력하며, 연구를 통하여 수정하고 보완해 나갈 것이다.

끝으로 이 책의 출판에 아낌없는 성원과 정성을 쏟아 주신 도서출판 양성원 대표님과 수차례의 교정으로 최고의 책으로 만들어 주신 직원 여러분의 노고에 지면을 빌어 진심으로 감사의 인사를 전하며, 본서가 우리나라 실버케어 실무의 발전에 많은 도움이 되길 바란다.

2025년 8월

이 나 겸

차 례

PART 2 실버케어의 실무

PART 1

실버케어의 기본

Chapter 01

실버케어의 필요성

1. 노인과 노화
2. 고령화사회의 진전
3. 가족의 부양기능 저하
4. 케어 욕구의 증가 및 다양화
5. 노인의 건강한 노화

Chapter 01

실버케어의 필요성

일반적으로 사람은 누구나 나이가 들면 심신의 기능이 쇠약해지고 퇴행성 만성질환으로 인하여 고통을 받으며, 거동이 불편해져서 타인의 도움을 받지 않고는 자립 생활을 영위하기가 어려워진다. 이처럼 자립 생활을 영위하기 어려워진 노인의 케어 문제가 사회문제로 대두되고 사회복지의 주요 과제로 등장하게 된 배경은 무엇보다도 환경의 변화 때문이라고 볼 수 있다.

1. 노인과 노화

1) 노인의 개념

우리나라 「노인복지법」에서 노인은 후손의 양육과 국가 및 사회의 발전에 기여하여 온 자로 정의하고 있으며, 존경받고 건전하며, 안정된 생활을 보장받는다고 명시하고 있다(제2조 기본이념). 따라서 국가와 국민은 경로효친의 미풍양속에 따른 건전한 가족제도가 유지되고 발전되도록 노력하여야 하고(제3조 가족제도의 유지 · 발전) 국가와 지방자치단체는 노인의 보건 및 복지증진의 책임이 있으며, 이를 위한 시책을 강구하여 추진하여야 한다(제4조 보건복지증진의 책임).

2) 노화의 3가지 영역

우리나라 「노인복지법」과 「노인장기요양보험법」에서는 65세 이상을 노인으로 규정하고 있고 노화란, 개인적 측면에서는 자립적인 생활능력을, 환경적 측면에서는 환경 적응능력을 떨어뜨리므로 서비스를 제공할 때 노인의 상태를 파악하고 개인의 자립능력과 함께 환경에 대한 적응력을 동시에 고려해야 한다.

첫째, 생리적 및 생물학적 면에서 퇴화기에 있는 사람이다.

둘째, 심리적인 면에서 정신기능과 성격이 변화되고 있는 사람이다.

셋째, 사회적인 면에서 지위와 역할이 상실되어 가는 사람이다.

2. 고령화사회의 진전

최근 의학기술의 발달, 생활환경의 변화, 영양학적 향상 등으로 평균수명이 연장되어 노인 인구의 절대 수를 증가시켰을 뿐만 아니라 상대적으로 출생률의 감소 등으로 인하여 인구의 고령화가 사회문제로 대두되고 있는 주요 배경은 무엇보다도 인구 고령화의 급속한 진전이라고 볼 수 있다.

1) 세계와 한국의 인구 추이

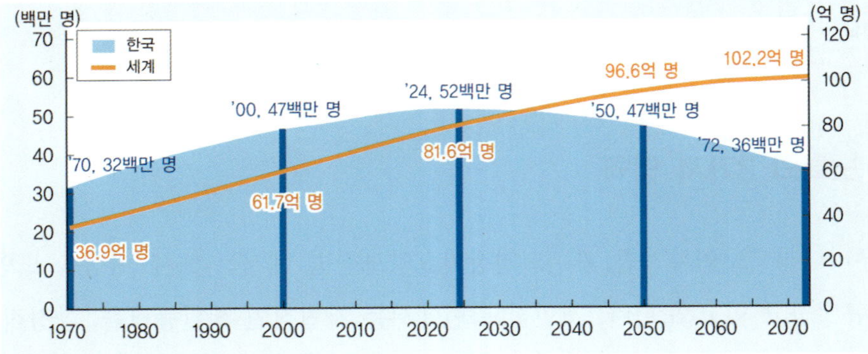

출처: 통계청(2024).

1970년~2072년까지 102년간의 통계청에 의한 인구 추이를 살펴보면, 세계는 2024년 81억 6천만 명에서 2072년에는 102억 2천만 명으로 증가할 것으로 전망되는 반면, 한국은 2024년 5천 2백만 명에서 2072년에는 3천 6백만 명으로 감소할 것으로 전망된다.

2) 세계와 한국의 인구 구성비

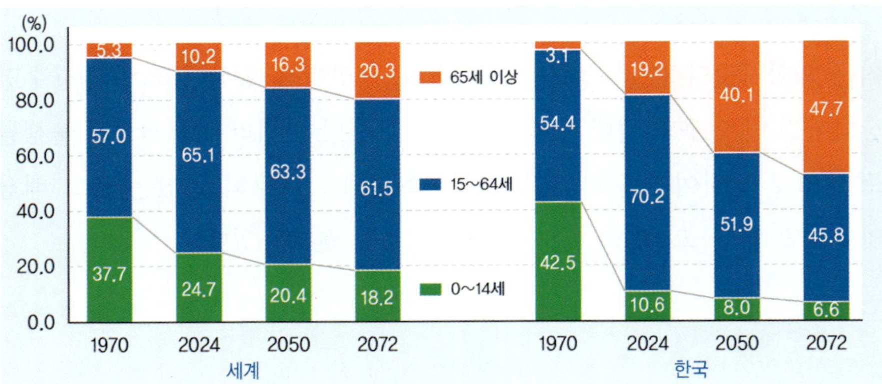

출처: 통계청(2024).

세계와 한국의 인구 구성비를 살펴보면, 유소년인구(0~14세) 구성비에서 한국은 2024년 10.6%로 1970년(42.5%) 대비 31.9% 감소하였으며 2072년에는 6.6%로 예상되고, 세계는 2024년 24.7%로 1970년(37.7%) 대비 13.0% 감소하였으며 2072년에는 18.2%로 계속 감소할 전망이다. 생산연령인구(15~64세) 구성비에서 한국은 1970년 54.4%, 2024년 70.2%, 2050년 51.9%, 2072년에는 45.8%로 감소할 것이고, 세계는 1970년 57.0%, 2024년 65.1%, 2050년 63.3%, 2072년에는 61.5%로 계속 감소할 전망이다. 특히, 65세 이상 고령 인구가 증가하는 것은 세계적인 현상으로 1970년 5.3%, 2024년 10.2%, 2050년 16.3%, 2072년에는 20.3%로 완만하게 증가할 것으로 전망되지만, 한국은 1970년 3.1%, 2024년 19.2%, 2050년 40.1%, 2072년에는 47.7%로 매우 가파르게 증가하는 편이다.

3) 세계와 한국의 평균수명 추이

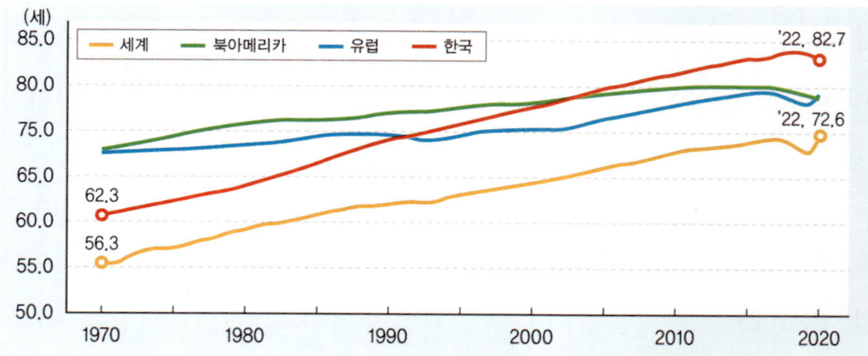

출처: 통계청(2024).

세계와 한국의 평균수명 추이를 살펴보면, 세계는 1970년 56.3세에서 16.3세 연장하여 2022년 72.6세인 반면, 한국은 1970년 62.3세에서 20.4세 연장하여 2022년 82.7세인 것은 우리나라가 세계보다 10.1세 높은 수준이고 80세를 넘어 100세 시대가 도래하고 있음을 알 수 있다.

4) 세계와 한국의 합계출산율 추이

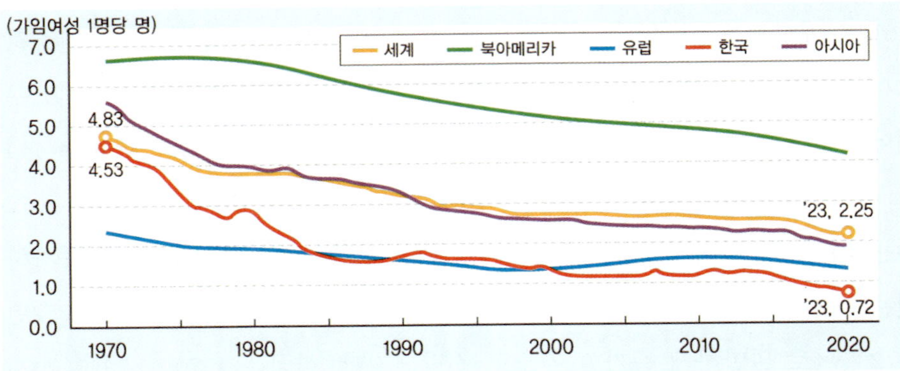

출처: 통계청(2024).

세계와 한국의 합계출산율 추이를 살펴보면, 세계는 1970년 4.83명에서 2023년 2.25명으로 2.57명 감소하는 반면, 한국은 1970년 4.53명에서 2023년 0.72명으로 3.81명이 감소하여 2023년 현재, 한국은 세계보다 ⅓ 수준으로 감소하였을 뿐만 아니라 감소의 정도가 선진국보다 빠르게 나타났다. 또한, 우리나라의 저출산 원인은 ① 산업구조의 변화 ② 여성의 고학력화 ③ 여성의 사회참여 증가 ④ 만혼(晩婚)과 비혼(非婚) ⑤ 육아환경과 교육환경 ⑥ 여성의 라이프스타일(life style)의 변화 ⑦ 가부장적 전통 ⑧ 피임기술의 발달 ⑨ 경제불황이며, 특히 초혼 연령이 높아지면서 둘째 아이를 낳는 사람이 줄어들고 있기 때문이다(김준환 외, 2023).

5) 세계와 한국의 인구 고령화 속도

구분	도달 연도_%			증가 소요 기간(년)		
	고령화사회_7	고령사회_14	초고령사회_20	고령사회	초고령사회	총
한국	2000	2018	2026	18	8	26
일본	1970	1994	2006	24	12	36
독일	1932	1972	2009	40	37	77
이태리	1927	1988	2008	61	20	81
미국	1942	2014	2030	72	16	88
프랑스	1864	1979	2019	115	40	155

출처: 통계청(2025).

고령화사회(aging society)에서 고령사회(aged society) 그리고 초고령사회(post-aged society)로 진행되는 기간이 프랑스는 155년, 고령화 속도가 빠르다고 알려진 일본은 36년이 소요된 반면, 우리나라는 불과 26년으로 세계 어떤 국가와도 비교하기 힘들 정도로 빠르게 진행되는 압축적 고령화이다. 이와 같은 급격한 인구 고령화는 평균수명의 연장과 합계출산율의 감소로 인한 노인 인구의 절대 수와 상대적 비율이 증가한 것이 근본적 원인이지만, 한국전쟁 이후에 출생한 베이비 붐(baby boom)세대가 한꺼번에 노인 인구로 전환되는 것이 가장 결정적인 원인이라고 할 수 있다. 이것은 그만큼 노인 문제에 대처할 시간이 부족하다는 것을 의미한다.

인구 고령화는 노동력 부족과 소비감소에 따른 경제성장이 둔화되고 노인의 부양과 보호 및 연금지출 등의 사회보장을 증가시키며, 노인성 질병의 발생 등으로 인하여 노인 의료비가 증가되는 등 사회적 문제가 예상되므로 초고령사회에 대비한 체계적인 사회적 케어 시스템의 구축이 중요하다고 할 수 있다(박차상 외, 2005).

3. 가족의 부양기능 저하

노인부양은 최근까지 가족의 책임 즉, 노인의 기본욕구를 충족하는 데 필요한 자원이 가족에 의하여 보장되었고 노부모 부양은 가족이라는 규범이 당연한 것으로 받아들여졌으며, 부양은 여성적인 특성에 맞다는 고정관념, 특히 맏며느리가 주수발자로가 되기 쉬운 것이 현실이었다. 하지만, 산업사회 이후 핵가족화로 인하여 가족의 규모가 축소되었고 여성의 사회참여가 증가하여 가족의 부양기능이 저하되었다.

1) 세계와 한국의 총부양비 추이

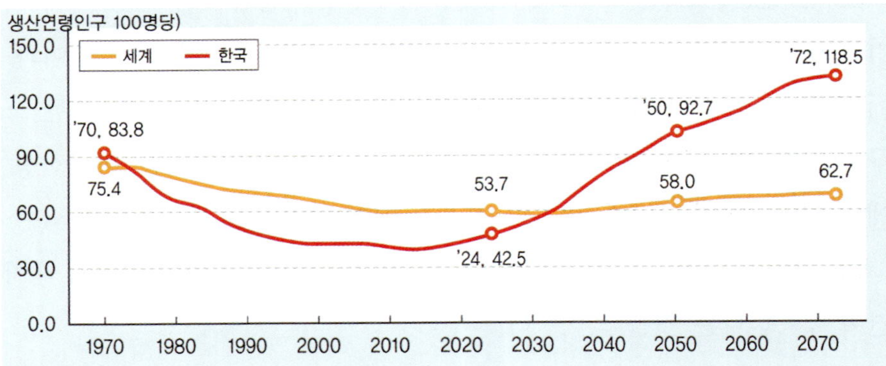

출처: 통계청(2024).

총부양비란 생산연령인구 100명당 부양인구를 의미하고 부양인구는 유소년인구와 고령 인구를 합한 것이다. 세계와 한국의 총부양비 추이를 살펴보면, 세계는 2024년 53.7명, 2050년 58명, 2072년 62.7명으로 2024년 대비 1.2배 증가가 예상되는 반면, 한국은 2024년 42.5명, 2050년 92.7명, 2072년 118.5명으로 2024

년 대비 2.8배 증가할 것으로 전망된다.

2) 노인의 4고(苦)

노인의 부양문제는 어느 사회에서나 누구나 당면하고 복합적으로 연결되어 있고 노인이 되면 나타나는 대표적인 4가지 고통인 빈곤, 질병, 고독, 무위, 즉 노인이 되면 수입이 감소하고 건강이 악화되며, 소외와 고독감에 빠지기 쉬운 상황에서 자신이 무엇을 해야 할지 모르는 역할 상실을 경험하게 된다. 따라서 노인부양의 문제는 신체적, 심리적, 재정적 지원이 필요한 부양의 문제로 연결되고 개인이나 가족의 부담을 넘어 사회적 문제로 인식됨으로써 이를 해결하기 위해 정부에서는 다양한 노인복지사업을 추진하고 있다.

3) 가족의 부양기능 약화

(1) 가족의 부양기능 약화 원인

산업화와 도시화에 따른 우리나라 가족의 부양기능 약화 원인은 ① 노인과 부양가족과의 지리적 분리현상 ② 핵가족화로 인한 자녀 수의 감소 ③ 노인 단독가구의 증가 ④ 여성의 사회참여율 증가 등이다. 이처럼 가족의 부양기능 약화 원인은 개인적 또는 가족의 노력 부족으로 야기된 것보다는 사회적 요인의 변화에 의한 것이 많으므로 사회가 공동으로 사회적인 제도로서 그리고 전문적이고 공식적인 사업으로 대책을 세워야 할 것이다. 그러므로 노인에 대한 보호의 기본적인 원리를 마련하고 포괄적이고 효율적인 노인복지정책을 준비하여 보호를 필요로 하는 노인들에게 각종 서비스를 제공할 뿐만 아니라 가족의 부양부담을 경감하기 위해서 재가보호와 지역사회보호를 더 확대하고 강화시킬 필요가 있다.

(2) 노인 가구 형태의 변화

65세 이상 가구유형별 구성비 변화 및 가구 규모

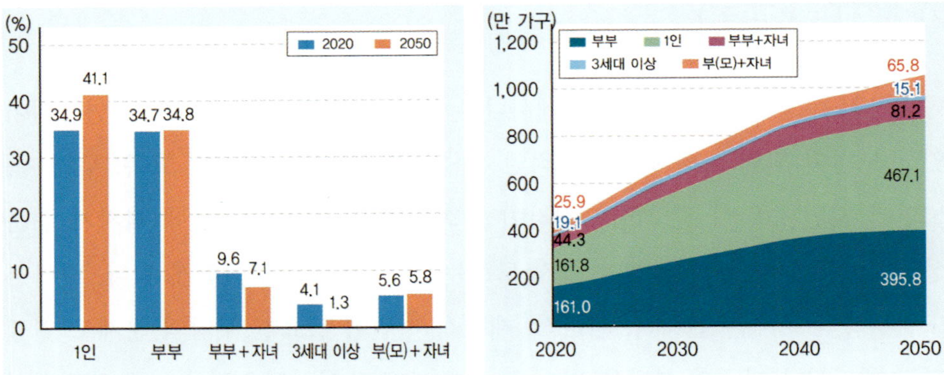

출처: 통계청(2024).

2024년 통계청 자료에 의한 2050년 65세 이상 가구유형별 구성비 변화 및 가구 규모를 살펴보면, 65세 이상 고령자 가구 중 1인 가구는 41.1%(467.1만가구), 부부가구는 34.8%(395.8만가구), 부부+자녀 가구는 7.1%(81.2만가구), 부(모)+자녀 가구는 5.8%(65.8만가구), 3세대 이상 가구는 1.3%(15.1만가구)의 순이다. 이것은 현대 사회에서 가족구조와 가족관계, 가족 기능, 가족 생활주기에 큰 변화가 일어나 기혼 자녀와의 동거는 줄어든 반면, 혼자 살거나 노부부만 사는 세대가 증가하면서 가족에게 노인의 수발을 기대하기는 어려워졌고 사회가 공동으로 노인의 케어에 대한 역할을 분담하기 위하여 많은 연구와 노력이 필요한 시점이다. 이러한 가구 형태의 변화로 인한 사회문제는 부모측면에서 자녀에게 케어를 기대하기보다는 부부 상호 간의 케어를 고려하는 경향을 띠고 있음을 볼 수 있으므로 가족중심의 케어서비스에서 벗어나 사회적 시스템을 통한 체계적인 서비스의 정비가 요구되고 있다.

4) 케어 서비스에 대한 인식의 변화

고령 인구의 급속한 증가는 일상생활에 지장을 받는 요보호노인도 증가한다는 것으로 심신의 기능저하, 각종 질병의 중복과 만성질환 등은 요케어 상태에 빠질 위험이 큰 노인이 증가한다는 것이다. 노부모 부양에 대한 인식 조사에서 사회가 부양해야 한다는 비중은 증가하였고 서비스를 받아야 할 요보호노인의 증가는 노인 의료비의 급격한 증가를 가져왔으며, 궁극적으로 노인장기요양보험제도를 통하여 국가가 케어 서비스를 담당하는 역할을 하기에 이르렀다.

경제 논리에 입각한 소비자(consumer) 의식을 통하여 요구(want)가 아닌 복지서비스에 대한 의식구조의 변화, 원조의 필요성에 대한 인식, 생활수준의 변화, 문화의 다양성을 반영한 다중다면적인 욕구(need)가 크게 증가하고 있는 상태이다. 이에 맞는 적절한 서비스의 대가를 지불함으로써 스스로 서비스의 내용과 질을 선택하고 이용할 수 있기를 원하고 있으므로 단순한 서비스의 지원이 아니라 더욱 준비된 다양한 케어 서비스의 확충과 전문적인 케어 인력의 원조가 필요한 시점이다.

5) 실버케어와 가족의 역할

인간은 태어나고 성장하며, 활동하고 늙어 가면서 죽음을 맞이하는 순간까지 누군가에게 돌봄을 받거나 돌봄을 주어야만 하므로 사회복지사, 요양보호사 등과 같은 공식적 돌봄 인력은 물론, 배우자와 자녀, 이웃과 같은 비공식적 돌봄 인력과 함께 참여하여 협력하여야만 한다. 특히, 재가 노인에 대해서는 24시간 모든 서비스를 케어자가 담당할 수 없으므로 노인의 심리정서적 안정이나 사회적 관계, 경제적 생활 유지를 위해서는 가족의 역할이 필수적이다.

돌봄을 받는 노인과 돌봄을 주는 자의 관계를 1차적 돌봄 관계라고 한다면, 이러한 1차적 돌봄 관계가 유지되고 지속될 수 있도록 지원하는 역할을 2차적 돌봄 관계라고 할 수 있다. 이처럼 실버케어에 있어서 배우자와 자녀 등 가족의 돌봄을 케어자가 함께 지원한다고 해서 가족의 역할을 케어자가 대신하거나 대체하는 것이 아니라 돕는다. 즉, 원조한다는 점을 명확하게 인식할 필요가 있다.

6) 노인부양의 해결 방안

(1) 사회와 가족의 협력

노인부양을 위해서 사적 부양은 노인 본인이나 가족이 보살피는 부양이고 공적 부양은 노인복지서비스와 노인 장기요양보험제도 등 국가나 사회가 노인의 생활을 지원하는 것이므로 노인부양을 위해서는 공적 · 사적 부양이 모두 필요하다.

(2) 세대 간의 갈등조절

현재의 경제 · 사회발전은 과거 부모 세대가 기여한 바가 크므로 현재의 젊은 세대는 부모 세대에 대한 존경과 감사의 의미로 사회적 부양에 대해 긍정적으로 인식할 필요가 있다. 국민연금, 노인 장기요양보험제도를 통한 세대 간 위험의 분산, 소득재분배 등이 바람직한 세대통합의 효과이므로 자녀 세대와 부모 세대의 상호 존중, 적극적인 의사소통을 통해 실질적인 상호작용과 사회통합을 달성해야 한다.

(3) 노인의 개인적 대처

노인은 1차로 노년의 삶을 스스로 책임질 수 있도록 노력하기 위해 경제적으로는 연금과 보험을 이용하고 사회적으로는 재교육 프로그램을 통해 삶의 변화에 대비하여야 하지만, 실제로 노인은 개인적으로 대처하기는 어려움이 많다.

(4) 노인복지정책 강화

국가와 사회는 노인복지정책, 즉 국민연금, 기초연금을 강화하여 노후소득을 보전하고 노인 장기요양보험제도를 통해 장기적인 돌봄서비스를 제공하며, 다양한 노인복지서비스 프로그램을 제공하여 적극적이고 활기찬 여가생활과 노후 생활을 지원해야 한다.

4. 케어 욕구의 증가 및 다양화

1) 케어 욕구의 증가

인구가 고령화되면서 의존성이 높은 75세 이상 후기 고령 인구는 의료의 보급과 혜택, 위생과 환경의 개선, 예방의학의 발달로 현저히 증가하여 이들에 대한 경제적 및 신체적 부양문제가 사회경제적인 부담으로 점차 쟁점화되고 있다. 후기 고령자의 증가는 개인차가 있다고 하더라도 심신의 기능 저하, 질병 및 장애의 발생으로 이어지기 쉽고 각종 질병이 중복되어 발생하고 있는 만성질환을 초래하여 요보호 상태에 빠질 위험이 큰 노인이 증가하고 있다.

2024년 보건복지부의 통계자료에 의하면, 몸단장, 집안일, 식사 준비, 빨래, 약 챙겨 먹기, 금전관리, 외출하기, 물건 구매결정, 전화 걸기, 대중교통 이용하기 등의 수단적 일상생활수행능력(IADL)은 93.4%이고 ADL과 IADL 모두에서는 87.8%로 나타났다. 특히, 여성 노인, 고령 노인, 농촌지역 거주 노인, 교육수준이 낮은 노인, 배우자와 사별한 노인, 독거노인, 가구소득이 낮은 노인일수록 ADL과 IADL에 제한을 받는 비율이 상대적으로 높게 나타났다.

이와 같이 노인의 대부분은 노화로 인해 기능 저하가 나타나며, 일반적으로 수단적 일상생활 수행능력이 우선적으로 저하된 이후 일상생활 수행능력의 저하가 나타나게 된다. 따라서 일상생활수행능력에 도움이 필요한 경우 대부분 수단적 일상생활수행능력도 도움을 필요로 하게 되고 연령이 증가할수록 일상생활수행능력과 수단적 일상생활수행능력은 더 감퇴된다고 볼 수 있다.

2) 케어 욕구의 다양화

재활의학에 의하면, ADL은 개인이 생활하는 데 있어서 기본적이고 공통적인 것으로 매일 반복되는 일련의 신체적 동작군을 말하고 그 범위는 주로 가정에서의 신변처리(self care)를 의미하며, 광의의 ADL로 대중교통의 이용, 은행이나 병원 방문 등은 도구적 일상생활 수행능력(IADL)을 의미한다.

케어의 목표가 과거에는 ADL 범위의 유지와 개선에 있었으나, 오늘날에는 ADL을 포함한 QOL(삶의 질) 그리고 쾌적함을 지향하는 원조가 요구되고 있다. 즉, 인간의 존엄성을 인정하면서 자립 생활을 지향하는 개별적 원조를 통하여 자기실현을 추구하는 서비스로 의식이 전환되고 단순한 신체적 원조에 그치는 것이 아니라 사회복지적인 측면에서 종합적이고 전문적인 서비스로 인식이 전환되고 있다. 뿐만 아니라 복지서비스에 대한 의식구조의 변화, 원조의 필요성에 대한 인식, 생활수준의 향상 그리고 문화의 다양화를 반영한 다중적이고 다면적인 욕구가 크게 증가하고 있다.

따라서 종래의 공적 서비스만으로는 다양한 욕구에 충분히 대응할 수 없게 되었고 국가 차원만이 아니라 지방자치제의 독자적인 복지시책과 민간에 의한 종합적인 서비스의 대책이 요구되고 있다. 케어 서비스의 대상자도 일방적으로 제공되는 서비스가 아니라 욕구의 특성에 대응한 적절한 서비스의 대가를 지불함으로써 스스로 선택하고 이용할 수 있는 서비스를 원하고 있다. 즉, 사회복지적 측면에서 새로운 종합적 시책과 개별적인 심리적 원조, 이에 대응한 전문적 케어가 요구되므로 질 높은 표준적인 서비스 수준의 설정, 인력의 양성 및 확보가 앞으로 해결해 나가야 할 사회복지의 주요한 과제라고 할 수 있다(김준환 외, 2023).

5. 노인의 건강한 노화

1) 노화의 긍정적 측면

노인은 젊은 세대보다 삶의 균형과 지혜를 쌓아 긍정적 측면이 있다.

① 노인은 일상적인 균형을 유지하고, 안정적이며, 지속적으로 수준 높은 동기부여를 통해 직무를 수행할 수 있다.

② 의사결정에서도 신중하고 조심스러워 젊은 사람들보다 실수가 적고 사고력에서도 뒤지지 않는다.

③ 수많은 정보 중에서 중요한 정보를 추출할 수 있는 능력이 뛰어나다.

따라서 젊은 세대는 노인들이 삶의 과정에서 얻은 경험과 지혜를 더욱 발전시킬 수 있도록 노력하여야 한다.

2) 건강한 노화

건강한 노화(healthy aging)란, 신체적, 사회적, 정신적 안녕(well-being)을 유지하고 사회구성원으로서 활발한 사회활동을 하며, 지역사회에서 차별 없이 자립적이고 행복한 삶을 살도록 기회를 제공하는 것을 뜻한다(WHO, 2015). 그러므로 노인이 건강하게 노화하기 위해서는 건강을 유지하고 적극적으로 사회활동을 해야 한다.

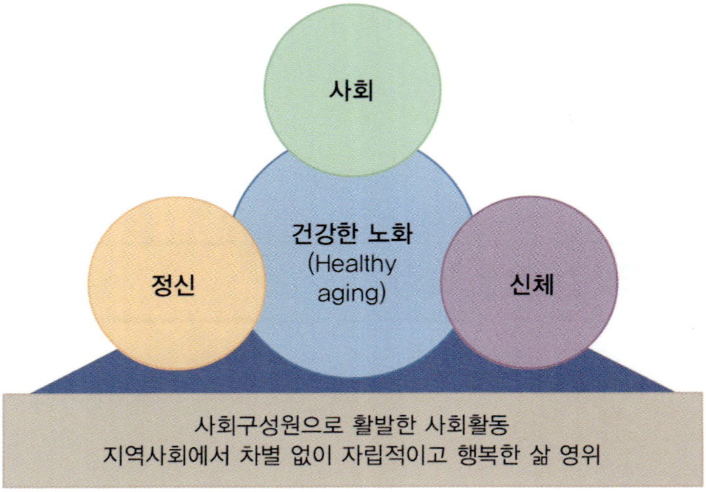

출처: 요양보호사양성표준교재.

(1) 건강을 유지하기 위해서는 노인의 신체와 활동에 맞게 영양분을 섭취하고 적절한 운동을 하여야 한다.

① 뇌에 지속적으로 자극을 주어 기억력과 인지력을 유지한다.

② 유전적, 생활 습관적 특징을 살펴 자신에게 맞는 음식과 영양보조식품을 섭취한다.

③ 고혈압, 당뇨, 비만, 그 밖의 질병 유무를 확인하고 신체기능에 적합한 운동을 지속함으로써 신체적 노화를 늦추도록 노력한다.

(2) 노인 스스로 자신감과 역할이 상실되지 않도록 사회적 관계를 유지하고 생산적 활동을 한다.

① 가족, 친구 등과 접촉하며 적극적인 애정 표현과 의사소통을 한다.

② 자원봉사, 여가 활동, 지역사회 참여 등 생산적 활동으로 자신감을 유지한다.

노인의 건강한 노화를 지원하기 위해서는 노인의 욕구 중심으로 기능적 역량을 최대한 오랫동안 발휘할 수 있도록 도와주는 장기요양 및 돌봄, 보건의료와의 연계가 필요하므로 노인이 지속적으로 학습하고 성장하는 등 기능상태의 저하에도 불구하고 사회에서 활동할 수 있도록 노인 친화적인 환경을 조성해 주는 것도 중요하다(WHO, 2015).

Chapter 02

케어의 개념과 원칙 및 실천의 구조

Chapter 02

케어의 개념과 원칙 및 실천의 구조

1. 케어의 개념

1) 케어의 개념

노인성 질환 및 장애 등으로 인하여 일상생활에 불편함을 겪는 대상자의 신변처리 및 일상생활 원조 등을 하는 행위를 케어(care)라 하고 한자어로 개호(介護)로 사용되며, 우리말로는 돌봄, 수발, 보호, 부양, 간병 등으로 사용되고 대상자의 건강권을 지키는 입장에서 의료적 서비스 혹은 치료적 개념의 큐어(cure)와는 구분된다.

케어의 협의의 개념은 단순히 생명체의 유지 수준으로 식사, 배설, 수면, 청결, 옷 갈아입기, 체위 변경, 이동 등이고 좀 더 범위를 확대하면 욕창 방지, 사고 예방, 심신의 기능 저하 방지를 위한 운동, 여가 활동, 종말기 케어 등의 원조가 포함된다. 광의의 개념은 일상생활의 유지 수준에서 더 나아가 사회생활의 유지 수준으로 확대되는 추세, 즉 본인만이 아니라 주위 사람을 도와 최대한 자립생활이 가능하도록 전문적인 지식과 기술을 겸비한 사람이 원조하는 것을 의미한다. 마지막으로 케어의 범위를 더 확대한 최광의의 개념은 케어와 관련한 의료서비스, 재활서비스, 주택개조, 사례관리 등의 재가서비스 및 시설이용과 관련한 직접적이고 간접적인 서비스 전반을 포함한다.

결론적으로 케어란, 일상생활에 지장이 있어서 도움이 필요한 자들에게 인간성 존중을 기본으로 하고 전문적인 지식과 기술을 동반한 사회복지적 원조 행위로 자립과 자아실현을 위한 총체적인 원조 활동을 말한다.

2) 케어 복지의 개념

케어 복지(care work)의 용어는 1987년 일본에서 개호복지사 제도가 탄생하면서 시작하여 종래의 단순한 원조나 수발의 개념이 아니라 신체적, 심리적, 사회적 각 수준에 미치는 개념으로 인식하고 복지의 전문성인 지식, 기술, 가치의 실천이라는 현장을 통해 전개되는 활동으로 그 특징을 주장하였다.

케어 복지의 개념은 크게 네 가지로 분류하였는데 걸을 수 없는 사람을 휠체어로 이동을 원조하는 ① 소극적 케어, 잃어버린 기능을 보완할 수 있도록 원조하는 ② 기능적 케어, 전문가가 판단하여 지시하는 대로 따르도록 원조하는 ③ 보호적 케어가 있다. 마지막으로 ④ 적극적 케어는 단순한 수발이나 간병을 하는 것이 아니라 대상자의 전체 삶에 관심을 가지고 사회적 기능과 관련하여 가능한 한 자립달성을 케어 목표로 하며, 복지라는 적극적인 의미를 내포하는 일련의 신체적, 심리적, 사회적 원조이다. 그러므로 대상자의 개별화를 존중하고 선택의사를 존중하며, 자기결정권을 기초로 한 케어 복지의 실현을 위해 케어자는 전문성을 발휘할 수 있는 방법과 기술로 서비스를 제공하기 위해 훈련되고 준비되며, 투철한 사회복지 마인드가 반드시 필요하다.

3) 케어 복지의 내용

케어 복지는 대상자의 일상생활에 대한 욕구 또는 신체적, 문화적, 사회적 생활상의 지장 및 생활 환경의 문제를 적절히 파악하여 케어 복지의 이념에 근거한 대상자의 자립 및 자기실현을 목표로 서비스를 제공하는 것이다. 케어는 어떠한 건강 상태에 있더라도 대상자가 일상적으로 살아온 자립생활에 지장이 있다면 보충하고 지원하는 것이며, 회복할 수 없는 상태가 되어 인간다운 감정과 생활의 모든 행동이 억제되고 고통과 고민을 초래하는 사태가 발생하면 구체적인 상황에 대한 안전과 평안을 얻도록 하는 것이다. 즉, 체계적인 이론과 사회복지의 윤리성과 과학성을 바탕으로 하는 실천행위로 사회복지의 실현을 목적으로 하는 모든 활동이므로 간호직 등의 타 직종이나 자원봉사자, 특히 가족에 의한 케어와는 명확하게 구별되는 근거가 된다.

따라서 케어 복지의 주된 업무는 대상자가 일상생활에서 자립하여 스스로 보통의 생활을 유지하는 것이지만, 신체 각 부분의 활동에 지장이 있다면 보충하는 역할을 담당하므로 매우 다양하고 과업도 상당히 넓다(현외성 외, 2001). 즉, 기본 업무는 정보파악, 계획수립과 평가, 신변개호, 가사원조, 사회생활 유지와 확대, 건강관리와 보건, 심리사회원조, 기술지도, 협동과 연대, 안전 관리 등이고 관련 업무는 케어자 자신의 건강관리, 연수와 연구, 문서 관리, 회의 관련, 사회자원개발, 교육과 개발 등이다(이해영, 2008).

2. 케어의 이념

1) 인권의 존중

인권이란, 인간이 인간답게 존재하기 위한 보편적이고 절대적인 인간의 권리 및 지위와 자격을 의미하는 개념, 즉 사람은 사람답게 살 수 있는 권리가 있으며, 지역, 민족, 국적 등 지역적인 변수나 나이에 관계없이 적용된다. 인간은 권리보다 욕구해결이 먼저 충족되어야 하므로 불가피하게 인권보다 욕구충족이 먼저 발전되어 왔으나, 인권은 사회복지의 이론과 가치, 윤리, 실천과 분리될 수 없고 반드시 옹호되고 촉진되어야 하는 사회복지의 중요한 부분이다. 노인은 일생 동안 사회와 가정생활을 위해 헌신하였고 지금까지의 풍부한 경험에 근거하여 지혜와 지식, 기술 등을 사회를 위해 기여하였으나, 노화에 의해 일상생활을 영위할 능력이 저하되어 타인의 도움을 받게 되므로 존엄한 인간으로서 원조가 되어야 한다.

우리나라 「헌법」 제10조에서 "모든 국민은 인간으로서의 존엄과 가치를 가지며, 행복을 추구할 권리를 가진다."라고 규정하고 제34조에서 "인간다운 생활을 할 권리를 가진다."라고 규정하였다. 인간의 욕구충족을 위한 구체적인 원칙은 욕구와 동등하게 인간의 권리보장을 위한 사회복지실천원칙으로 나아가야 하며, 국가는 이러한 인권을 보장할 수 있는 제도를 발전시켜야 한다.

2) 자립 생활의 원조

자립이란, 일상생활을 자력(self care)으로 영위하는 것만이 아니라 심리적으로 타인에게 의존하는 것에서 벗어나 스스로 의사결정을 하고 한 사회에서 어떠한 역할을 가지고 활동하는 것을 말한다. 자립 생활이란, 자신의 삶을 스스로 선택하고 관리할 수 있는 기술이므로 자신이 가지고 있는 능력을 최대한 활용하여 직업적, 경제적으로 자립적인 생활을 영위하는 것을 의미한다.

인간은 일상의 습관이나 생활방식, 복장, 취미 등 그 사람 나름의 삶의 방식을 가지고 있으며, 자신다운 삶을 자유롭게 영위할 수 있을 때에 만족감을 가지게 되므로 케어자가 대상자 각자의 개별성을 인정하고 생활을 영위하도록 원조하는 것이 자립 생활의 원조이다. 대상자는 신체적, 정신적 장애를 가지고 있어서 일상생활이나 사회생활에 장애가 없는 사람과 똑같이 수행하기는 어려워 가족, 가정봉사원, 자원봉사자 등의 원조를 필요로 하는 경우가 많다. 이 때 자기의 주체적 결정에 의해 타인으로부터 원조를 받는 것이 자기결정이며, 사회서비스에 접근할 수 있는 능력과 수단이 있다면 계약에 의해 서비스를 이용하는 것이 가능하고 자립적인 생활을 영위할 수 있을 것이다.

따라서 자립 생활의 원조란, 케어자가 대상자의 일상생활 상태를 정확하게 파악하고 자기결정을 존중하며, 사회적 서비스의 접근이 가능하도록 적절한 정보를 제공하고 경우에 따라서는 대상자를 대신하여 계약을 돕거나 대상자의 표현을 돕는 것을 말한다.

3) 정상화의 실현

국제연합은 1975년 장애인의 권리선언을 결의하였고 1981년 세계장애인의 해로 결정하여 완전참가와 평등이라는 이념을 제시하고 장애인복지와 재활을 위한 활동이 크게 전개되었으며, 점차 장애인이 사회에 참가할 수 있는 환경정비에 큰 관심을 갖게 되었다. 특히, 노인이나 장애인을 격리된 보호시설에 수용하는 사회가 아니라 일반인과 함께 살아갈 수 있는 사회를 만들어야 한다는 생각 또는 사회정책인 정상화(노멀라이제이션, nomalization)의 이념 하에 장애가 없는 사람과 똑같이 생활할 권리가 인정되는 사회운동이 전개되었고 국제연합은 1999년을 세계 노인의 해로 채택하였다.

정상화의 도입으로 시설에서의 원조가 정해진 일정에 따른 획일적에서 개별성 존중으로 변화하고 침상에서의 생활만이 아니라 인간으로서 누구라도 하고 싶은 보통 생활로의 변화, 즉 침실에서 벗어나기, 식사와 침실의 분리, 지역의 사람들과 교류 등이 검토되고 있다(이해영, 2000). 대상자에게 있어서 시설은 수용의 장이 아니라 생활의 장으로서 가정생활과 같이 생각되어야 하고, 특히 오늘날 고령 인구의 증가에 의한 사회적 입소가 문제가 되고 있고 시설 중심의 정책에서 지역사회복지, 재가복지정책으로 전환되고 있어 정상화의 이념은 케어 복지에 있어서도 중요한 이념이 되고 있다.

따라서 정상화의 실현이란, 보통의 인간이 살아가는 것처럼 노인과 장애인도 익숙한 지역이나 가정에서 보통의 생활을 보장하는 것을 의미한다.

4) 자아실현의 원조

인간은 누구나 건강하게 살고 친구와도 잘 어울리고 싶으며, 일에서도 성공하고 싶은 욕구 등을 갖고 '훌륭한 사람, 존경받는 사람'이 되고 싶다는 고차원적인 욕구인 자기실현을 추구하고 있으므로, 대상자 개개인의 생활방식, 가치관, 능력 및 생활환경 등에 따라 다양한 대상자를 충분히 이해하는 것이 필요하다.

매슬로우(Maslow)는 인간의 기본적인 욕구로서 ① 생리적 욕구 ② 안전의 욕구 ③ 사랑과 소속의 욕구 ④ 존경의 욕구를 설명하였고 성장을 위한 욕구로서 ⑤ 자아실현의 욕구를 설명하였다. 매슬로우의 인간의 욕구 5단계설은 자신의 자질, 능력을 충분히 발휘하는 것이 가능할 때 자기실현을 하고 있다고 말할 수 있으나, 실제로 일상생활 가운데 이를 실현하기 위해서는 먼저 가장 하위 단계인 생리적 욕구가 어느 정도 충족되었을 때 다음 단계인 안전의 욕구를 위해 행동한다고 보았다.

대상자는 장애의 정도가 다르고 일상생활능력, 과거의 생활경험이나 가치관 등이 달라 생활양식이 다양하므로 타인의 권리를 침해하지 않는 범위 내에서 만족한 생활이 되도록 케어자는 대상자의 생활양식을 존중하여 신체적, 문화적, 사회적, 환경적인 측면에서 보다 질 높은 서비스를 제공해야 한다.

3. 케어의 윤리

1) 인권존중

인간이 자신의 생활을 어떻게 진전시킬 것인가는 본인이 결정할 일인데, 선의에 의한 것이더라도 본인의 의향을 확인하지 않고 원조가 행해진다면 자신을 무시하는 태도로 여겨질 것이므로 케어자는 케어 실천과정 전반에 걸쳐 대상자의 입장에 입각하여 본인의 의향이나 의사를 확인해 가면서 원조해야 한다.

인간은 자신의 의도대로 생활을 영위할 때 타인의 의사에 지배당하지 않는 생활을 하고 인간의 존엄성은 자신의 가치관이나 생활습관에 따라 어떻게 생활을 영위하느냐에 의해 지켜지므로, 대상자의 자기결정을 존중하고 대상자 중심의 원조를 할 때 비로소 인권존중도 실천적인 의미를 가질 수 있을 것이다(장세철 외, 2002).

2) 대상자의 이익 보호

케어자는 대상자가 자신의 의사를 표명할 수 없는 경우라 할지라도 항상 대상자의 이익을 지키는 입장에서 행동해야 하는데, 예를 들어 노인이 학대나 불이익을 당할 경우 의사를 표명할 수 없는 사람을 대신하는 대변자로서의 실천이 요청된다. 케어자는 대상자의 기분이나 요구, 상황 등을 가장 잘 알고 있는 상황에 있으므로 대상자가 처해 있는 상황이 곤란해지거나 불이익을 당하고 있다면 대변자로서의 역할을 다해야 한다.

3) 전문적인 서비스제공

이동을 보조하다가 넘어지는 경우도 있을 것이고 식사 케어를 하다가 음식물이 잘못 넘어가 사레에 걸릴 수도 있으며, 목욕을 도와주다가 화상을 입힐 수도 있는 것처럼 대상자를 도우려 했던 것이 역으로 손상을 입히는 과오를 범할 수도 있다. 따라서 안전에 유의하여 실천에 임하는 것은 케어 전문직으로서 꼭 필요한 태도이므로 정확한 지식과 기술을 익히고 업무에 집중할 수 있도록 평소에 자기 관리를 철저히 하며, 주의력을 집중시켜 보다 전문적인 서비스제공을 위한 자세로 업무에 임해야 한다.

4) 사생활 존중

대상자 집안의 동정, 경제상태, 가족의 건강상태, 직업, 과거의 경력, 신체의 특징 등 가능하면 남에게 숨기고 싶은 사실도 원조를 받게 되는 과정에서 숨김없이 드러나므로 종사자는 대상자의 알려지고 싶지 않은 비밀이나 사생활을 알게 될 기회도 많다.

사회복지사의 윤리강령에 명시되어 있는 비밀보호 의무는 단순한 사회복지사의 윤리적인 문제로만 국한된 것이 아니라 업무상 알게 된 정보를 정당한 이유 없이 타인에게 노출시키는 일은 절대로 있어서는 안 되고 이를 위반한 자는 2년 이하의 징역 또는 2천만 원 이하의 벌금에 처한다(「노인장기요양보험법」 제62조, 제67조제2항제5호).

5) 대상자의 참여

최근에 의료 현장에서 치료에 관한 정보를 환자와 가족에게 설명하고 동의를 받는 의료 윤리는 환자나 가족에게 병명과 예후뿐만 아니라 검사나 치료에 따라 발생하는 생활상의 변화, 요양을 위해 이용가능한 각종 보건복지서비스에 대한 정보, 비용 등을 설명하여 환자의 참여와 자기결정을 촉진하는 데 그 목적을 둔다(장세철 외, 2002).

이처럼 케어 실천과정에서 대상자에게 행해질 개입과 지원 형태, 예상되는 효과나 위험도를 설명하여 동의를 구하고 참여를 촉진하기 위해 케어자는 구체적인 선택을 제시하는 능력과 문제의식이 필요하며, 대상자와 케어자 간의 보다 원활한 의사소통을 형성시켜 가는 것이 필요하다.

4. 케어의 실천원칙

1) 개별화의 원칙

생활양식은 개인의 생활 모습이고 사는 방법이며, 그 사람 고유의 사고와 가치관이 반영되므로 케어자는 이러한 가치관을 존중하는 대응이 필요하고 케어자 스스로의 가치 기준과 가치관으로 대상자를 비판하거나 판단을 해서는 안 되며, 대상자의 언행과 생각 그리고 생활양식을 왜 유지하려고 하는가를 이해하는 것이 중요하다.

인간의 삶의 방식과 행위는 태어나고 자라난 환경에서 익힌 문화나 습관의 영향을 받아 생활상태나 방법은 제각기 다르게 나타나므로 제3자가 보았을 때 불합리하다고 보여지더라도 본인에게 있어서는 지금까지의 생활습관으로 형성된 지극히 당연한 결과일 수도 있다. 자신의 가치관이나 가정환경, 생활습관 등에서 선택되어 온 일상의 방법을 케어자 마음대로 변화시키려 한다면 대상자는 자신의 주체성이 무시되고 경시된다고 생각해 불쾌한 기분을 지울 수 없을 것이다. 그 상황에서 별다른 저항이 없었다고 할지라도 대상자는 케어자의 세심하지 못한 태도에 불신감을 갖게 되고 케어 실천과정에서 필요한 신뢰관계를 무너뜨리는 결과를 초래할 수도 있으므로 케어자는 항상 상대주의적인 사고를 가져야 하며, 다양성과 다원주의에 입각한 개방적인 자세와 의식을 가져야 한다.

2) 자기결정의 원칙

사회복지 전문직의 가장 확고한 신념 중에 인간은 선천적으로 자기 결정을 할 수 있는 능력을 가지고 있다는 것이 있으므로 케어자는 대상자가 적절한 자기결정을 할 수 있도록 실천상의 책임을 가져야 한다.

사회복지실천에서 대상자의 자기 결정을 존중하는 것은 ① 대상자가 자신의 욕구나 문제를 명확하게 하는 것을 돕고 ② 이용가능한 자원체계를 알려 주며 ③ 자신의 잠재된 능력을 활성화시키고 ④ 원조관계는 대상자가 성장할 수 있는 발판으로 삼는 원조활동을 통해서이다. 이러한 사항은 원조관계를 중요시하는 케어 실천과정에서도 마찬가지이므로 2대상자의 자기결정 존중은 케어자가 대상자의 생활능력과 이용가능한 자원체계를 고려하여 대상자의 의사나 희망사항을 확인하고 상담해 가면서 적절한 방법을 선택하는 절차를 밟아 가는 과정을 통하여 이루어진다.

케어자는 케어 실천과정에서 대상자의 자기의사를 밝히지 못하게 하는 어떤 강제성이 내포되어 있지 않았는지 등을 점검하고 대상자가 자신의 의사나 욕구를 부담 없이 말할 수 있는 신뢰관계를 만들기에 주력해야 할 것이다.

3) 생활 환경 조성의 원칙

케어자는 항상 대상자 생명의 안전을 확보하며, 쾌적하고 청결한 환경을 조성하는 케어 기술을 숙련하여 대상자의 건강상태나 질병의 상황을 정확하게 파악하고 의료종사자와 제휴하면서 그 상황에 대처하는 것이 중요하다. 만성질환의 통증이 있는 대상자에 대해서는 통증을 완화하는 케어 기술이 필요하고 감염을 비롯하여 다양한 질병의 예방은 의료종사자와 제휴하면서 행하는 것이 필요할 뿐만 아니라 대상자의 의식주 생활 측면에서 원조내용을 검토하는 것이 중요하다.

의생활에 있어서는 대상자의 신체 기능상태를 고려하여 갈아입기 쉽고 체온조절이 적절하며, 쾌적성이 있는 의복뿐만 아니라 대상자의 선호도를 고려한 원조가 필요하다. 식생활은 대상자의 건강상태를 좌우하는 영양섭취 이외에 만족도, 정서적 안정, 인간관계의 교류라고 하는 측면을 가지므로 대상자의 식사 기호도를 충분히 고려하고 건강을 유지할 수 있는 메뉴와 조리 방법 등을 강구할 필요가 있다. 주거생활에 있어서는 대상자 개인의 거주 장소를 확보하는 다양한 배려가 필요하고 수면과 휴식이 이루어지며, 사생활이 존중되는 장소가 될 수 있도록 안전하고 쾌적하며, 청결한 장소가 제공되어야 한다.

4) 권리와 책임의 원칙

대상자는 건강하고 안정된 생활을 할 수 있도록 국가와 사회로부터 권리를 보장받으며, 자신의 경험을 활용하여 가족이나 사회의 발전에 기여할 책임을 갖는다. 특히, 노인은 자신이 기여한 노력에 대해서 보람과 자부심을 느껴야 하지만, 현대 산업사회에서 노인의 기여에 대한 보상과 인정은 풍족하지 않고, 물질적인 부분보다 심리적, 사회적 냉대는 노인을 '자괴감과 소외감' 속으로 몰아넣고 있다.

따라서 노인 스스로 자신의 권리를 주체적으로 찾아야 할 필요가 있으므로 사회적 권리로서 생존권적 기본권은 존중되어야 하며, 노인이 이러한 권리를 요구할 때 수용할 수 있는 적극적이고 개방적인 사회적 분위기가 조성되어야 한다. 뿐만 아니라 노인은 사회발전의 경험자로서 풍부한 경륜과 지혜를 바탕으로 사회의 건전한 발전과 유지를 위해 역할을 다해야 하며, 노인의 권리가 지켜지고 존중받는 사회를 이룩하기 위해서는 노인 스스로 삶의 수용자가 아닌 주체자로서의 지위를 획득할 때 가능하다.

5) 자립성 확대의 원칙

케어 실천에 있어서 가장 중요한 것은 대상자에게 일방적인 원조보다는 대상자 스스로 실천할 수 있도록 원조해야 한다. 즉, 일상생활에 있어서 일방적인 지원은 대상자의 자립성과 잔존능력을 소멸시킬 수 있으므로 대상자를 위한 실천이라고 볼 수 없으며, 필요 이상의 케어는 대상자의 입장에서 바람직한 케어가 되지 못한다.

재활(再活, rehabilitation)은 대상자가 자신의 힘으로 하는 것이 목적이며, 노인은 언뜻 보기에 병약하게 보일 수도 있지만, 스스로 자립을 위한 잠재된 능력과 잔존능력이 있으므로 노인의 잠재된 능력을 개발하고 잔존능력을 활용해야 한다. 다소 시간이 걸리는 어려운 일상생활동작이라 할지라도 케어자는 여유를 가지고 대상자 스스로 할 수 있도록 격려하고 위로하는 동기부여로 자립성을 촉진할 수 있도록 지원함으로써 대상자는 자신의 삶에 대해 스스로 자신감과 의욕을 가지고 더욱더 적극적인 자세로 임하게 된다.

케어에 있어서 대상자의 잠재된 능력과 잔존능력을 심도 있게 분석하고 평가하여 능력이 최대한으로 발휘될 수 있는 방법을 선택하는 것이 중요하며, 할 수 없는 것보다는 할 수 있는 일에 초점을 두는 것이 필요하다.

6) 전체성의 원칙

대상자를 하나의 전체성(holistic)을 지닌 존재로 이해하는, 즉 신체적, 정서적, 사회적, 심리적, 영적인 측면에 대한 총체적인 이해를 기반으로 하는 서비스가 제공되어야 한다. 대상자가 당면하고 있는 생활상의 문제는 단편적인 문제뿐만 아니라 대상자가 지닌 문제로 인하여 가족과 사회관계에도 엄청난 영향을 미쳐 복합적이므로 전체적인 접근이 필요하다. 따라서 어느 한 부분의 문제만 보고 케어에 임하게 된다면 케어 실천과정에서 발생하게 되는 돌발적인 문제는 물론 자립과 생활의 질 향상에 있어서 많은 제약이 따르게 된다.

7) 전문성의 원칙

케어는 전문적인 교육과 훈련을 받은 전문가에 의해 실시되어야 하는, 즉 전문적인 지식과 기술을 바탕으로 하는 서비스이므로 대상자의 특성을 이해하고 문제점을 정확하게 파악하여 실효성 있는 서비스가 전개될 수 있도록 하여야 한다. 케어자와 대상자의 관계에서 케어자는 전문적인 기술을 가지고 대상자의 자립을 원조하는 역할을 담당하므로 일상생활 가운데 자연스럽게 형성되는 일반적인 관계가 아니다.

신뢰관계를 기초로 하는 케어자는 원조의 목적과 방법을 대상자에게 전하고 대상자는 스스로 자립이라는 목표를 향해 간다는 쌍방의 역할이 확인되고 계약관계가 맺어지면 성립되는 전문적인 원조관계가 된다. 케어자는 단순한 신변케어만을 전담하는 것이 아니라 사회복지사, 물리치료사, 작업치료사, 심리치료사, 영양사, 의사, 간호사 등의 타 전문직과 전문적인 관계 설정을 통한 케어계획의 조정자(coordinator)라는 점을 유념해야 한다.

8) 타 직종과 연계의 원칙

대상자는 다양한 욕구가 있으므로 케어자는 자신이 제공할 수 있는 서비스뿐만 아니라 의사, 간호사, 물리치료사, 영양사 등의 관련 분야 전문가와의 업무를 제휴하고 대응하는 것이 필요하다. 제휴를 위해서는 신뢰관계가 형성되어야 하고 의견교환, 정보제공이 이루어져야 하며, 상담과 조언을 구하는 관계가 형성되고 상호 협력하면서 문제를 해결하며, 상호 업무내용 등을 이해하는 것이 필요하다.

9) 지역사회자원 활용의 원칙

케어자는 대상자의 복합적이고 다양한 욕구에 대해 포괄적인 서비스를 제공하기 위해 다양한 지역사회 자원을 활용하는 것을 검토하고 새로운 자원과 제도를 개발하는 것이 필요하다. 예를 들어, 방문 케어에서 새로운 욕구의 변화를 발견하는 경우 방문한 케어자 단독으로 욕구를 처리하는 것보다는 어떤 사회자원과 연결시키는 것이 좋은가를 판단하여 새로운 서비스의 이용과 연결시키는 것도 필요하다.

대상자에게 사회와 접촉을 도모하는 원조를 행할 경우 지역사회자원, 즉 시설이나 기관, 종사자, 프로그램 등 지역사회자원의 활용이 필요하고 기존의 사회자원으로 대상자의 욕구가 충족될 수 없는 경우에는 지역사회자원의 개발이나 사회제도를 만들어 가는 자세가 필요하다.

5. 케어 실천의 구조

케어 복지의 실천은 시설이나 가정에서 사회생활을 영위하는 데 신체적 · 심리적 · 사회적 · 경제적 · 문화적 요인 등에 의해 케어와 관련한 생활과제에 직면한 개인 및 가족에 대해 전문가가 전문적인 지식과 기술을 가지고 원조하는 활동이라고 정의할 수 있으며, 기본적인 요소는 9P로 설명할 수 있다.

1) 사람(Person)

케어 복지서비스의 대상자로서 혼자서는 일상생활을 현저히 진행할 수 없어서 타인의 도움이 필요한 사람을 말한다.

2) 문제(Problem)

대상자가 일상생활을 영위함에 있어서 신체적 측면, 심리적 측면, 사회적 측면에 지장이 되고 있는 문제 또는 장애가 될 위험이 있는 상태를 말한다.

3) 장소(Place)

광의의 의미에서는 사회복지서비스와 관련된 공적 · 사적 기관이나 시설을 의미하며, 협의의 의미에서는 케어자가 속한 사회복지시설이나 기관 또는 서비스가 진행되는 대상자의 가정 등을 말한다.

4) 과정(Process)

케어 서비스와 관련된 지식과 기술을 겸비한 케어자와 원조관계를 맺고 케어 서비스를 필요로 하는 대상자와의 전문적이고 목적적인 개입이 이루어지는 총체적인 과정을 말한다.

5) 목적(Purpose)

대상자의 삶의 질을 개선하고 당면하고 있는 모든 욕구와 문제를 해결해 가는 것으로 가능한 한 대상자의 주체성과 자립성을 도모하면서 일상생활을 원조하는 것을 목적으로 한다.

6) 관점(Perspective)

인간은 모두 존중받아야 한다는 기본적인 철학을 바탕으로 생태학적인 관점에서 전체적으로 파악해야 하므로 미시적인, 거시적인 관점에서 파악하여야 하며, 생애 주기(Life Cycle)모델에 의한 케어 실천기술의 전개도 필요하다.

7) 전문가(Professional)

케어 서비스의 원조 활동에는 전문적인 자질, 태도, 행위 등이 필요하며, 케어복지 실천기술을 사용하는 케어자는 이러한 전문성, 목적, 양질의 케어기술 등을 활용할 수 있어야 한다.

8) 인간과 환경(PIE: Person In Environment)

케어 서비스의 대상자인 인간은 환경과 분리할 수 없는 존재이며, 환경의 영향으로 행동이 변하고 반대로 대상자가 환경에 영향을 미쳐 스스로 편한 환경으로 바꾸기도 한다. 이러한 환경에는 대상자의 가족, 케어자, 친척, 이웃 등이 포함되며, 생물학적, 물리적, 사회문화적, 자연적 환경 등 다양한 환경이 포함된다.

9) 제공자원(Provision)

대상자의 욕구나 문제 해결을 위해 자원과 기회를 제공함으로써, 유형, 무형의 서비스를 전달할 수 있다.

Chapter 03

사회복지와 노인장기요양보험제도

1. 사회복지의 개념
2. 사회복지의 실천방법
3. 노인장기요양보험제도와 기존 노인복지서비스와의 차이점
4. 노인장기요양보험제도

Chapter 03

사회복지와 노인장기요양보험제도

우리나라는 치매나 만성질환 등으로 인한 보호를 받아야 할 인구의 급속한 증가, 가족의 부양기능 저하 그리고 케어 욕구의 증가와 다양화에 따라, 체계적인 사회적 케어 시스템의 구축이 필요하였다. 이에 2000년 일본에서 시행하고 있는 개호보험을 우리나라 실정에 맞게끔 제정하여 2008년 노인장기요양보험제도를 사회보험방식으로 시행함으로써 사회적 돌봄을 시작하였다. 노인장기요양보험제도는 질병의 치료(cure)보다 고령이나 노인성 질환 등으로 일상생활에 어려움을 겪는 노인에게 요양서비스(care)를 제공하며, 노인이 질병의 치료를 위한 진료와 투약이 필요할 경우와 국민건강보험제도의 급여와 요양이 필요할 경우 노인장기요양보험제도의 급여를 동시에 받을 수 있다.

1. 사회복지의 개념

사회복지(social welfare)는 사회구성원 모두가 평안하고 만족스럽게 잘 지내는 상태, 즉 인간이 겪게 되는 여러 가지 욕구와 사회문제 그리고 위험을 해결하여 더 높은 삶의 질을 도모하려는 전문적인 노력과 관련된 사회제도이다. 그리고 사회적 약자를 보호하면서 일반 국민과 지역사회의 보편적인 욕구충족, 필요한 복지서비스 제공이 목적이다.

1) 인간의 욕구(need)

인간이 생존하는 데 꼭 필요한 의식주, 문화, 여가 활동 및 인간관계 등에서 나타나는 바람직하고 만족한 상태에 대한 욕구이다.

2) 사회문제

어떤 사회적 현상이 사회적 가치 또는 규범에서 벗어나는 데 상당수 사람이 그 현상에 영향을 받는다고 판단하여 집단적 행동으로 해결해야 하는 문제를 말한다.

2. 사회복지의 실천방법

1) 직접적 실천방법

사회복지실천현장, 특히 노인복지에 있어서 클라이언트에게 직접 서비스를 제공해 주는 요양보호사는 직접 케어이고, 직접 서비스를 원활하게 제공하기 위하여 전적으로 지원해 주는 사회복지사, 간호(조무)사, 영양사 등은 간접 케어로 구분할 수 있다.

2) 간접적 실천방법

직접적 실천을 원활하게 수행할 수 있도록 1995년에 제정된 「사회보장기본법」에 의한 법적, 제도적, 정책적 실천방법이다. 공공부조의 비중이 높은 미국은 1935년에 도입한 AFDC를 폐지하고 1996년 미취업 상태의 성인 취업자가 급여 개시 2개월 후부터 지역사회 공공근로에 참여해야 하고 2년이 지나면 반드시 취업해야 하며, 수급기간이 총 5년을 초과할 수 없도록 제한하는 한시적 보호제도인 TANF를 도입하였다.

(1) 공공부조

(단위: 원)

2025년	1인가구	2인가구	3인가구	4인가구	5인가구
중위소득	2,392,013	3,932,658	5,025,353	6,097,773	7,108,192
생계급여_중위 32%	765,444	1,258,451	1,608,113	1,951,287	2,274,621
의료급여_중위 40%	956,805	1,573,063	2,010,141	2,439,109	2,843,277
주거급여_중위 48%	1,148,166	1,887,676	2,412,169	2,926,931	3,411,932
교육급여_중위 50%	1,196,007	1,966,329	2,512,677	3,048,887	3,554,096

출처: 보건복지부.

우리나라의 공공부조는 국가와 지방자치단체의 책임하에 스스로 생활유지능력이 없거나 생활이 어려운 국민의 최저생활을 보장하고 자립을 지원하여 인간다운 생활을 영위할 수 있도록 지원하는 제도이다. 이 제도는 1944년 조선구호령이 모태가 되어 1961년 「생활보호법」, 2000년 「국민기초생활보장법」이 시행되었고 종류는 생계급여, 의료급여, 주거급여, 교육급여, 해산급여, 장제급여, 자활급여 등이며, 수급자 선정기준은 중위소득이다. 수급자 선정에 따른 지급으로 생계급여는 가구의 소득인정액과의 차액이고 주거급여는 각 지역별 지급기준에 따르며, 의료급여와 교육급여는 수급자 가구가 아닌 의료기관과 교육기관에 매월 20일 지급한다.

(2) 사회보험(강제보험)

① 국민건강보험(1977, 보건복지부)

국민의 질병, 부상에 대한 예방, 진단, 입원 및 외래 치료, 재활과 출산, 사망 및 건강증진을 목적으로 병 · 의원, 요양병원, 약국 등에서 보험급여를 제공함으로써 국민의 보건향상과 건강증진 및 사회보장 증진과 생활의 안정도모, 부양가족의 부양경감을 통해 국민의 삶의 질을 향상한다.

② 노인장기요양보험(2008, 보건복지부)

고령이나 노인성 질병 등의 사유로 일상생활을 혼자서 수행하기 어려운 노인 등에게 신체 활동 또는 가사 활동 지원 등을 제공하는 장기요양급여에 관한 사항을 규정하여, 노후의 건강증진 및 생활의 안정을 도모하고 그 가족의 부담을 덜어줌으로써 국민의 삶의 질을 향상하도록 한다.

③ 국민연금(1988, 보건복지부)

국민의 노령, 장애 또는 사망에 대하여 노령연금, 장애연금, 유족연금 급여를 지급함으로써 국민의 생활안정과 복지증진에 기여한다.

④ 고용보험(1996, 고용노동부)

실업의 예방, 고용의 촉진 및 근로자의 직업능력 개발과 향상을 꾀하고 국가의 직업지도와 직업소개 기능을 강화하며, 근로자가 실업한 경우 생활에 필요한 급여를 하여 근로자의 생활안정과 구직활동을 촉진한다.

⑤ 산업재해보상보험(1964, 고용노동부)

근로자의 업무상 재해를 신속하고 공정하게 보상하며, 재해근로자의 재활 및 사회복귀를 촉진하고 보험료는 사업주가 전액 부담한다.

(3) 사회서비스

어떤 기관에서 어떤 서비스를 제공할 수 있는지 기준을 정해 놓은 것을 말하며, 개별서비스, 대상별 서비스, 분야별 서비스로 구분된다.

3. 노인장기요양보험제도와 기존 노인복지서비스와의 차이점

구 분	노인장기요양보험제도	기존 노인복지서비스
주 체	정부, 민간부문, 가입자, 지역사회 등 다양	보건복지부, 지방자치단체
서비스 대상	– 장기요양이 필요한 65세 이상 전 노인 및 노인성 질환을 가진 64세 이하의 국민 – 보편적인 제도	– 기초 생활보장수급자를 포함한 저소득층 위주 – 특정대상을 한정
서비스 선택	가입자 및 가족의 의사반영 (권리성 확보)	지방자치단체 및 시설운영자 (공급자 위주)
재 원	보험료, 국가, 본인 부담으로 구성	정부 및 지방자치단체
서비스	– 시설급여(요양시설 및 그룹홈) – 재가급여(방문요양, 방문목욕, 방문간호, 주야간보호, 단기보호 등) – 특별현금급여(가족요양비 등)	시설 · 재가 서비스를 제공하나, 서비스 질에 대한 관리가 미흡
전문인력	사회복지사, 요양보호사, 간호사, 간호조무사, 치과위생사가 양질의 서비스 제공	가정봉사원 등 기존 인력 활용으로 서비스 질 곤란
시설에 지원방식	시설 및 재가서비스 제공자는 서비스비용을 수가산정방식을 적용하여 국민건강보험공단에 청구하고 공단은 적정여부 심사 후 지급	국가 또는 지방자치단체를 통하여 입소인원이나 연간운영비용을 기준으로 정액

노인장기요양보험제도는 다양한 주체가 참여하여 모든 노인을 대상으로 하는 보편적이고 대상자의 권리성을 확보한 서비스이며, 사회적 연대원리에 의한 재원이고 재가복지를 우선으로 하여 장애나 질환에 대한 예방 및 재활에 중점을 둔 체계이다.

4. 노인장기요양보험제도

1) 제도의 개념

고령이나 노인성 질병 등의 사유로 일상생활을 혼자서 수행하기 어려운 노인 등에게 신체 활동 또는 가사 활동 지원 등의 장기요양급여를 사회적 연대원리에 의해 가정이나 요양시설에서 제공하여, 노후의 건강증진 및 생활의 안정을 도모하고 부양가족의 부담을 경감함으로써 국민의 삶의 질을 향상하는 것이다.

2) 서비스 전달체계

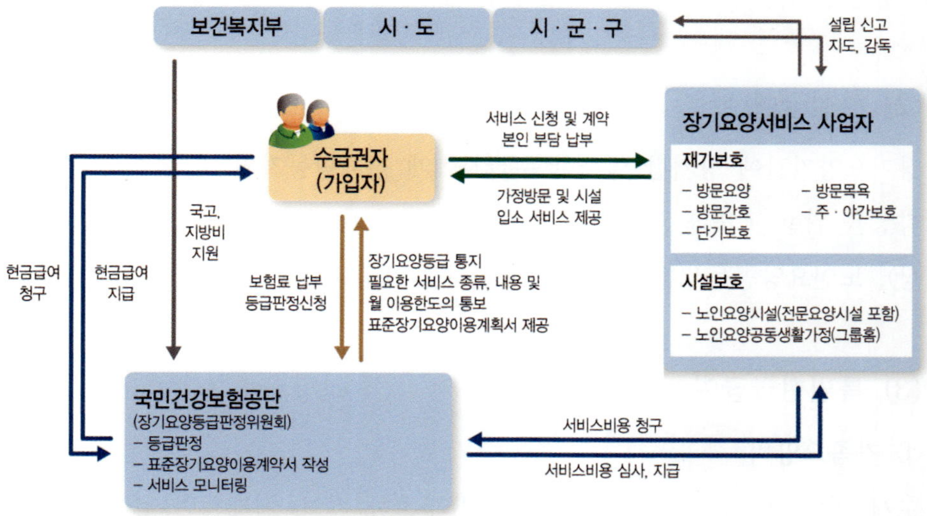

출처: 보건복지부.

3) 보험자와 가입자

보험자는 보험료를 받아 계약조건에 따라 보험급여를 지급하는 국민건강보험공단이고 가입자는 보험자에게 보험료를 납부하고 사고 발생 시 보험에서 보상을 받을 권리를 갖게 되는 모든 국민이다.

4) 장기요양급여의 내용

(1) 재가급여

가정에서 생활하면서 장기요양기관이 운영하는 방문요양, 방문목욕, 방문간호, 주야간 보호(일정한 시간), 단기 보호(일정한 기간, 즉 월 1일 이상 9일 이내, 연 4회 이내), 기타재가급여(복지 용구)를 통해 신체활동 및 심신기능의 유지 · 향상을 위한 서비스를 제공받는다.

(2) 시설급여

장기요양기관에 장기간 입소한 수급자에게 신체활동지원 및 심신기능의 유지향상을 위한 교육과 훈련 등을 제공하는 장기요양급여로 노인요양시설(10인 이상), 노인요양공동생활가정(9인 이하)에서 제공된다.

(3) 특별현금급여

① 가족요양비

도서 · 벽지 등 장기요양기관이 현저히 부족한 지역, 천재지변, 수급자의 신체 · 정신 또는 성격상의 사유 등으로 인해 가족 등, 즉 배우자, 직계 혈족 및 형제자매, 직계혈족의 배우자, 배우자의 직계혈족 및 배우자의 형제자매로부터 방문요양에 상당한 장기요양급여를 받은 경우 지급되는 현금급여이다.

② **특례요양비**

수급자가 장기요양기관이 아닌 노인요양시설 등의 기관 또는 시설에서 재가급여 또는 시설급여에 상당한 장기요양급여를 받는 경우 수급자에게 지급되는 현금급여이다.

③ **요양병원 간병비**

수급자가 요양병원에 입원했을 때 장기요양에 사용되는 비용 일부가 지급되는 현금급여이다.

5) 장기요양급여 대상자

65세 이상인 자 또는 65세 미만이지만 노인성 질병, 즉 치매, 뇌혈관성 질환, 파킨슨 등을 가진 자로서 거동이 불편하거나 치매 등으로 인지가 저하되어 6개월 이상의 기간 동안 혼자서 일상생활을 수행하기 어렵다고 인정되는 자이지만, 병원에 입원 중일 경우 급여 대상자에서 제외된다.

6) 장기요양 요원

장기요양기관에 소속되어 있으면서 대상자에게 장기요양서비스를 제공하는 자이다.

<table>
<tr><td>방문 요양</td><td colspan="2">사회복지사, 요양보호사</td></tr>
<tr><td>방문목욕</td><td colspan="2">요양보호사</td></tr>
<tr><td rowspan="3">방문간호</td><td>간호사</td><td>2년 이상 간호경력자</td></tr>
<tr><td>간호조무사</td><td>3년 이상 간호보조 경력자로서 소정의 교육 이수</td></tr>
<tr><td colspan="2">치과위생사</td></tr>
</table>

7) 장기요양 인정신청 및 판정절차

장기요양 인정신청 → 방문조사 → 조사표 입력에 따른 1차 판정 → 의사소견서 제출 예외자 통보 → 의사소견서 제출 → 등급판정위원회 개최 → 등급 최종 판정 → 판정결과 통보 → 장기요양기관서비스 이용(1~5등급, 인지지원등급)/ 시군구 및 국민건강보험공단 이용(등급 외 A, B, C는 복지, 예방)

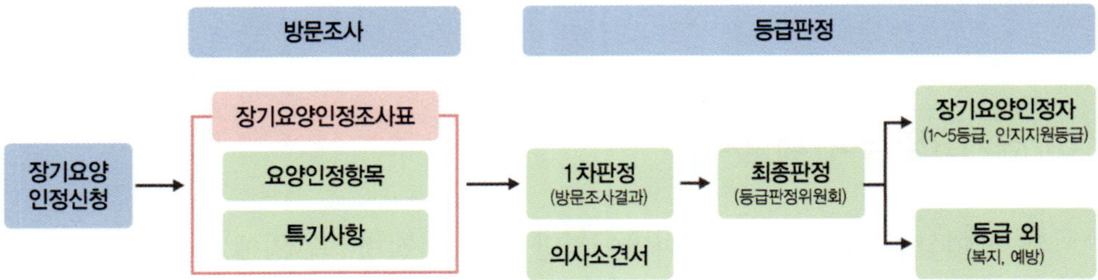

출처: 보건복지부.

(1) 장기요양 인정신청

65세 이상 노인 또는 65세 미만 노인성 질환 대상자가 의사 또는 한의사가 발급하는 소견서, 신분증, 대리인신분증, 장기요양 인정신청서를 공단에 방문, 인터넷, 우편, fax로 신청하지만, 65세 미만자와 외국인은 인터넷, 앱을 통한 신청은 불가능하다. 신청권자는 본인, 가족, 친족, 이해관계인, 사회복지전담공무원(본인이나 가족 동의), 치매안심센터의 장(치매대상자), 시장군수구청장이 지정하는 자이다.

(2) 방문조사

공단 직원인 사회복지사, 간호사 등이 신청인의 거주지를 방문하여 장기요양 인정조사표에 의한 신청인의 심신 상태, 신청인에게 필요한 장기요양급여의 종류 및 내용 등을 조사하여 1차 판정한다. 이 때 ① 동일세대의 가족 구성원으로부터 수발이 곤란 ② 주거환경이 열악하여 시설입소가 불가피 ③ 심신 상태 수준이 재가급여를 이용할 수 없는 경우는 등급판정위원회가 심의하여 시설급여가 필요한 것으로 인정한다.

(3) 등급판정

① 등급판정위원회는 공단에서 받은 1차 판정결과를 심의하고 의사소견서와 특기 사항을 확인하여 장기요양 인정 여부 및 장기요양등급을 최종 판정한다.

② 신청인이 신청서를 제출한 날부터 30일 이내에 완료하지만, 정밀조사가 필요한 경우 등 부득이한 사유가 있는 경우에는 30일 이내의 범위에서 연장할 수 있다.

(4) 판정결과

5등급은 경증치매로 치매전담 케어자가 서비스를 제공하고 인지지원등급은 치매 증상의 악화를 지연하기 위하여 주야간보호에서 인지기능개선프로그램의 인지서비스를 제공한다.

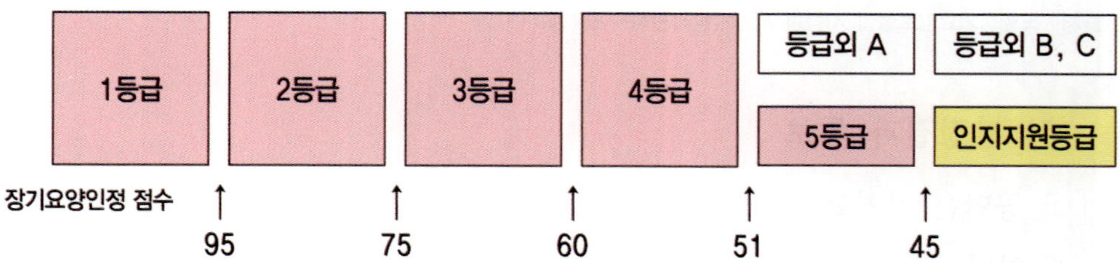

출처: 보건복지부.

등급	상태	장기요양 인정 점수	예시
장기요양 1등급	심신의 기능 상태 장애로 일상생활에서 전적으로 다른 사람의 도움이 필요한 자	95점 이상	
장기요양 2등급	심신의 기능 상태 장애로 일상생활에서 상당 부분 다른 사람의 도움이 필요한 자	75점 이상 95점 미만	
장기요양 3등급	심신의 기능 상태 장애로 일상생활에서 부분적으로 다른 사람의 도움이 필요한 자	60점 이상 75점 미만	
장기요양 4등급	심신의 기능 상태 장애로 일상생활에서 일정 부분 다른 사람의 도움이 필요한 자	51점 이상 60점 미만	
장기요양 5등급	치매환자(「노인장기요양보험법 시행령」 제2조에 따른 노인성 질병에 해당하는 치매로 한정함)로 도움이 필요한 자	45점 이상 51점 미만	
장기요양 인지지원 등급	치매환자(「노인장기요양보험법 시행령」 제2조에 따른 노인성 질병에 해당하는 치매로 한정함)로 도움이 필요한 자	45점 미만	

출처: 노인장기요양보험법 시행령 제7조(등급판정 기준 등).

(5) 판정결과 통보

① 공단은 장기요양인정서와 개인별장기요양이용계획서를 수급자에게 전송한다.

■ 노인장기요양보험법 시행규칙 [별지 제6호서식] 〈개정 2022. 6. 23.〉

발급번호 : 발행일 :

장기요양인정서

성 명		생년월일	
장기요양 인정번호		장기요양등급	
유효기간		장기요양급여의 종류 및 내용	
장기요양등급 판정위원회 의견			

관리지사		전화번호	
주소		홈페이지	www.longtermcare.or.kr

국민건강보험공단 이사장 직인

수급자 안내사항

1. 수급자가 장기요양급여를 받기 위해서는 장기요양기관에 장기요양인정서를 제시하여야 합니다.
2. 「노인장기요양보험법」 제40조제2항에 따라 「의료급여법」 제3조제1항제1호에 따른 의료급여를 받는 사람은 본인부담금이 면제되고, 「노인장기요양보험법」 제40조제4항 각 호의 어느 하나에 해당하는 사람은 본인부담금이 100분의 60의 범위에서 보건복지부장관이 정하여 고시하는 바에 따라 감경됩니다.
3. 장기요양급여는 월 한도액 범위 내에서 이용이 가능하며, 이를 초과하는 비용 및 비급여비용은 본인이 전액 부담합니다.
4. 장기요양보험료를 6회 이상 납부하지 아니하면 장기요양급여를 받을 수 없습니다.
5. 장기요양인정 등급판정결과에 대해 이의가 있는 경우 통보를 받은 날로부터 90일 이내에 공단에 증명서류를 첨부하여 심사청구할 수 있습니다.
6. 장기요양인정의 갱신신청을 하려는 경우에는 유효기간이 끝나기 90일 전부터 30일 전까지의 기간 동안에 공단에 신청해야 합니다.
7. 장기요양급여의 종류 및 내용이"가족요양비"인 경우 「노인장기요양보험법」제27조의2 및 같은 법 시행규칙 제21조의3에 따라 지급계좌를 특별현금급여수급계좌로 신청·변경 할 수 있습니다.
8. 「노인장기요양보험법」제15조제4항에 따라 거짓이나 그 밖의 부정한 방법 등으로 장기요양인정을 받은 것으로 의심되는 경우 공단은 인정조사를 실시하여 다시 등급판정을 할 수 있습니다.

출처: 보건복지부.

■ 노인장기요양보험법 시행규칙 [별지 제7호서식] 〈개정 2021. 6. 30.〉　　장기요양인정번호 L0000000000 -(이용계획서번호)

개인별장기요양이용계획서

본 서식은 수급자가 장기요양급여를 원활히 이용할 수 있도록 발급하는 이용계획서로 장기요양기관과 급여계약 체결 시 제시하시기 바랍니다.

<table>
<tr><td colspan="3">성　명</td><td colspan="2"></td><td>생년월일</td><td colspan="2"></td></tr>
<tr><td colspan="3">장기요양등급</td><td colspan="2">등급</td><td>인정유효기간</td><td colspan="2"></td></tr>
<tr><td colspan="3">재가급여(월 한도액)</td><td>1개월당</td><td>원</td><td rowspan="6">본인부담율(%)
※ 발급일기준</td><td rowspan="3">재가</td><td rowspan="3">%</td></tr>
<tr><td rowspan="5">시설급여</td><td rowspan="3">노인요양시설</td><td>일반</td><td>1일당</td><td>원</td></tr>
<tr><td>치매전담실 가형</td><td>1일당</td><td>원</td></tr>
<tr><td>치매전담실 나형</td><td>1일당</td><td>원</td><td rowspan="3">시설</td><td rowspan="3">%</td></tr>
<tr><td rowspan="2">노인요양공동생활가정</td><td>일반</td><td>1일당</td><td>원</td></tr>
<tr><td>치매전담형</td><td>1일당</td><td>원</td></tr>
</table>

<table>
<tr><th>장기요양 필요영역</th><th>장기요양 욕구</th><th>장기요양 목표</th><th>장기요양 필요내용</th></tr>
<tr><td></td><td></td><td></td><td></td></tr>
<tr><td>수급자 희망급여</td><td colspan="3"></td></tr>
<tr><td>유 의 사 항</td><td colspan="3"></td></tr>
</table>

<table>
<tr><th colspan="6">장기요양 이용계획 및 비용　　(급여비용 기준일 : 0000-00-00)</th></tr>
<tr><td>급여종류</td><td colspan="3">횟 수</td><td>장기요양급여비용</td><td>본인부담금</td></tr>
<tr><td></td><td>주</td><td></td><td>회</td><td>원</td><td>원</td></tr>
<tr><td></td><td>월</td><td></td><td>회</td><td>원</td><td>원</td></tr>
<tr><td colspan="4">합계</td><td>원</td><td>원</td></tr>
<tr><td>복지용구</td><td colspan="5"></td></tr>
</table>

☎ 000-0000-0000　　지사　　담당자

년 월 일

국민건강보험공단 이사장 직인

출처: 보건복지부.

② 장기요양인정의 유효기간 종료 90일 전부터 30일 전에 장기요양인정갱신 신청서와 의사소견서를 제출하여 갱신결과, 심신 상태 등에 따라 갱신 직

전 등급과 다를 경우 최소 2년이고 동일 등급은 최대 5년 6개월까지 산정된다.

장기요양 유효기간 산정
• 유효기간을 갱신할 때 갱신 직전 등급과 같은 등급으로 판정을 받은 경우 1등급의 경우: 5년 2등급~4등급의 경우: 4년 5등급, 인지지원등급의 경우: 2년 • 등급판정위원회는 장기요양 신청인의 심신상태 등을 고려하여 장기요양인정유효기간을 6개월의 범위에서 늘리거나 줄일 수 있음

출처: 노인장기요양보험법 시행령 제8조(장기요양 인정 유효기간).

8) 장기요양기관의 비용청구 및 지급

장기요양기관은 국민건강보험공단에 장기요양급여비용을 청구하고 국민건강보험공단은 장기요양기관의 비용청구를 심사하여 공단 부담금을 장기요양기관에 지급한다.

9) 재원조달

(1) 보험료(60~65%)

월소득×국민건강보험료율(7.09%)이고 국민건강보험료×노인장기요양보험료율(12.95%)이며, 공단은 노인장기요양보험료와 국민건강보험료를 통합하여 징수한 후 각각 독립회계로 관리한다.

(2) 국가지원(20%)

의료급여수급권자의 장기요양급여비용, 의사소견서 발급비용, 방문간호지시서 발급비용 중 공단이 부담할 비용 및 관리운영비 전액을 부담한다.

(3) 본인 일부 부담(15~20%)

시설급여는 20%, 재가급여는 15%이고 저소득층과 의료급여수급권자는 법정 본인부담금의 40~60% 경감하며, 국민기초생활수급권자는 면제이지만, 월 한도액을 초과하거나 비급여 항목인 식사재료비, 간식비, 이미용비, 상급 침실이용 추가 비용 등은 전액 본인이 부담하여야 한다.

급여종류	일반	40% 감경	60% 감경	기초생활수급
재가급여, 복지 용구	15%	9%	6%	면제
시설급여, 촉탁의 진찰비	20%	12%	8%	
의사소견서 발급비, 방문간호지시서 발급비	20%	10%		

출처: 보건복지부.

10) 표준서비스

분류	표준서비스 내용
신체활동지원	세면 도움, 구강청결 도움, 식사 도움, 몸단장, 옷 갈아입기 도움, 머리 감기 도움, 몸 씻기 도움, 화장실 이용하기, 이동 도움, 체위 변경, 신체기능의 유지 · 증진
가사 및 일상생활지원	개인활동지원, 식사준비, 청소 및 주변정돈, 세탁
정서지원, 의사소통	의사소통 도움, 말벗, 격려 등
인지지원 (인지관리지원, 인지활동지원)	인지행동 변화 관리 등 인지자극 활동, 일상생활 함께하기
방문목욕	입욕준비, 입욕 시 이동 보조, 몸 씻기(샤워 포함) 도움, 지켜보기, 목욕 기계 조작, 욕실 정리 등
건강 및 간호관리	관찰 및 측정, 건강관리, 간호관리, 응급서비스
기능회복훈련	신체 · 인지기능 향상프로그램, 신체기능의 훈련, 기본동작 훈련, 인지활동형 프로그램, 인지기능향상훈련, 일상생활 동작훈련, 물리치료, 작업치료
시설환경관리	침구 · 린넨 정리, 환경관리, 물품관리, 세탁물관리

출처: 노인장기요양보험법 시행규칙의 각 급여제공 기록지 기준.

11) 장기요양서비스 이용지원

서비스 신청접수 및 방문상담 ▶ 서비스 제공 계획 수립 ▶ 서비스 이용 계약 체결 ▶ 서비스 제공 ▶ 모니터링 실시 / 서비스 종료 혹은 계속

출처: 보건복지부.

(1) 서비스 신청접수 및 방문상담

대상자가 장기요양서비스를 이용하기 위해서는 먼저 장기요양기관을 방문하거나 전화로 상담을 받고 장기요양기관은 대상자 또는 가족이 장기요양서비스를 신청하면 상담을 통해 해당 기관 서비스를 제공할 수 있는지를 판단한다. 장기요양서비스를 이용하고자 할 때 대상자나 부양가족은 장기요양인정서와 개인별장기요양이용계획서를 기관에 제출해야 한다.

① 장기요양인정서

국민건강보험공단은 등급판정을 받은 대상자에게 대상자의 기본인적사항과 장기요양등급, 유효기간, 이용할 수 있는 급여의 종류와 내용, 대상자가 장기요양서비스를 제공받을 때 필요한 안내 사항 등이 포함되어 있는 장기요양인정서를 발급한다.

② 개인별장기요양이용계획서

대상자 및 가족이 적절한 장기요양서비스를 이용할 수 있도록 안내하는 역할과 장기요양기관이 대상자를 이해하는 데 도움이 되는 자료로서의 역할을 한다. 대상자의 등급에 따라 이용할 수 있는 한도액과 본인부담률이 포함되어 있으며, 국민건강보험공단에서 제시하는 급여의 종류와 횟수, 이에 따른 비용이 기재되어 있어 대상자 및 가족들이 장기요양서비스를 이해하고 이용하는 데 도움을 준다.

(2) 서비스제공계획 수립

장기요양기관은 먼저 가정을 방문하여 대상자의 기능상태평가와 욕구평가를 하고 평가 내용과 국민건강보험공단이 작성한 개인별장기요양이용계획서를 바탕으로 서비스의 목표를 설정하며, 구체적인 서비스의 내용과 횟수, 비용을 결정한다.

(3) 서비스이용 계약체결

대상자와 부양가족에게 서비스제공계획 내용을 충분히 설명하고 반드시 계약서 내용을 꼼꼼히 확인하며, 대상자와 가족이 서비스제공계획에 동의로 서명을 하면 서비스이용 계약이 체결된다.

(4) 서비스제공

장기요양기관과 요양보호사는 급여제공계획서에 기입되어 있는 대상자의 주요 기능상태와 욕구 등을 명확히 인식하고 장기요양급여제공계획서를 바탕으로 서비스 내용과 시간, 방법 등을 파악하여 서비스를 제공한다.

(5) 점검

대상자 및 가족에게 만족스러운 서비스가 제공되고 있는지, 새로운 변화가 발생했는지 등에 대해 점검을 하고 장기요양기관은 이러한 점검 결과에 따라 서비스제공계획을 수정할 수도 있다.

(6) 서비스 종료

대상자가 사망하거나 대상자 스스로 종료를 원할 때 혹은 타 기관으로 이관되었을 때나 목표를 달성하였을 경우 서비스가 종료된다.

Chapter

04

실버케어 대상자에 대한 이해

1. 건강
2. 자립 생활
3. 생활환경
4. 대상자의 일반적 특성
5. 노인의 특성

Chapter 04

실버케어 대상자에 대한 이해

신체나 생활에 어떤 장애를 가지고 있는 대상자는 단순한 심신 기능의 유지와 회복만이 아니라 자신의 생활 전 영역에서 다양한 욕구가 있고 대상자의 신체 상태는 다양하며, 전적이거나 간단한 원조를 필요로 한다. 인간은 심신이 건강한 상태에 있을 때 본래의 기능을 충분히 발휘하여 자신의 의욕을 생활 행동에 반영하는 것이 가능하지만, 대상자는 이러한 행동에 어떤 제약이 있는 상태의 사람이라고 할 수 있다. 케어를 받아야만 하는 사람은 생활 전반에 수동적이 되기 쉽고 생활에 대한 의욕이나 주체성을 잃기 쉬우므로 대상자의 신체적, 심리적, 사회적 안정을 도모하고 대상자를 마음으로부터 받아들이는 자세가 아니면 케어의 성과는 기대할 수 없다.

1. 건강

건강(health, 健康)이란 어학사전에 의하면, 정신적으로나 육체적으로 아무 탈이 없고 튼튼한 상태이며, 1946년 세계보건기구(WHO)에 따르면, 신체적으로 질병이 없거나 허약하지 않을 뿐만 아니라 신체적, 정신적, 사회적으로 완전히 안녕한 상태로 정의하였고 상호 연결되어 있다. 이처럼 건강이란, 단순히 질병이 없거나 허약한 상태라는 소극적인 의미가 아니라 인간 생활의 모든 측면에서 안녕 상태를 의미하는 적극적인 개념이며, 단순히 의료적 관점에서 벗어나 삶의 전반적 질을 포괄하는 생활개념이다.

1) 신체적 건강(Physical Health)

신체적 건강이란, 신체기능과 조건이 양호한 상태, 즉 육체적으로 질병이나 부상이 없는 상태뿐만 아니라 자신의 환경에 맞춰 최상의 신체적 기능을 유지하고 능동적으로 활동할 수 있는 상태이다. 따라서 신체적 건강은 균형 잡힌 식단으로 적절한 영양을 섭취하고 규칙적인 운동을 하며, 충분한 수면 등 건강한 생활습관을 통해 최적의 신체기능을 유지하여 일상생활을 수행하는 데 필요한 에너지와 능력이 있는 것이다.

2) 정신적 건강(Mental Health)

정신적 건강이란, 자신의 주위 환경과 잘 조화할 수 있는 것이므로 감정과 이성이 조화되어 인간관계가 잘 이루어지고 자신의 생활은 물론 사회생활을 잘 영위할 수 있는 것을 말한다. 따라서 정신적 건강은 스트레스, 불안, 우울증 등 심리적인 문제에서 벗어나 안정적이고 긍정적인 감정 상태를 유지하는 것, 즉 개인이 스스로 감정을 이해하고 조절하며, 삶의 의미를 찾고 자아실현을 추구하는 과정을 포함하므로 긍정적인 자아상, 명상, 감정 조절, 대인 관계 기술 등 개인의 심리적 안녕을 말한다.

3) 사회적 건강(Social Health)

사회적 건강이란, 사회의 일원으로서 가족, 지역사회, 학교, 직장 등에서 자신의 역할을 적절하게 수행할 수 있는 것, 즉 일상생활에서 인간의 성립요소인 신체적, 정신적 조건이 생활이라는 장에서 잘 통합된 상태로 유지되어 있을 경우 건강하다고 할 수 있다. 따라서 사회적 건강은 긍정적인 가족 및 친구 관계, 직장에서의 상호 지원, 사회적 불평등 해소 등을 통해 원만한 관계를 유지하고 사회적 역할과 책임을 다하며, 공동체의 일원으로 사회적 소속감을 느끼고 타인과 긍정적이고 의미 있는 관계를 맺어 사회적 지지를 받는 것이다.

2. 자립 생활

1) 자립 생활의 의미

자립이란, 자신의 삶에 대한 자신의 결정에 대하여 타인의 개입 또는 보호를 최소한으로 하여 자신의 의지로 선택하고 결정하는 모든 과정에 참여하며, 주체적으로 자기선택권과 자기결정권을 가지고 스스로 자원을 활용하는 것을 말한다. 대상자의 경우 전문가나 가족, 친지가 보호를 담당하고 조정하는 경우가 대부분이므로 보호자에게 종속되고 때로는 대상자 자신이 필요로 하는 원조활동에 대한 책임을 담당할 수 있는 능력조차도 잃게 되는 것이다.

자립 생활이란, 우리가 모든 것을 우리 스스로 하기를 원한다거나 누군가의 도움이 필요하지 않다는 것만 의미하는 게 아니라 비장애 형제와 자매, 이웃과 친구가 당연히 누리고 있는 매일의 삶을 우리 스스로 선택하고 통제할 수 있는 동등한 기회를 얻게 되는 것을 말한다. 우리는 가족과 함께 살기를 원하고 교육을 받아 적성에 따라 선택한 일을 하며, 본인의 가족을 부양하기를 원하므로 자립 생활이란, 의사결정 또는 일상생활에서 타인에의 의존을 최소한으로 하기 위하여 스스로 납득되는 선택에 의해 자신의 생활을 관리하는 것이다.

자립 생활운동이란, 장애인도 시민으로서 사회참여에 동일한 권리와 선택권을 가지고 있으며, 다른 시민이 당연히 누리고 있는 매일의 삶과 자기 인생의 계획을 세울 때 자기결정권과 통제권, 자유를 가져야 하므로 장애인을 좌절시키는 제도적, 태도적인 장벽을 없애야 한다. 자립 생활운동과정에서 그 나라의 문화와 경제적 상황에 적용되었고 장애인을 시설에서 지역사회로, 학교에서 일터와 자기사업으로의 이동을 이끌었으며, 지역 조직화와 권익옹호, 장애 문화, 여성 장애인의 삶 등 다양한 분야에서 긍정적인 영향을 미치는 것으로 나타났다.

자립 생활이념에서 장애인은 본질적으로 시민이고 부차적으로 의료, 재활, 사회서비스의 소비자이므로 보조공학기술, 소득보장, 활동 보조서비스 등이 반드시 필요하고 충족되도록 하여 동등한 기회를 획득할 수 있도록 한다. 즉, 소외되었던 대상자의 의료모델 중심의 재활서비스와 정상인을 목표로 한 기능회복 중심의 한계를 명확하게 하고 자립적인 일상생활을 위한 대상자 주체의 역량강화와 욕구충족, 자기결정권의 존중, 정상화, 탈시설화, 탈의료화 등에 중점을 둠으로써 케어 복지의 흐름을 주도하고 있다.

이처럼 자립의 가장 중요한 핵심은 일방적인 수혜자가 아니라 대상자가 선택권과 결정권을 가지고 스스로 자원을 활용하며, 자신에게 맞는 원조를 결정하고 관리하는 당사자주의라는 것이다. 그러므로 아무리 중증 대상자라고 할지라도 국가와 사회는 개인의 변화만을 강요하기보다는 대상자가 가정에서 혹은 시설에서 일상생활이 가능할 수 있도록 필요한 장애물을 제거하고 지속적인 원조를 해야 할 것이다.

2) 자립 원조를 위한 실천지침

(1) 개별화의 원칙

대상자는 외형이 똑같아 보이더라도 사람마다 각기 다른 상태에 있고 그 상태가 언제나 똑같다고는 할 수 없으므로 대상자의 개별성을 파악하고 가치관과 생활양식, 생활습관, 문화 배경을 고려한 케어 방법을 선택해야 한다. 노인은 신체기능과 정신기능이 쇠퇴하고 타인의 손을 빌리지만, 자존심은 남아 있고 자신의 요구나 감정을 표현할 수 있으므로 대상자의 개별 상태를 적절하게 파악하고 판단하며, 문제해결을 위해 케어 기술을 유효하게 적용하는 것이 중요하다.

(2) 평등한 보호

더 불리한 핸디캡(handicap)을 지니고 있는 대상자에게 보다 크고 많은 서비스를 제공하는 일은 평등의 원칙에 합당한 방식이므로 평등한 보호는 케어 실천의 기본이념이며, 출발점이기도 하다.

(3) 정당한 절차

대상자 본인이나 그 가족, 주민, 자원봉사자, 전문가 등이 케어 서비스에 연관되는 경우 방향성을 제시하고 있으므로 대상자에게 서비스를 제공하기 전에 충분한 설명을 하고 동의를 얻은 후 실행하는 절차가 중요시되지 않으면 안 된다.

(4) 자기 선택결정권

대상자나 그 가족은 충분한 설명을 듣거나 선택을 행사하는 권한을 스스로 가지고 있으므로 대상자에게 폭넓은 서비스 메뉴를 제시하여 설명하고 스스로 선택, 즉 충분한 설명을 케어자가 제시하고 나서 가능한 한 대상자의 선택에 맡긴다는 것은 서비스의 기본이라 할 수 있다.

(5) 예방적 처우의 우선

노화와 노인병은 완치가 곤란하고 진행성이라는 특성 그리고 하나의 질병과 장애가 이차적인 장애를 만들거나 합병증이 발생하기도 하여 노인의 건강은 악순환을 겪고 있으므로 항상 예방적 대처가 우선이 되어야만 노인의 삶의 질을 유지하고 향상할 수 있을 것이다.

(6) 처우 거부권

대상자와 그 가족은 수혜를 받기 전이든, 수혜를 받는 중이든 상관 없이 적절한 처우가 아니든, 적절한 처우이든 간에 그 처우에 대하여 거부할 권한을 가지고 있다.

3. 생활환경

환경(環境, Environment)이라는 의미는 나무위키에 의하면, 인간이 사는 자연과 주위의 상태를 뜻하여 각종 동식물로 확산되고 있고, 어학사전에 의하면, 생활하는 주위의 상태를 말하며, 정신의학에 의하면, 정신질환자의 가정환경이나 병원의 사회적 배경을 말한다. 따라서 환경이란 유기체를 둘러싸고 있는 사물 혹은 유기체에 영향을 미치는 모든 것으로 정의하며, 유기체와 환경은 서로 영향을 주고받는 관계이고 건강과도 밀접하게 관련되어 있어서 영향을 미치게 된다. 즉, 인간을 둘러싸고 생활하는 주위의 생물에게 직접, 간접으로 영향을 주는 자연적 조건이나 사회적 상황에서의 급격한 생활환경의 변화이며, 생활환경(生活環境)은 가족, 지역사회, 사회 자원 등을 포함한다.

1) 대상자의 환경

(1) 가족

대상자의 목욕 준비, 식사 준비, 세탁하기, 장보기, 청소하기 등 가사 일체의 부담에서 식사, 목욕, 배설, 옷 갈아입기, 약 바르기, 투약 관리를 가족만이 행하고 있는 경우가 있다. 케어 대상자인 노인과 같이 거주하는 가족의 생활을 보장하기 위해서는 먼저 경제적 기반이 되어야 하고 부양, 케어, 보호 등의 생활을 하기 위한 케어 인력도 중요한 요소이므로 케어자는 돌본다는 행위 뿐만 아니라 요보호자에 대한 세심한 주의, 배려, 관심을 준다는 정서적, 심리적인 지지가 요구된다.

(2) 지역사회

사회복지의 패러다임이 생활시설 중심의 복지에서 재가복지 중심으로 변화하면서 지역사회에 대한 관심이 커지고, 특히 사례관리를 통한 관계기관과 전문 직종과의 제휴는 케어의 효율성과 효과성 제고에 매우 중요하다.

(3) 사회자원

각종 사회복지제도를 알지 못하여 고통을 받고 있거나 제도를 알아도 권리의식의 부족이나 체면으로 인하여 이용을 포기하는 경우가 적지 않으며, 케어 서비스를 희망해도 욕구나 문제를 해결할 수 있는 인적 자원이 부족하다. 따라서 케어자는 다양한 수준의 사회자원 목록을 확보하고 활용하여 대상자 개개인의 케어 욕구를 적재적소에서 반드시 충족시킬 수 있는 능력이 있어야 한다.

2) 대상자에 대한 종합적인 관점

(1) 성장과 발달과정의 이해

인간이 태어나서 20대까지인 발육기는 성장기, 유소년기 또는 제1의 인생으로 신체의 변화율과 체력이 높으며, 40대 중반까지인 성숙기는 장년기 또는 제2의 인생으로 사회적 책임감과 체력, 생식력이 높다. 60대 중반까지인 초로기는 사회적 책임감이 높고 체력이 저하되며, 60대 중반 이후인 쇠퇴기는 노령기, 노쇠기 또는 제3의 인생으로 체력과 정신력 모두 저하된다. 이처럼 인간은 태어나서부터 늙어 가는, 즉 일생을 통해 성장, 변화, 발달, 노화되는 과정이므로 케어자는 인간의 성장과 발달과정과 발달과제를 이해하고 그 사람의 성장, 자립 그리고 삶의 보람을 이해해야 한다.

(2) 기본적인 욕구와 개인차의 이해

매슬로우는 인간의 기본적인 욕구를 ① 생리적 욕구 ② 안전의 욕구 ③ 사랑과 소속의 욕구 ④ 존경의 욕구 ⑤ 자아실현의 욕구로 나누었고 가장 고차원적인 자아실현의 욕구는 보다 완전하고 창조적이며, 자기를 실현하고 자신답게 살고 싶은 욕구이다. 또한, 인간은 본인의 이름, 연령, 성별, 주소, 가족 등의 배경과 생활습관 및 장애의 정도, 성격과 행동의 특성, 가족관계, 가치관 등이 다른 차이점이 있으므로 케어자는 인간의 기본적인 욕구뿐만 아니라 개인차이에 대한 이해가 필요하다.

(3) 대상자에 대한 관점

대상자의 성장과 발달과정을 이해하고 인간의 공통적인 기본적 욕구와 개인차를 확인하여 신체적, 심리적, 사회적 측면에서 종합적으로 파악하며, 장애의 정도와 개별적인 상황을 파악하고 가족과 사회생활과의 관련하에 개인을 이해해야 한다.

4. 대상자의 일반적 특성

1) 일상생활에 지장이 있다

대상자는 주로 고령에 의해 일상생활을 영위하기 어려워진 고령자, 와상노인, 치매성 노인 등이지만, 신체에 장애가 있거나 고령이라고 해서 반드시 일상생활에 지장이 있는 것은 아니며, 신체의 장애나 고령이라 하더라도 이것을 극복하고 자립적인 생활을 영위하는 사람은 대상자에서 제외된다.

2) 고유한 생활사가 있다

인간은 누구나 몸에 밴 공통적인 습관과 개인적인 습관이 있고 그 습관이 합리적이지 않거나 건강에 문제가 되더라도 본인이 괜찮았다고 생각하고 있거나 또 습관화되어 고칠 수 없는 것이 있다.

3) 개별성이 강하다

대상자는 각자의 생활사와 연령, 학력, 장애 정도, 가족, 직장, 수입 등이 있고 과거의 경험과 지식도 나름의 개성과 성격이 무의식적으로 형성되어 다른 가치관을 가지므로 개별성이 강하다. 많이 호소하거나 많이 참거나 온화하거나 화를 잘 내거나 마음대로 하거나 무책임하거나 시끄럽거나 의심이 많거나 고집이 센 사람 등 천차만별이므로 케어자는 대상자의 개별성을 잘 이해하고 원조해야 한다.

4) 정신적으로 불안하다

인간은 본인이 아무리 노력해도 타인에게 의존하지 않고 살아갈 수 없는 상황이 되면 자신에게 관심을 기울여 주기를 원하는 본능적인 욕구가 강해지고 그 욕구를 채우기 위해 점점 이상하고 기묘한 행동을 하기도 한다. 대상자가 폭력적인 행동을 할 경우 왜 그러한 행동을 하는지, 원하는 것이 무엇인지를 검토해 보고 어떠한 경우라도 원만한 인간관계와 미소, 부드러운 말로 대상자가 안심하도록 원조한다.

5) 생명을 스스로 지키기 어렵다

대상자는 스스로 건강을 관리하거나 위험을 피하기 어렵고 질병이나 사고가 일어나기 쉬우며, 주의를 기울여 주지 않으면 위험에 노출되어 있으므로 케어자는 항상 대상자에게 문제발생의 개연성이 존재함을 인식하고 잦은 접촉과 예리한 관찰을 해야 한다.

5. 노인의 특성

1) 신체적 특성

(1) 신체의 일반적 특성

① 세포의 노화

뼈와 근육이 위축되어 등이 굽고 키가 줄어들며, 어깨가 좁아지고 피하지방이 감소하여 전신이 마르고 주름이 많아진다.

② **면역능력의 저하**

잠재하고 있던 질병이 나타나거나 질병이 발생할 경우 급격하게 상황이 악화되어 죽음을 맞기도 한다.

③ **잔존능력의 저하**

신체 조직의 잔존능력이 저하되고 적응력이 떨어져 일상생활에서 어려운 상황이 발생할 수 있다.

④ **회복능력의 저하**

만성질환이 있는 노인은 다른 합병증이 쉽게 올 수 있어서 사소한 원인으로도 중증에 이를 수 있다.

⑤ **비가역적 진행**

노화는 점진적으로 일어나는 진행성 과정이며, 인간의 노력으로 노화의 진행을 막을 수 없다.

(2) 소화기계의 특성

50세부터 미각의 둔화, 충치와 의치로 저작능력의 저하, 타액과 위액 분비의 저하로 소화능력의 저하, 소화효소 생산과 호르몬 분비 감소로 췌장기능의 저하, 약물의 대사능력의 저하로 간 기능의 저하, 직장벽의 탄력성 감소로 근육의 탄력성이 저하된다.

(3) 호흡기계의 특성

노년기는 주로 기침, 만성 기관지염, 천식, 폐기종, 만성 폐쇄성 폐질환, 폐렴, 폐결핵 등으로 폐포의 탄력성 저하, 세균의 번식은 쉬워지고 배출은 어려워 점액의 저하, 연하장애, 호흡근육의 약화, 기관지 내의 분비물 증가가 나타나며, 일상생활양식에 따라 만성 호흡기계 질환으로 노인의 사망율을 높인다.

(4) 심혈관계의 특성

심혈관은 인체의 모든 장기에 산소와 영양소의 공급에 차질을 주므로 노화의 가장 중요한 변인으로 작용하고 감염, 환경, 오염물질, 좋지 못한 생활습관 등에 의해 심장은 쉽게 손상을 받으며, 동맥경화증 등의 발생률을 높인다.

(5) 근골격계의 특성

노화의 진행으로 신장의 감소와 잦은 골절, 어깨가 좁아지고 골반은 커지며, 근섬유의 수와 크기가 감소, 관절의 활막이 탄력성을 잃고 관절면이 마모, 팔과 다리의 지방은 감소하고 엉덩이와 허리 그리고 어깨의 피하지방은 증가하여 골다공증, 낙상, 골관절염 등 건강상의 문제가 올 수 있으므로 적당하고 규칙적인 운동이 필요하다.

(6) 생식 및 비뇨기계의 특성

노인은 성 호르몬 감소로 인하여 성적 흥분 시 일어나는 심혈관계의 급격한 반응이 둔화되고 속도도 느려지며, 성적 흥분, 주변 생식기의 변화인 방광기능과 대뇌기능의 저하, 여성은 유방의 위축과 질의 수축 및 분비물 저하, 남성은 전립선 비대 등 다양한 생리적 요인은 정신적 요인과 상호작용하여 노인의 성기능에 많은 장애를 초래한다.

(7) 피부계의 특성

노인의 피부는 건조하고 얇아져 쉽게 손상을 입고 피하조직의 감소로 저체온과 오한, 압박에 대한 손상위험이 높으며, 손발톱이 두꺼워지고 상처회복이 지연되며, 궤양, 피부변색, 검버섯 등이 생기고 장기간 햇볕에 노출된 경우 피부장애를 일으키며, 피부암, 진균 감염, 피부염, 착색, 건선 및 소양증 등이 발생할 수 있다.

(8) 신경계의 특성

개인의 유전적 특성과 외상이나 질환에 침범받은 특정 뇌부위에 따라 여러 요인들의 복합적 작용으로 단기기억은 감퇴하고 장기기억은 대체로 유지되는 편이며, 인지능력 감퇴, 수면장애, 걸음걸이와 자세의 변화, 신체활동의 감소 등의 초래로 인해 신경세포의 기능이 저하되고 감각이 둔화된다.

(9) 내분비계의 특성

갑상선 질환과 당뇨병은 흔하게 발병하지만, 증상이 확실하지 않아 진단을 내리는 데 어려움이 많으며, 포도당 대사능력이 감소하고 인슐린에 대한 민감성 감소로 쉽게 고혈당이 되며, 공복혈당이 높고 췌장의 베타세포에서 인슐린의 분비가 느리고 양이 불충분하며, 갑상선 크기가 줄고 갑상선 호르몬의 분비량도 다소 감소한다.

(10) 감각기계의 특성

눈꺼풀이 처지고 아래는 늘어지며, 결막은 얇아지고 누렇게 변하며, 백내장과 실명에 이르는 녹내장도 나타나고 노인성 난청은 50세 이후의 남성에게 흔히 발견되며, 혀 앞쪽의 단맛과 짠맛을 감지하는 미뢰 기능이 떨어져 식욕이 떨어지고 신체 접촉에 대한 민감성은 45세경까지는 증가하나, 이후 현저히 감퇴하는 경향이 있다.

2) 심리적 특성

(1) 우울증 경향의 증가

우울증 노인은 불면증, 식욕부진, 체중감소 등 신체적인 증상을 호소하고 기억력이 저하되며, 흥미와 의욕을 상실하는 등의 심리적 증상을 겪고 주변 사람에게 적대적으로 대하거나 타인을 비난하는 행동을 보이고 기억력 감퇴와 인지 기능이 저하된다.

(2) 내향성의 증가

청장년기에는 심적 에너지가 바깥 사회생활로 향해 있다가 노년기에는 사회적 활동이 감소하고 타인과 만나는 것을 기피할 뿐 아니라 내향적인 성격이 되어 간다.

(3) 조심성의 증가

조심성이 증가하는 원인은 일의 결과를 중시하여서 이거나 시청각 및 지각 능력이 감퇴하고 자신감이 감퇴하여서이며, 나이가 들수록 질문이나 문제에 대해 대답을 망설이거나 하지 못하고 중립을 지키며, 결단이나 행동이 느리고 매사에 신중해진다.

(4) 경직성의 증가

노인은 자신에게 익숙한 습관적인 태도나 방법을 고수하므로 매사에 융통성이 없어지고 새로운 변화를 싫어하며, 도전적인 일을 꺼리는 경향을 보이고 새로운 기구를 사용하거나 새로운 방식으로 일을 처리하는 데에 저항한다.

(5) 생에 대한 회고의 경향

자신이 지나온 일생의 가족구성, 신체적 조건, 결혼, 취업, 직장 생활, 부부생활, 성생활, 성 역할 등을 떠올려 보고 응어리졌던 감정을 해소하며, 실패와 좌절에 담담해져 자아통합을 하고 다가오는 죽음을 평온한 마음으로 맞을 수 있게 한다.

(6) 친근한 사물에 대한 애착심

친근한 사물에 애착을 보이는 이유는 자기 자신과 주변이 변하지 않고 유지되고 있다는 안도감과 정서적 안정감을 느끼고 세월의 흐름 속에서 자기 정체감을 유지하려는 것이므로, 오랫동안 자신이 사용해 오던 친근한 사물에서 지나온 과거를 회상하거나 마음의 안락을 찾는다.

(7) 유산을 남기려는 경향

노인은 죽음의 필연성을 인식하고 생명이 유한하다는 것을 자각하면서 자신이 가치 있는 삶을 살았다는 것을 인정받고자 혈육, 물질적 재산, 창조적 업적, 전통과 가치 등을 후세에 남기고자 한다.

(8) 의존성의 증가

신체적 기능이 저하되면서 신체적으로 의존하고 임금 노동자로서의 역할을 상실함에 따라 경제적으로 의존하며, 중추신경조직이 퇴화됨으로 정신적으로도 의존하고 중요한 사람을 상실하면서 사회적, 심리적, 정서적으로 다른 사람에게 더 의존하게 된다.

(9) 지능 감퇴

학자에 따라 지능 감퇴가 미미하다거나 지능검사에서 낮은 점수를 얻는다거나 지능이 50세 10%, 70세 30%가 저하된다고 보는 견해도 있다.

(10) 인지기능 장애

노인의 인지기능 저하는 인지과정이 느려져서이거나 정보의 부족, 쉽게 산만해지는 것 같은 정보처리 장애일 수도 있고 오랜 기간 동안 친숙해져 있는 일이나 문제에는 지장이 없지만, 새로 배우는 일이나 문제는 학습능력이 떨어진다.

(11) 기억력 감퇴

기억이란, 선행의 경험을 파악하는 기능이고 과거에 경험한 일이 대뇌 피질에 흔적으로 남아 있다가 후에 어떠한 상황에 직면하여 다시 의식으로 되살아나는 작용을 말하며, 현재보다 과거 기억, 본 것보다는 들은 기억, 논리적인 암기보다 기계적인 기억이 더 좋다.

3) 사회적 특성

(1) 역할 상실

노인에게 사회적 역할 변화가 생기는 대표적인 사건은 은퇴이며, 은퇴로 인해 사회적 역할을 상실할 뿐만 아니라 가정 내에서도 가장의 역할이나 어머니로서 가족을 돌보는 역할을 잃게 되어 심리적으로 위축된다.

(2) 경제적 빈곤

노인은 대부분 자신이 일하던 직장에서 퇴직하여 여가생활이나 새로운 일을 수행하게 되는데 노후소득을 위한 연금이나 노후자금이 없는 경우 경제적 빈곤에 놓이게 된다.

(3) 유대감의 상실

노인은 직장에서 퇴직하면서 사회적 관계도 줄어들어 친척이나 친구 관계도 소원해지고 유대감도 줄어들거나 없어지게 되므로 단순화된 관계 속에서 고독감과 우울감이 증가하고 자살까지 발생하기도 한다.

(4) 사회적 관계 위축

노인은 신체적 노화를 경험하면서 고혈압, 당뇨 등의 복합적이고 만성적인 질환을 갖게 되며, 이 만성질환은 다른 질환과 복합되어 나타나면서 신체적 기능을 쇠퇴시키고 사회적 관계에서도 부정적으로 작용하기도 한다.

4) 대상자를 이해하기 위한 포인트

첫째, 개별적으로 생각하는 것이 필요하다. 노인 한 사람 한 사람이 서로 다른 존재라는 것을 생각하고 이에 맞는 케어 접근이 필요하다.

둘째, 노인을 다면적으로 생각해야 한다. 신체적, 정신적, 사회적 특성이 상호 관련되어 있는 경우가 많으므로 노인을 이해하기 위해 다면적인 분석이 필요하다.

셋째, 인생의 흐름 속에서 노인을 이해해야 한다. 현재의 상태뿐만 아니라 어린 시기, 젊은 시기 등에 대한 전반적인 이해를 해야만 보다 나은 케어가 가능하다.

Chapter 05

장소별 케어와 팀 케어

1. 재가 케어
2. 시설 케어
3. 재가 케어와 시설 케어의 차이점
4. 노인복지시설의 종류
5. 팀 케어

Chapter 05

장소별 케어와 팀 케어

1. 재가 케어

1) 재가 케어의 개념

재가 케어란, 타인의 보호가 필요한 대상자의 가정을 방문하거나 재가복지시설을 통하여 일상생활에 필요한 서비스를 제공하는 것이며, 케어자는 이미 만들어진 가정의 생활습관과 생활리듬에 맞추고 대상자의 자립적인 생활을 권유하며, 상담을 통해 가족이 케어에서 발생할 수 있는 여러 가지 문제를 극복하도록 원조한다. 따라서 재가 케어는 도움이 필요한 대상자에게 전문적인 훈련을 받은 전문가가 직접 가정을 방문하고 필요한 서비스를 제공하여 보다 안정된 노후 생활을 유지하도록 돕는 것이다.

2) 재가 케어의 종류

급여의 종류	내용
방문요양	장기요양요원이 수급자의 가정 등을 방문하여 신체활동 및 가사활동 등을 지원
방문목욕	장기요양요원이 목욕설비를 갖춘 장비를 이용하여 수급자의 가정 등을 방문하여 목욕을 제공
방문간호	장기요양요원인 간호사 등이 의사, 한의사 또는 치과의사의 지시서(방문간호지시서)에 따라 수급자의 가정 등을 방문하여 간호, 진료의 보조, 요양에 관한 상담 또는 구강위생 등을 제공
주 · 야간보호	수급자를 하루 중 일정한 시간 동안 장기요양기관에 보호하여 신체활동 지원 및 심신기능의 유지 · 향상을 위한 교육 · 훈련 등을 제공
단기보호	수급자를 보건복지부령으로 판정하는 범위 안에서 일정 기간 동안 장기요양기관에 보호하여 신체활동 지원 및 심신기능의 유지 · 향상을 위한 교육 · 훈련 등을 제공
기타 재가급여	수급자의 일상생활 · 신체활동 지원 및 인지기능의 유지 · 향상에 필요한 용구를 제공하거나 가정을 방문하여 재활에 관한 지원 등을 제공하는 장기요양급여로서 대통령령으로 정하는 것

출처: 노인장기요양보험법.

3) 재가 케어의 기본원칙

(1) 각 가정의 생활습관 · 문화 · 가치관 존중

인간은 생활습관이나 문화 그리고 가치관이 있는데 케어자가 자신의 마음대로 원조를 한다면 대상자나 가족은 지금까지 살아온 방법이 무시된다는 느낌이 들어 신뢰관계가 어렵게 되므로 케어자는 각 가정의 다양한 생활방식과 가치관, 문화 등을 존중한다.

(2) 의사결정의 존중

케어자는 대상자와 신뢰관계를 구축하고 대상자가 어느 곳에서 어떤 서비스를 제공받고 죽음은 어떻게 맞이할 것인지 등을 확인하여 다양한 안내 등을 통하여 대상자의 의사와 욕구를 표현할 수 있는 편안한 환경을 만들어야 한다.

(3) 자립의 의욕과 동기부여

대상자에게 무엇이든지 모두 돕는 것은 바람직한 서비스가 아니라 오히려 대상자의 자립성과 잔존능력까지도 소멸시키므로 대상자가 가지고 있는 잔존기능을 파악하여 대상자의 작은 노력도 인정하고 칭찬하면서 최대한 자립을 활성화시켜야 한다.

(4) 가족과의 신뢰관계 구축

대상자의 생활장애를 개선하고 삶의 만족도를 높이기 위해 케어자는 가족의 상황을 정확하게 파악하여 케어에 대한 수고를 인정하고 부담을 경감시켜 줌으로써 가족이 케어를 계속하려는 의사를 유지할 수 있도록 원조해야 한다.

(5) 안전의 확보

재가서비스는 통상 한 사람의 케어자가 케어하는 경우가 많으므로 서비스기술에 대한 완벽한 지식과 실천력, 정확성 등으로 안전에 대한 대응을 다각적으로 고려해야 한다.

(6) 사회생활의 확대

와상이나 치매노인을 돌보고 있는 가족은 지역사회에서 고립되거나 소외되기 쉽고 가족을 돌보아야 한다는 심리적 부담감 등으로 인해 정서적 불안정이 있을 수 있으므로 대상자는 물론 가족의 사회성을 유지하고 확대하기 위한 다양한 원조활동이 필요하다.

(7) 안락한 죽음의 원조

대부분은 원가정에서 임종하기를 원하지만, 가족의 희망을 존중하면서 대상자의 질병에 주의를 기울이고 심리상태를 통찰하여 안락하고 존엄한 죽음을 맞이하도록, 특히 유가족의 케어를 인정하고 친척과 이웃에게 가족의 케어가 최선이었음을 알린다.

4) 가족에 대한 개입원칙

(1) 외부인의 개입에 대한 거부감 제거

대부분의 가정은 혈연중심의 폐쇄적 공간에서 생활하고 가능한 한 타인의 서비스를 받고 싶어 하지 않는 경향이 있으므로 케어자는 각 가정의 독자적인 케어방법을 인정하고 현재보다 더 좋은 상태가 되기 위해 다양한 서비스가 제공됨을 알려 주도록 한다.

(2) 가족의 부담과 피로도를 파악

갑작스러운 대상자의 발생으로 가족은 불안하고 정신적 쇼크가 크므로 정신적인 부담과 케어에 의한 신체적 피로도를 파악함으로써 가족의 생활에 어떤 영향을 미치는가를 확인하여 케어서비스 내용을 조정해 가는 것이 필요하다.

(3) 가족의 수고를 인정

경제적 부담과 신체적 피로도 등을 파악하여 가족의 입장을 이해하고 수고를 인정하며, 가족과 함께 케어한다는 사실, 즉 가족의 역할을 대신하거나 대체하는 것이 아니라 돕는다는 점을 명확하게 알려 주고 실제로 함께 케어함으로써 케어부담이 경감된다.

(4) 가족의 케어 의식을 파악

케어에 대한 정신적 부담이 큰 가족의 경우 함께 케어하면서 사례를 소개하고 정신적인 부담을 경감시키며, 케어가 인간적이고 훌륭한 행위임을 느끼도록 하고 만약, 가정에서의 케어에 대한 의미와 가치를 인정하지 않으면 시설이나 의료기관을 안내한다.

(5) 케어의 목표를 공유

가족의 케어 생각을 정확하게 파악하여 케어에 대한 부담을 경감시키고 효율적인 서비스가 되도록 목표를 공유하며, 보다 나은 서비스를 결정하기 위하여 대상자의 증상을 정확하게 이해시키거나 명확한 근거를 제시하여 가족의 동의를 구한다.

(6) 증상을 정확히 이해하도록 설명

질병에 대한 판단이 부족하면 케어 방법이 부적절하고 질병이 더욱 악화, 예를 들어 물을 마시고 싶어하지 않는다고 하여 충분한 수분공급을 하지 않는 경우 탈수증상뿐만 아니라 질병을 악화시켜 더 많은 케어가 필요함으로써 가족은 심신이 지쳐 버리기도 한다.

(7) 감정이입을 하지 않음

가족과 대상자 간에 갈등이 생기는 경우 상대방의 잘못을 말할 수 있으므로 어느 쪽에도 감정이입을 하지 않고 중립에서 쌍방의 말을 경청하고 선악의 판단을 하지 않은 상황에서 전문직과 협조를 통해 가족관계를 원만하게 하는 원조가 필요하다.

(8) 가족의 잠재력을 발휘

인간은 스스로 문제를 해결할 수 있는 능력이 있으므로 가족이 대상자에게 서비스를 진행하는 것이 바람직하며, 가족은 그 동안의 케어를 통해서 나름대로 케어 방법을 가지고 있으므로 케어자는 가족의 잠재능력을 인정하고 끌어낼 수 있어야 한다.

(9) 사회서비스와 케어 용구를 활용

가족은 사회서비스나 제도의 활용방법을 잘 모르는 경우가 많으므로 다양한 복지정책과 신속한 정보를 입수하여 케어 용구를 활용하도록 격려함으로써 케어부담을 경감시키고 원만한 가족관계를 유지하도록 한다.

2. 시설 케어

1) 시설 케어의 개념

생활시설이란, 가정에서의 생활이 곤란한 경우 지금까지의 삶의 터전이었던 익숙한 지역사회와 가정을 떠나 미지의 환경에서 생활하는 장으로서 인위적으로 만들어진 집단의 생활공간이며, 대상자가 새로운 환경에 적응하여 삶의 질이 높아질 수 있도록 돕는 것이 시설 케어이다.

2) 시설 케어의 종류

급여의 종류	내용
노인요양시설	치매 · 중풍 등 노인성 질환 등으로 심신에 상당한 장애가 발생하여 도움이 필요한 노인을 입소시켜 급식, 요양과 그 밖에 일상생활에 필요한 편의를 제공하는 시설이다. (10인 이상)
노인요양 공동생활가정	치매 · 중풍 등 노인성 질환 등으로 심신에 상당한 장애가 발생하여 도움이 필요한 노인에게 가정과 같은 주거 여건과 급식, 요양, 그 밖에 일상생활에 필요한 편의를 제공하는 시설이다. (9인 이하)

출처: 노인장기요양보험법.

3) 시설 케어의 기본원칙

(1) 쾌적한 생활공간 제공

대상자가 편안하고 안전하게 생활할 수 있도록 적절한 온도와 습도를 유지하고 수시로 정리정돈, 청소, 환기 등을 하여 쾌적하고 안전하며, 청결한 생활공간을 제공해야 한다.

(2) 사생활 및 가치관 존중

대상자의 비밀을 유지하고 사생활을 존중하며, 가치관을 존중하여 자유롭게 선택하도록 선택의 폭을 넓히고 존엄한 인간으로서의 인권을 지켜 안전하고 편안한 생활을 위해 전문적인 지식과 기술을 갖춘 전문인력이 적합한 서비스를 제공해야 한다.

(3) 자립성 추구

대상자의 증상을 정확하게 파악하고 타 직종 전문가와 협력하여 케어 계획을 수립하며, 인간으로서의 긍지를 가지고 살아가도록 의식주 등의 생활환경을 정비하고 필요할 경우 재활훈련과 복지용구 등을 활용하여 자립활동을 격려하도록 한다.

(4) 교류를 통한 삶의 보람 확보

자원봉사자, 이웃과 학교, 유치원, 보육시설 등의 제휴로 레크리에이션, 교양강좌, 행사 등에 참여하여 시설생활에서의 단조로움에 변화를 주고, 특히 동료 간의 교류활동을 통하여 사회생활의 장을 넓혀 가도록 원조해야 한다.

(5) 가정적인 분위기 조성

대상자가 시설에 잘 적응하도록 원가정과 같은 분위기를 만들고 가정에서 받던 유사한 서비스를 제공하며, 면회와 가족모임, 통신 그리고 행사에 참가한 대상자의 생활모습을 가족에게 알려 주어 가족과 지속적인 교류를 통해 대상자가 격리되지 않도록 한다.

(6) 편안한 죽음의 원조

인간은 대부분 가족의 보호하에 가정에서 죽음을 맞이하고 싶어 하므로 대상자의 신체적, 심리적 고통을 완화하고 최후까지 인간으로서의 존엄성을 지닌 채 죽음을 맞이하도록 원조하며, 사후에는 유가족에게 시설에서의 대상자 생활을 전달해 준다.

3. 재가 케어와 시설 케어의 차이점

구 분	재가 케어	시설 케어
특 징	– 이미 만들어진 생활 습관 – 가족과의 신뢰관계 우선	– 이미 결정된 규율에 의한 적응 – 대상자와의 신뢰관계 우선
케어주도	대상자와 그 가족	시설 종사자
케어자	한 사람의 업무로 집약	시설 종사자의 다양한 서비스
평가방법	케어자에 의존한 주관적 판단	회의를 통한 결정과 객관적 판단
협동, 연계	지역의 필요 직종, 다른 서비스	시설 내 각 직종의 역할 분담
프로그램	부정기적, 수시로 변경 가능	획일적, 정기적, 항상적
다양성	가족케어, 주야간, 단기보호 등	시설의 사회화
장점	– 보호비용이 저렴 – 친숙한 환경에서 생활 가능 – 사생활 존중되고 개인생활 가능	– 의료, 간호, 요양서비스 총체적 – 케어욕구에 대응하기가 용이 – 또래집단 형성으로 동료 사귀기
단점	– 대상자 욕구나 변화 파악이 미흡 – 의료, 간호, 요양서비스 단편적 – 긴급 상황에 신속한 대응 어려움 – 책임소재 불분명, 평가가 어려움	– 지역사회와 떨어져 지내며, 소외되기 쉬움 – 개인중심의 생활이 어려움

4. 노인복지시설의 종류

1) 생활시설

(1) 노인주거복지시설

시설 종류	시설 명	설치 목적
노인주거복지시설	양로시설	노인을 입소시켜 급식과 그 밖에 일상생활에 필요한 편의를 제공함을 목적으로 하는 시설
	노인 공동생활가정	노인들에게 가정과 같은 주거여건과 급식, 그 밖에 일상생활에 필요한 편의를 제공함을 목적으로 하는 시설
	노인복지주택	노인에게 주거시설을 임대하여 주거의 편의 · 생활지도 · 상담 및 안전관리 등 일상생활에 필요한 편의를 제공함을 목적으로 하는 시설

출처: 보건복지부.

(2) 노인의료복지시설

시설 종류	시설 명	설치 목적
노인의료복지시설	노인요양시설	치매 · 중풍 등 노인성질환 등으로 심신에 상당한 장애가 발생하여 도움을 필요로 하는 노인을 입소시켜 급식 · 요양과 그 밖에 일상생활에 필요한 편의를 제공함을 목적으로 하는 시설(입소자 10인 이상 시설)
	노인요양공동생활가정	치매 · 중풍 등 노인성질환 등으로 심신에 상당한 장애가 발생하여 도움을 필요로 하는 노인에게 가정과 같은 주거여건과 급식 · 요양, 그 밖에 일상생활에 필요한 편의를 제공함을 목적으로 하는 시설(입소자 9인 이내 시설)

출처: 보건복지부.

(3) 학대피해노인 전용쉼터

시설 종류	주요 업무
학대노인 전용쉼터	– 학대피해노인의 보호와 숙식제공 등의 쉼터생활 지원 – 학대피해노인의 심리적 안정을 위한 전문심리상담 등 치유프로그램 제공 – 노인학대행위자에 대한 고소 · 고발 등 법률적 사항의 자문을 위한 대한변호사협회, 지방변호사회 또는 「법률구조법」에 따른 법률구조법인 등에 대한 협조 및 지원 요청 – 학대피해노인에게 학대로 인한 신체적, 정신적 치료를 위한 기본적인 의료비 지원 – 학대 재발 방지와 원가정 회복을 위하여 노인학대행위자 등에게 전문상담서비스 제공 – 그 밖에 쉼터에 입소하거나 쉼터를 이용하는 학대피해노인을 위하여 보건복지부령으로 정하는 사항

출처: 보건복지부.

2) 이용시설

(1) 노인여가복지시설

시설 종류	시설 명	설치 목적
노인여가 복지시설	노인복지관	노인의 교양 · 취미생활 및 사회참여활동 등에 대한 각종 정보와 서비스를 제공하고, 건강증진 및 질병예방과 소득보장 · 재가복지, 그 밖에 노인의 복지증진에 필요한 서비스를 제공함을 목적으로 하는 시설
	경로당	지역노인들이 자율적으로 친목도모 · 취미활동 · 공동작업장 운영 및 각종 정보교환과 기타 여가활동을 할 수 있도록 하는 장소를 제공함을 목적으로 하는 시설
	노인교실	노인들에 대하여 사회활동 참여욕구를 충족시키기 위하여 건전한 취미생활 · 노인건강 유지 · 소득보장 기타 일상생활과 관련한 학습프로그램을 제공함을 목적으로 하는 시설

출처: 보건복지부.

(2) 재가노인복지시설

시설 종류	시설 명	설치 목적
재가노인복지시설	방문요양 서비스	가정에서 일상생활을 영위하고 있는 노인으로서 신체적 · 정신적 장애로 어려움을 겪고 있는 노인에게 필요한 각종 편의를 제공하여 지역사회 안에서 건전하고 안정된 노후를 영위하도록 하는 서비스
	주 · 야간 보호서비스	부득이한 사유로 가족의 보호를 받을 수 없는 심신이 허약한 노인과 장애노인을 주간 또는 야간 동안 보호시설에 입소시켜 필요한 각종 편의를 제공하여 이들의 생활안정과 심신기능의 유지 · 향상을 도모하고, 그 가족의 신체적 · 정신적 부담을 덜어 주기 위한 서비스
	단기 보호서비스	부득이한 사유로 가족의 보호를 받을 수 없어 일시적으로 보호가 필요한 심신이 허약한 노인과 장애노인을 보호시설에 단기간 입소시켜 보호함으로써 노인 및 노인가정의 복지증진을 도모하기 위한 서비스
	방문목욕서비스	목욕장비를 갖추고 재가노인을 방문하여 목욕을 제공하는 서비스
	그 밖의 서비스	그 밖에 재가노인에게 제공하는 서비스로서 보건복지부령이 정하는 서비스

출처: 보건복지부.

* 보건복지부령이 정하는 그 밖의 서비스는 재가노인지원서비스, 방문간호서비스, 복지용구지원서비스 등이다.

(3) 노인보호전문기관

국가는 지역 간의 연계체계를 구축하고 노인학대를 예방하기 위하여 중앙노인보호전문기관을 설치 · 운영하며, 학대받는 노인의 발견 · 보호 · 치료 등을 신속히 처리하고 노인학대를 예방하기 위하여 지역노인보호전문기관을 특별시 · 광역시 · 도 · 특별자치에 설치하여 연중 24시간 노인학대 신고 · 상담전화를 운영하고 있다.

(4) 노인일자리지원기관

시설 종류	시설 명	설치 목적
노인 일자리 전담기관	노인인력 개발기관	노인일자리개발 · 보급사업, 조사사업, 교육 · 홍보 및 협력사업, 프로그램인증 · 평가사업 등을 지원하는 기관
	노인일자리 지원기관	지역사회 등에서 노인일자리의 개발 · 지원, 창업 · 육성 및 노인에 의한 재화의 생산 · 판매 등을 직접 담당하는 기관
	노인취업 알선기관	노인에게 취업상담 및 정보를 제공하거나 노인일자리를 알선하는 기관

출처: 보건복지부.

5. 팀 케어

1) 팀 케어의 개념 및 필요성

케어의 기본은 1:1 개별 원조이나, 혼자서는 한계가 있으므로 전문적인 지식과 기술을 갖춘 사회복지사, 의사, 약사, 간호사, 간호조무사, 요양보호사, 작업치료사, 물리치료사, 언어치료사, 심리치료사, 의지보조기 기사, 영양사 등이 동일한 생각과 방법으로 서비스를 제공하는 것을 팀 케어라고 한다. 대상자의 다양하고 복합적인 욕구를 효과적으로 대응하기 위하여 전문인력, 즉 보건, 복지, 의료분야가 한 팀으로 구성되어 긴밀한 연계서비스가 필요하다. 또한, 대상자는 가정에서 가족에게 둘러싸여 생활하기를 원하므로 효과적인 케어를 위해서는 무엇보다도 팀 접근이 필수적이다.

2) 팀 연계의 조건

(1) 정보의 공유

대상자의 가족과 이웃 관계, 케어 정도, 경제와 심리적 문제 등의 정보를 공유한다.

(2) 관련 직종에 대한 이해

대상자의 정보수집 및 평가와 서비스제공 과정에서 관련 직종의 업무 내용과 가치 그리고 그 직종이 가지고 있는 목표 등을 이해하여 정확한 역할 분담을 해야 한다.

(3) 목적의 공유와 명확화

관련 직종의 역할에 대한 이해를 바탕으로 공유하고자 하는 사례에 대한 평가와 계획을 공유하고 명확히 하는 것이 중요하다.

3) 케어자와 관련 직종 간의 연계

(1) 의료진과의 연계

케어자는 대상자의 신체적, 심리적인 징후를 정확하게 관찰할 수 있는 능력이 요구되지만, 의료적 측면에서의 한계, 즉 대상자에게 응급상황이 수시로 발생할 수 있으나, 의료진이 항상 대기하고 있지 않고 의사 이외에는 의료행위를 할 수 없으므로 대상자의 안전을 보장하기 위하여 의료 관계자와 긴밀한 연계와 협조가 필요하다.

(2) 간호직과의 연계

간호사는 환자의 건강에 초점을 두는 질병의 예방과 회복, 건강의 유지증진, 진료 보조 등의 치료나 회복 시점에서 케어를 실천하는 반면, 케어자는 도움이 필요한 대상자의 일상생활에 초점을 두는 생활의 유지와 향상 등 대상자의 신체적, 심리적 케어를 실천하므로 업무내용상 상이한 부분도 많다. 따라서 간호사와 케어자는 다른 전문 직종에 비해 동일업무를 하는 상호보완적인 관계로 매우 밀접, 즉 간호사와 케어자의 협력과 연계로 대상자의 삶의 질을 높이나, 연계만으로는 한계가 있으므로 의사, 물리치료사, 작업치료사 등의 지원을 받아 케어의 질을 높여야 할 것이다.

(3) 사회복지사와의 연계

최근 지역사회와 시설의 서비스를 동시에 이용하고자 하는 사람이 증가하므로 지역사회 내에 있는 사회복지 자원은 어떤 것이 있고 어떤 기능이 있는지 이해해 둘 필요가 있다. 요양보호사는 도움이 필요한 대상자에게 일상생활상의 신체적, 정신적 케어에 국한된 반면, 사회복지사는 모든 국민을 대상으로 상담, 재활, 지원 등 폭넓은 업무를 담당한다. 양자 모두 인간의 존엄성과 사회복지의 전문적인 지식과 기술, 가치와 윤리를 기반으로 하여 대상자의 욕구나 문제에 대해 원조활동을 실천하는 사회복지 전문직이지만, 사회복지사는 상담과 재활 및 지원, 요양보호사는 일상생활의 케어를 주로 담당하고 있다.

4) 팀 케어 접근

(1) 팀 케어의 기본원칙

① 공통의 목표와 과제를 함께 결정한다.

② 각 역할은 명확하며, 역할에 대하여 책임을 갖고 행동한다.

③ 구성원 상호 간에 정보나 아이디어를 교환하고 신뢰한다.

④ 팀의 멤버는 대등하고 사소한 의견도 서로 존중하며, 지지적이고 수용적인 분위기를 갖도록 한다.

⑤ 특정한 직종이 권위적으로 발언권을 행사하거나 케어 방향을 좌우하면 안 된다.

(2) 팀 케어 연계의 중요성

최근 보건 영역과 복지 영역과의 종적인 행정시스템에서 나타나는 불합리한 서비스제공 구조를 지역사회복지의 관점에서 재편성하고 나아가서는 횡적인 연계를 통하여 필요한 정보교환과 연계서비스가 이루어져야 한다.

(3) 팀 케어 연계 활동의 효과성

① 최근의 정보와 이념들을 교환하고 연계함으로써 시야를 넓힐 수 있다.

② 개개인의 전문성을 배양할 수 있고 자기 개발을 촉진시킬 수 있다.

③ 현재 상태를 객관적으로 파악하고 자기평가가 가능하다.

④ 새로운 네트워크를 생산해 낼 수 있다.

(4) 보건, 복지, 의료 관계자의 제휴

시설 중심이었던 보건, 복지, 의료서비스가 재가복지서비스를 중심으로 전환됨에 따라 각 전문직의 전문성 향상과 입소시설, 이용시설, 상담기관 등 서로 다른 시설이나 기관에 소속된 동일 전문직 상호 간의 제휴나 타 직종 관련 기관과의 네트워크 만들기가 중요한 과제가 되고 있다.

통합 서비스 네트워크	전문인력
의료네트워크(병원, 진료소, 전문의 등)	의사, 치과의사, 물리치료사, 약사 등
지역간호 네트워크(시설, 방문간호 등)	간호사, 간호조무사
지역보건 네트워크(병원, 보건소 등)	보건소 직원, 영양사, 조산사
지역복지 네트워크	사회복지사, 요양보호사 등
종합적 상담	사회복지사, 요양보호사, 간호사
보건복지의 종합적인 조직화	사회복지전담공무원, 의사, 보건직원

Chapter

06

사례관리

1. 사례관리의 개념
2. 사례관리의 구성요소
3. 사례관리의 필요성
4. 사례관리의 기능
5. 사례관리의 목적
6. 사례관리의 과정

Chapter 06

사례관리

1. 사례관리의 개념

1) 영국

영국은 1950년대에 의료비 억제를 위해 강제퇴원을 받은 정신장애인의 생활을 지역에서 보호하여 제공되는 서비스 내용에 임상적인 뉘앙스가 강하게 반영된 개념으로 케어 매니지먼트(care management)라는 용어가 보편적으로 사용되었다. 영국 보건성의 안내책자에 의하면, 케어 매니지먼트는 개개인의 욕구에 대응하여 제반 서비스를 제공하는 과정으로 설명한다. 즉, 케어를 필요로 하는 개개인의 욕구에 맞추어 개별적으로 사회자원을 결합하여 서비스를 조립한다는 의미이다.

2) 미국

사례관리는 클라이언트에게 여러 종류의 서비스를 제공하는 데 있어서 개개의 클라이언트가 서비스 체계 전체를 활용할 수 있도록 각종 서비스기관 사이에서의 조정을 매개로 한 적절한 서비스의 공급을 확보하는 것으로 정의하고 있다. 즉, 클라이언트의 다양한 욕구와 문제를 지역사회자원을 활용하여 관리하며, 공식적 서비스와 비공식적 지원을 조화시키는 방법으로 클라이언트와 사회 환경 간의 서비스 관계를 강조한다. 특히, 케이스 매니지먼트(case management)라는 용어가 지배적으로 사용되어 사례에 대한 종합적인 서비스제공이라는 측면을 강조한 개념이며, 케이스라는 용어가 윤리적으로 부정적인 이미지에 대한 문제가 제기됨에 따라 케어라는 용어의 사용에 대한 가능성을 제시하고 있다.

3) 일본

1988년 현대 사회복지사전의 개정 신판에는 사례관리에 대한 용어가 설명되었으며, 후생성의 고령자 개호와 자립시스템연구회의 보고서(1994)에 의하면, 케어 매니지먼트는 케어자가 본인과 가족의 입장에서 본인과 가족의 니드를 정확하게 파악하고 그 결과에 의해 케어계획을 세우며, 실행하는 시스템이라고 정의하고 있다. 그리고 케어계획을 세우기 위해서는 팀의 구성이 필요하고 팀케어의 발전은 고령사회에 필수조건이며, 2000년부터 실시된 「개호보험법」에서 케어 매니지먼트가 도입되었고 이 업무를 담당할 케어 매니저(care manager)라는 새로운 전문인력을 배출하게 되었다.

4) 한국

1986년 사회사업사전에 의하면, 사례관리는 복합적인 원인으로 인하여 요보호 상태에 있는 클라이언트에게 다양한 지역사회의 자원을 연결시켜 관리하는 원조대책으로서 클라이언트가 가지고 있는 여러 가지 욕구를 조기에 적절하게 대응하는 지역보호 체계라고 설명하면서 개별사회사업(case work)이라는 용어가 삭제되었다. 따라서 사례관리는 다양한 욕구를 가지고 있는 대상자의 욕구에 맞는 개별적인 원조계획을 통해 여러 가지 자원을 연결하고 동원하여 적절한 서비스를 제공함으로써 클라이언트의 기능 회복 및 복지증진을 도모하는 서비스 전달체계, 즉 프로세스로 정의된다.

장기요양기관의 사례관리 체계는 국민건강보험공단과 장기요양기관 사례관리자가 장기요양급여와 관련 자원을 연계, 조정, 통합하는 일련의 활동(서동민 외, 2018)이므로 시설장, 사회복지사 등이 수급자의 초기면접, 욕구사정, 사례회의를 실시한 후 급여제공계획을 작성하고 서비스제공 관련 점검을 통해 서비스를 조정한다.

이상에서 살펴본 바와 같이 사례관리는 케어를 필요로 하는 대상자의 욕구에 적절한 서비스를 제공받을 수 있도록 지원하는 일련의 활동이라고 정의할 수 있다. 즉, 대상자가 서비스를 쉽게 이용할 수 있도록 지원하는 시스템이므로 사회복지사는 대상자가 가지고 있는 욕구와 문제를 정확하게 파악하여 어떤 서비스를 필요로 하는지 분명히 알고 대상자로 하여금 실제로 서비스를 이용할 수 있도록 원조하는 것이 목적이다. 특히, 고령자는 보건·복지·의료에 있어서 종합적인 서비스를 필요로 하는데 서비스제공기관, 담당자, 내용 등이 다양하여 각 서비스의 연계가 불충분한 경우가 많다. 따라서 대상자의 욕구에 필요한 서비스가 종합적, 일체적, 효율적으로 제공될 수 있도록 서비스제공기관 간에 조정을 하는 케어 매니지먼트의 기능이 중요하게 대두되었고 최근 들어 재가복지서비스가 확충되는 가운데 케어 매니지먼트의 기능은 중시되고 있는 추세이다.

결론적으로, 사례관리(care management)는 클라이언트의 복합적인 욕구와 문제를 해결하기 위하여 지역사회 내의 공공과 민간 자원을 조직적으로 활용하고 공식적, 비공식적인 서비스제공기관을 연결하여 클라이언트가 지역사회 내에서 안정된 삶을 영위할 수 있도록 효율적이고 효과적이며, 전문적이고 연속적, 통합적으로 원조하는 일련의 과정이다.

2. 사례관리의 구성요소

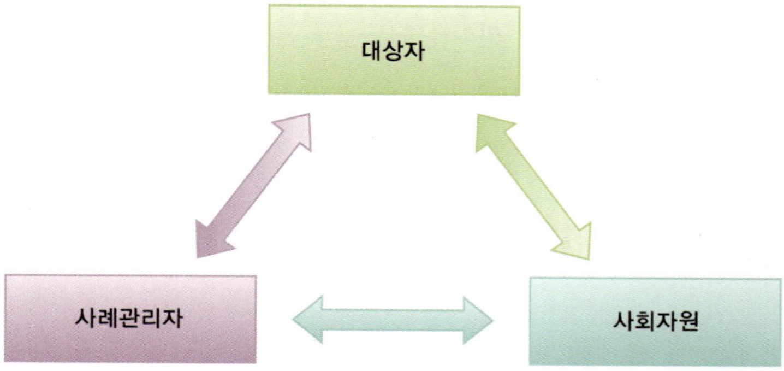

1) 대상자(Client)

장기적인 원조를 필요로 하는 대상자의 첫째 요건은 욕구가 중복되어 있음으로 인해 한 가지 이상의 사회자원을 필요로 하며, 둘째 요건은 사회자원의 이용방법을 알지 못하는 사람이다.

① 다양한 신체적, 정신적 손상을 안고 있는 클라이언트
② 복수의 서비스를 필요로 하거나 서비스를 받고 있는 클라이언트
③ 시설입소가 검토되고 있는 클라이언트
④ 서비스가 충분히 제공되고 있지 않은 클라이언트
⑤ 제공받고 있는 서비스가 부적절한 클라이언트
⑥ 케어할 가족 구성원만으로 구성되어 있거나 구성원이 없는 클라이언트
⑦ 금전 관리가 불가능하거나 행정서비스 신청이 어려운 클라이언트
⑧ 비공식적인 지원, 즉 이웃, 자원봉사자 등을 필요로 하는 클라이언트
⑨ 행동이나 태도 그리고 성격상 케어자가 참을 수 없이 힘든 클라이언트
⑩ 자신의 욕구나 문제에 대한 판단력이 애매한 클라이언트

2) 사회자원(Social Resource)

공급 주체에 따른 분류로서 사회복지 행정기관이나 사회복지법인, 의료복지법인 등과 같은 공식 섹터(formal sector)와 가족 구성원, 친척, 친구, 이웃, 동료, 자원봉사자 등과 같은 비공식 섹터(informal sector)의 장점을 활용하여 대상자의 욕구를 충족시키는 것이 사례관리의 특징이다.

3) 사례관리자(Care Manager)

대상자의 욕구와 문제를 파악하고 그 욕구를 해결하기 위해 다원적으로 공급되는 사회자원과 적절하게 조정하는 사례관리자는 고도의 전문성을 가진 전문직종, 즉 사회복지사, 지역 방문간호사, 물리치료사, 작업치료사 등이 그 역할을 수행한다.

(1) 사례관리자의 자질

① 대상자의 욕구나 문제를 파악하고 클라이언트를 위해 계획을 수립할 수 있는 능력
② 지역에 있는 현재와 잠재적인 사회자원에 대한 이해
③ 클라이언트 및 기타의 기관이나 단체와의 의사소통 기술

(2) 사례관리자의 이념

① 대상자와 그 가족의 주체성 존중
② 자립과 다양한 생활을 지원
③ 가족에 대한 지원의 필요성
④ 보건복지의료 서비스를 종합한 팀 케어
⑤ 적절한 서비스로 효율성과 효과성

(3) 사례관리자의 자세

사례관리자의 기본 윤리는 인권존중, 공평성, 중립성, 사회적 책임, 개인 정보의 보호이며, 기본적인 관점은 자립 지원, 정상화와 삶의 질 향상, 생애 발달에 근거하고 있다.

(4) 사례관리자의 역할

사례관리자는 정보수집자, 사정자, 조정자, 중개자, 개발자, 계획수립자, 점검자, 평가자, 교육자, 옹호자, 능력부여자, 촉진자, 동원자, 지도감독자, 행동 변화자, 평가자 등의 역할을 수행한다.

3. 사례관리의 필요성

1) 사회인구학적 변화와 가족 기능의 변화

의학의 발달과 생활 수준의 향상으로 인하여 평균수명이 연장됨에 따라 노인 인구의 증가로 사회인구학적인 변화뿐만 아니라 가족의 노인 부양의식의 약화와 부양기능의 저하로 가족 기능이 변화되었다. 이러한 변화로 다양하고 복잡한 욕구를 가진 대상자는 지역사회에서 생활하게 되었으나, 자신의 욕구와 문제를 지원해 주는 체계가 확립되어 있지 않으면 지역사회 내에서 생활을 영위할 수 없게 된다.

2) 공적 서비스와 신청주의의 문제점

지방분권화로 인하여 서비스 공급 주체가 다양화되었으나, 서비스 간의 연계성이 부족하다는 문제가 발생하였으며, 신청주의를 원칙으로 하는 공적 서비스의 문제점과 복지재정의 감소 등에 따른 대안으로 사례관리의 필요성이 대두되었다.

3) 보건의료와 복지서비스의 연계

평균수명의 연장과 노인 인구의 증가 그리고 만성 질환자 수의 증가로 인하여 노인의 보건의료 욕구와 복지서비스 욕구를 동시에 충족시켜야 하는 필요성이 대두되었다. 따라서 장기적이고 전인적인 케어가 필요한 대상자에게 보건·복지·의료를 포함한 종합적인 서비스를 제공해야 함은 물론 사회복지서비스와 보건·의료서비스가 일원화되어 통합적인 체계로 제공되어야 한다.

4) 재가 욕구의 증가(탈시설화)

과거에 지역사회에서 멀리 떨어진 생활시설에 집단으로 수용되어 보호받던 시설보호가 최근에는 대상자가 살고 있던 집, 동네 등 지역사회 내에서의 보호 중심으로 변화되고 있다. 또한, 시설보호의 문제점과 서비스의 질, 재정적인 한계, 수용의 한계 등으로 인하여 점차 재가복지의 형태로 변모하고 있으므로 재가에서 대상자가 필요로 하는 다차원적인 서비스를 효율적으로 전달할 수 있는 서비스 체계가 필요하게 되었다.

4. 사례관리의 기능

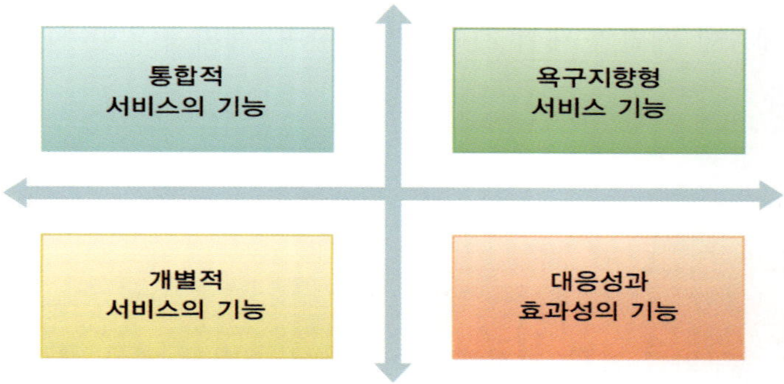

1) 통합적 서비스의 기능

대상자의 다양한 욕구와 문제에 대응하여 서비스가 제공되지 않고 그 서비스가 제각기 제공된다면 효율성이 떨어지고 상황에 따라서는 대상자의 인간성까지도 무시될 수 있으므로 각각의 다양한 서비스를 종합적으로 제공해야 하는 기능이다.

2) 욕구 지향형 서비스의 기능

기존의 복지는 서비스 지향형이 주류를 이루었지만, 최근에는 대상자의 의사를 존중하고 대상자가 원하는 생활을 실현할 수 있도록 욕구를 만족시키는 욕구 지향형의 접근이 필요하므로 지역의 사회적 서비스를 필요로 하는 사람들의 욕구를 평가하여 구체적인 지역의 욕구와 서비스와의 균형을 객관적으로 파악하는 기능이다.

3) 개별적 서비스의 기능

대상자의 생활습관과 주택 상황, 경제 상황, 가족관계, 가족 간 케어 의식의 차이에 의해 발생하는 대상자나 가족의 다양한 욕구와 문제를 개별적으로 파악하고 이에 대응한 개별의 케어 계획을 수립하며, 계획에 의한 서비스를 제공하는 기능이다.

4) 대응성과 효과성의 기능

대상자의 욕구와 문제를 적절하게 파악하여 적절한 케어 계획을 수립하며, 필요한 사람에게 필요한 서비스가 필요할 때에 즉시 제공될 수 있다면 부적절한 서비스를 제공하거나 시간을 허비하는 일을 방지하는 기능이다.

5. 사례관리의 목적

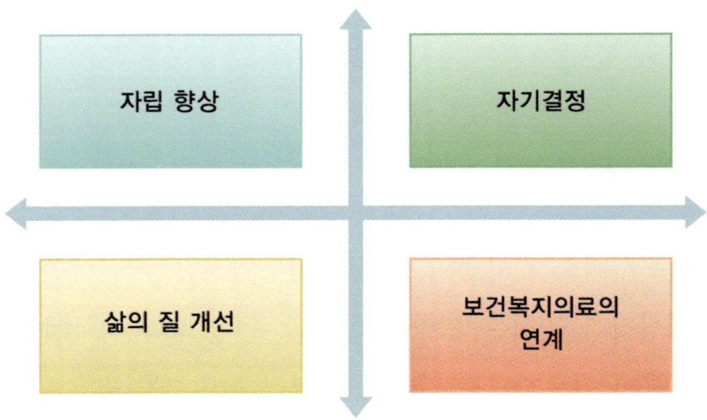

1) 자립성 고취

인간의 존엄성을 보전하면서 삶의 질을 향상하기 위하여 신체적 자립뿐만 아니라 인간다운 생활을 할 수 있도록 정신적 · 사회적 자립을 도모한다.

2) 자기결정권 실행

대상자가 자신의 삶을 최대한 보장하기 위하여 서비스를 선택할 수 있는 조건을 정비, 즉 서비스를 선택할 수 있는 충분한 양을 확보하고 다양한 서비스의 종류를 마련하며, 서비스에 대한 다양한 정보를 쉽게 접할 수 있도록 하여 최상의 서비스를 스스로 결정하도록 제공한다.

3) 삶의 질 개선

안전하고 쾌적하며, 청결한 환경을 제공하여 대상자 본인은 물론 가족의 삶의 질이 향상될 수 있도록 생활환경을 개선하는 것이며, 이를 위하여 원조하는 것을 말한다.

4) 보건·복지·의료의 연계

대상자와 그 가족이 갖고 있는 다양한 욕구와 문제에 대응하기 위해서는 다양한 전문직과의 제휴가 중요, 즉 보건 · 의료가 제외된 복지는 무력하며, 복지에 의한 생활기반에 대한 지원이 없다면 뛰어난 의료도 그 효과를 나타내기가 어려우므로 다양한 전문가에 의한 팀 케어가 반드시 필요하다.

6. 사례관리의 과정

단계	내용
접수 및 초기면접	• 대상자의 장기요양인정서와 개인별장기요양이용계획서 확인 • 사회복지사 초기상담 – 대상자 가능여부 평가(→필요시 타 기관 정보제공 및 의뢰)
욕구사정	• 건강영역, 신체기능 및 사회생활기능영역, 인지기능 및 행동변화영역, 가족 및 사회관계영역, 주거상황영역, 가족케어능력영역, 대상자의 강점 및 약점, 자원파악
사례회의 1차(내부회의)	• 참석범위: 시설장, 사회복지사, 수급자와 가족, 요양보호사 등 • 회의주제: 욕구사정 공유와 케어플랜수립에 관한 의견수렴
급여제공계획서 작성 및 공단통보	• 사례회의(내부회의)를 통해 수렴된 의견을 반영한 급여제공계획 작성 송부 • 사례관리의 목표수립 • 서비스내용과 제공계획수립
서비스 제공	• 수급자와 서비스 제공 계약 • 급여제공계획에 따른 서비스 진행 • 수급자와 공급자 동의 후 공단통보
기관 및 공단 이용지원 팀의 점검(모니터링)/제공내용 통보	• 월 1회 모니터링 • 급여제공내용 모니터링 • 모니터링 결과에 따른 조치 • 이용지원 상담과 모니터링
사례회의 2차(필요시)	• 공단 케어조정자, 기관 사례관리자 • 사례회의가 필요한 경우 – 위기상황의 발생, 욕구재사정이 필요한 경우 등 기관 내에서 해결되지 못하는 문제 대상 → 개인별장기요양이용계획서 재작성(필요시)
평가 및 종결/사후관리	• 목표 달성, 급여제공 결과, 서비스이용자 만족도 등을 평가 • 서비스 중단(거주이전, 요양시설(병원) 입소 등) 시 종결 • 사후관리계획 수립

출처: 보건복지부.

사례관리는 사례관리자가 클라이언트의 복합적인 욕구를 충족시키고 사회적 기능을 향상시키기 위해서 클라이언트와 접촉하여 욕구를 사정하고 서비스 계획을 수립하며, 사회자원을 연결·조정하여 서비스를 제공하고 점검하며, 평가하는 일련의 과정이다.

장기요양기관 중 방문요양에서 수행해야 할 사례관리 과정은 ① 접수 및 초기면접 ② 욕구사정 ③ 사례회의 1차(내부회의) ④ 급여제공계획서 작성 및 공단통보(계약 및 조정) ⑤ 서비스제공 ⑥ 기관 및 공단 이용지원팀의 점검(모니터링)/제공내용 통보 ⑦ 사례회의 2차(필요시) ⑧ 평가 및 종결/사후관리로 구분해 볼 수 있다. 본 장에서는 접수, 사정, 계획, 실행, 점검, 평가, 종결의 7단계로 정리하고자 한다.

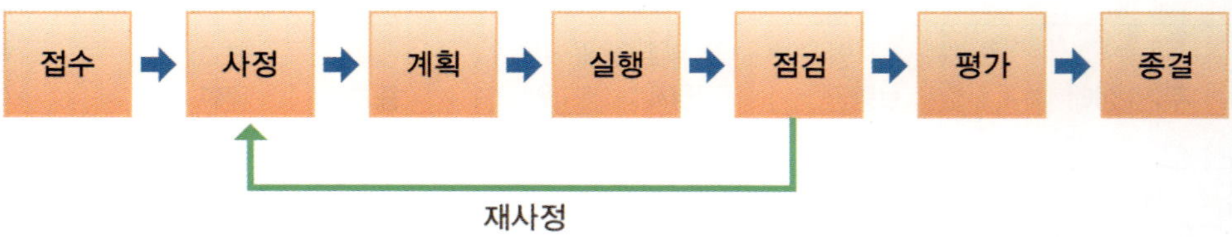

1) 접수(Intake)

지역사회에 거주하고 있는 노인의 경우 건강이 급격하게 변화하는 경우가 많아 다양한 상황에 대한 신속하고 정확한 개별적인 욕구를 발견하는 것은 쉬운 일이 아니다. 본인이나 가족이 상담하러 기관에 오는 경우도 있지만, 모든 대상자가 그러한 것은 아니며, 당사자가 아닌 의료기관이나 복지시설에서 연락하는 경우도 있고 지역사회주민이나 친지 혹은 자원봉사자로부터 연락이 오는 경우도 있다.

지역사회에서 고립되어 상담하기도 어렵고 매일 고통스럽게 보내는 노인도 많으므로 지역의 욕구발견을 위한 체제, 즉 경로당 등 지역에 있는 단체나 모임을 통해 욕구발견을 위한 네트워크를 정비할 필요가 있다.

접수번호		상담일시	
초기 상담자		상담장소	□ 자택 □ 기관내방 □ 전화 □ 기타( )
의뢰 자료	□ 유 □ 무		
상담의뢰 경로	□ 상담자 요청 □ 사례관리자의 발굴 □ 기관내부( ) □ 타 기관이나 단체( ) □ 이웃주민( ) □ 기타( )		

이용자 성명		생년월일	
주 소		연 락 처	
보호자(후견인)	성명: (관계)	연 락 처	
장애유형/정도		건강상태	□ 양호 □ 질환( )
지원 여부	□ 수급자 □ 차상위 □ 의료급여 □ 건강보험 □ 장애연금 □ 노령연금 □ 장애아동수당 □ 기타(장애활동보조, 보육료, 국가유공자 등)		
주거 상태	□ 자택 □ 영구임대 □ 무료임대( ) □ 월세(보증금 원/월세 원) □ 전세(월) □ 기타( )	종교	□ 불교 □ 유교 □ 기타
개인력			
가족력			

대상자 욕구	
보호자 욕구	

가계도		생태도
상담자 평가 및 의견		
	개입여부 평가	□ 대 상(긴급 여부: □ 예 □ 아니오) □ 비대상(□ 정보제공: □ 연계:)

출처: 박미은 외(2011).

2) 사정(Assessment)

대상자의 생활 전체, 즉 신체적 · 정신적 · 사회적 상황에 대한 욕구와 문제의 내용과 정도를 가능한 한 정확하고 객관적으로 측정하여야 적절한 케어 계획이 수립되고 이에 의해 서비스가 제공된다. 정보를 수집한 기관이나 담당자는 방문하거나 당사자를 기관에 오도록 하여 안정된 분위기에서 대상자의 욕구와 문제 사항들을 들을 수 있도록 하는 것이 무엇보다 중요하다. 측정해야 할 구체적인 사항은 신체적 건강, 정신적 건강, 일상생활수행능력, 가족상황, 경제상황, 주변의 중요인물 유무, 지역사회 상황, 사회관계, 이용 가능한 사회자원 등이며, 이 사항에 의해 대상자의 여러 가지 욕구를 사정하는 것이다.

작성기간:
작 성 자: (인)

Ⅰ. 거주인 및 가족에 대한 정보

1. 거주인의 기초정보

1) 인적사항

성 명		성 별		생년월일(연령)		출 생 지	
학 력		직 장		입 소 일			
장애진단 기 관		장애유형		입소사유(경로)			

2) 성장 과정

구 분	특 이 사 항

2. 가족 및 자원에 대한 정보

1) 가계도

2) 가족력

3) 사회력(생태도)

⟷	밀접한관계	◀······▶	소원한관계	◀/// ▶	갈등관계
*화살표는 서비스지원방향임, 선이 굵을수록 관계가 친밀함					

4) 자원 및 장애물

구 분			내 용
내 부 자 원	자원	개인적	
		가족적	
		프로그램	
	장애물		
외부자원	공식적자원 (기관, 병원)	자원	
		장애물	
	비공식적자원 (자원봉사자, 친척, 이웃등)	자원	
		장애물	

3. 욕구

거주인의 욕구	보호자의 욕구	사회복지사의 욕구

II. 생활인의 진단내용

종　　류	내　용(일자/진단기관/검사자/검사내용/검사자종합소견)
1. 장애진단	
2. 건강진단	
3. 교육진단	
4. 직업진단	
5. 사회진단조사	

III. 상담 및 관찰내용

종　　류	장　점	단　점
1. 개인생활		
2. 건강생활		
3. 사회생활		
4. 학교, 직장생활		

출처: 자유재활원(2025).

(1) 사례회의의 개념

사례회의는 대상자의 상황과 제공되는 서비스를 점검하고 평가하여 대상자의 욕구에 맞는 서비스를 제공하기 위한 회의이며, 일반적으로 대상자와 관계된 보건, 사회복지, 의료 등 관련 전문직들이 참여하지만, 재가장기요양기관에서의 사례회의는 기관장, 사회복지사, 요양보호사 간 회의를 할 수도 있다.

(2) 사례회의의 목적

① 대상자에게 제공되는 서비스의 질을 지속적으로 관리한다.

② 대상자에 대한 정보를 교환하고 목표를 공유하여 서비스의 질을 높인다.

③ 대상자에 대한 서비스제공계획의 타당성을 검토하여 서비스내용을 조정한다.

④ 대상자와 관계된 직종들의 역할 분담을 명확하게 한다.

(3) 사례회의의 절차

① 회의 사전에 사례회의의 일자, 장소, 주제에 대해 홈페이지에 공지한다.

② 당일 사례회의 참가자를 소개한다(사회: 관리 책임자).

③ 사례회의의 목적을 밝히고 소요시간을 정한다.

④ 발표자(관리책임자, 생활 재활교사)가 해결해야 할 문제에 초점을 맞추어 사례개요를 설명한다.

⑤ 해결해야 할 문제에 대해 참가자의 의견을 듣는다.

⑥ 회의 결과 및 향후 계획을 논의한다.

⑦ 회의록을 작성하고 참가자들로부터 서명을 받는다.

일 시		장 소	
제 목		기록자	
참 석 자	참석자: (총 5명)		
회의주제			
회의내용	– 생활재활교사: – 재활사업팀장: – 생활재활교사: – 생활장: – 사례관리자: – 생활재활교사: – 재활사업팀장:		
결정사항	1. 2. 3.		
주요내용 추후방향			

출처: 자유재활원(2025).

3) 계획(Plan)

성 명(성별)		생활관명	
생년월일(연령)		장애유형(등급)	
작 성 일 자		서비스 기간	

〈욕구 및 문제〉

1.
2.

〈서비스목표〉

1.
2.

〈원조방법〉

방 법	필요한 자원	서비스 제공자	비고
1.			
2.			
3.			

*거주인과 관련된 여러 가지 상황, 환경에 따라 서비스 내용이 삭제, 추가, 종료, 변경될 수 있음.

〈서비스제공 동의서〉

위와 같은 사항은 거주인에게 충분하게 설명되었고 합의사항을 준수하기로 약속합니다.

❑ 본 인: ○○○(인)

❑ 그 외: 담당생활재활교사(사례진행자): ○○○(인) 사례관리자: ○○○(인)
재활사업팀장: ○○○(인), 의료지원팀장: ○○○(인), 사업지원팀장: ○○○(인)
행정지원팀장: ○○○(인), 급양지원팀장: ○○○(인)
생활장: ○○○(인), 생활감: ○○○(인)
생활재활교사: ○○○(인), ○○○(인), ○○○(인), ○○○(인)

20○○ . ○○. ○○.

출처: 자유재활원(2025).

사례관리자는 사정의 결과에 근거해서 개별화된 서비스의 기본 방침과 내용이 결정되면 개인별 총괄계획을 세분화하여 단계별로 서비스를 실시하며, 그

과정을 기록하고 관리하게 된다. 그러나, 서비스 진행 과정에서 어떤 문제가 발생하거나 클라이언트에게 부적절한 서비스로 판단되는 경우에는 바로 피드백이 이루어져 재사정이 이루어지는 것이 바람직하다.

사례관리계획서는 대상자의 욕구와 문제가 상호 관련되어야 하고 성취하고자 하는 사례관리의 목표뿐만 아니라 사례관리를 통해 어떤 문제가 어느 수준까지 개선될 것인지, 그리고 변화는 언제, 어떠한 방법으로 확인할 것인지의 평가 계획까지 포함한다. 이러한 목표는 현실적이고 긍정적이며, 기관의 기능과 일치한 목표로 정해지면 사례관리자 단독으로 결정하지 않고 각 영역의 진단담당자, 대상자와 그 보호자 등이 함께 참석하여 계획을 수립하여야 한다. 특히, 실행 가능한 자원의 양과 질, 구체적인 케어의 내용과 우선순위를 결정할 때 언제, 어디서, 누가, 어떤 케어를 언제까지 하는가를 명기하고 각각의 사회자원이나 서비스내용에 대해 충분히 파악하여 자원의 조직화와 연계 · 조정하며, 각 과정에 대상자에게 동의를 받아야 한다. 사례관리계획의 내용에는 대상자와 보호자, 사례관리자, 프로그램 담당자 등으로 이루어진 팀 케어를 통해 수정하고 보완될 수 있으며, 이 팀 케어 속에서 사례관리자는 각각의 팀원이 가지고 있는 관점을 통찰력 있게 파악하고 조정하는 역할이 대두되고 있다.

4) 실행(Do)

작성된 계획에 의해 관련 자원들을 확보하여 실제로 대상자에게 구체적인 서비스가 연결되도록 관리하는 것이므로 기관의 내부나 외부에서 이용 가능한 자원을 동원하기도 하지만, 지역 네트워크의 활용이 무엇보다도 중요하다.

대상자의 일상생활이 지속되기 위해서는 대상자에게 계획대로 서비스가 제공되는가, 대상자의 욕구와 부합되는 것인가, 각종 사회자원이 적절하게 제공 · 연계되고 있는지를 확인하고 케어의 실천은 반드시 기록해야 한다.

5) 점검(Monitoring)

사례관리에서 점검은 케어 계획에서 결정한 서비스가 적절하게 제공되고 있는가, 즉 제공되고 있는 서비스를 대상자가 만족하는지, 과잉 서비스가 아닌지, 생활 상태가 일정하지 않은 대상자의 상태 변화에 잘 대응하고 있는지를 점검하는 것이다. 이 때, 대상자의 상태 변화 또는 설정된 목표의 달성 등에 따라 욕구와 서비스가 일치되지 않은 경우 재사정하여 계획을 변경하여 실행, 즉 새로운 목표수립으로 환류되어 새로운 자원의 연결과 배치 그리고 새로운 계획을 수립하여 서비스를 제공하게 된다.

점검은 서비스점검표를 작성하여 관련 전문직에 의해 서비스제공계획의 타당성을 정확하게 검토하여 서비스 내용을 조정할 뿐만 아니라 서비스를 받는 대상자와 그 가족 그리고 지역주민들도 점검에 참가함으로써 새로운 정보를 얻을 수 있는 서로 다른 관점에서 점검하는 것이 바람직하며, 사례관리자가 시행하는 점검은 네 가지이다.

① 목표를 달성하기 위하여 특정 행동을 수행하고 그들의 책임을 수행하는 데 적절한 시간 안배가 이루어지고 있는지를 점검한다.

② 대상자의 욕구를 충족시키는 데 필요한 서비스와 자원이 충분한지 점검한다.

③ 대상자에 대한 서비스와 지원계획이 잘 이해되고 있는지를 점검한다.

④ 계획이 성공적인지 혹은 역행적 결과인지 등을 점검한다.

생활관명		성명(성별)	
생년월일(연령)		장애유형(등급)	
작성일자		서비스기간	

서비스목표	실행내용	제공자	개시일~종료일	비 고

서비스변경유무	내 용	사 유	일 자	비 고
삭제 □				
추가 □				
변경 □				
종료 □				
해당사항 없음 □				

구분	점 검 내 용	평 가	평가근거 · 대처방안
진행평가	서비스 횟수가 계획에 맞게 진행되었는가?	①–②–③–④–⑤	
	서비스가 생활인 욕구에 부합되게 지원되고 있는가?	①–②–③–④–⑤	
	지원 서비스에 대해 생활인이 적극적으로 참여하는가?	①–②–③–④–⑤	
자원활용	지원체계 및 자원을 효과적으로 사용하였는가?	①–②–③–④–⑤	
	지원체계 간의 연계 · 협조가 원활하게 이루어지고 있는가?	①–②–③–④–⑤	
전문성	담당자는 서비스 내용을 이해하고 실천하고 있는가?	①–②–③–④–⑤	
	서비스 관련 기록이 원활하게 진행되고 있는가?	①–②–③–④–⑤	
효과성	생활인이 긍정적인 변화를 보이는가?	①–②–③–④–⑤	

(척도: ① 전혀 그렇지 않다 ② 그렇지 않다 ③ 보통이다 ④그렇다 ⑤ 아주 많이 그렇다)
출처: 자유재활원(2025).

6) 평가

사례관리의 효과를 평가하는 단계로 사회복지사의 책임성을 입증하기 위한 필요불가결한 과정이므로 사례관리자의 입장에서는 사례관리가 대상자에게 의미 있고 가치가 있음을 입증하는 것이며, 대상자의 입장에서는 사례관리를 통해 의미 있는 변화가 있었다는 것을 확인하는 과정이다.

평가자료는 대상자의 욕구 충족도, 만족도, 서비스의 효과를 점검하여 얻어진 정보가 사용되고 평가방법은 대상자와 가족이 참가한 사례회의를 통해 이루어지는 것이 일반적이며, 평가 후에는 사정으로 연결되고 새로운 계획이 수립된다.

일반적인 평가에서 서비스 과정의 적절성과 서비스의 질과 만족도에 대한 평가가 중요하지만, 사례관리의 평가는 다른 사회복지 프로그램과 달리 기관의 사례관리운영 체계하에 개별 대상자에 대한 맞춤형의 목표설정과 개입계획에 의해 진행되므로 개별 대상자의 성과평가는 다른 영역의 평가보다 더욱 중요한 의미를 갖는다. 대상자가 사례관리를 통해서 삶에 어떤 변화가 있었는지를 확인하는 개별사례의 변화에 대한 평가는 사례관리자와 대상자 모두에게 사례관리의 가치를 부여하는 중요한 의미를 갖는다.

7) 종결

종결은 대상자와 사례관리자가 전문적인 관계로부터 분리되는 단계로 사례관리 서비스를 마무리하는 과정, 즉 개입 및 점검단계에서 대상자에게 제공된 모든 활동이 바람직한 결과를 도출하였는지를 점검해야 한다. 계획과 개입의 과정이 대상자에게 가치 있는 것인지의 적합성, 목적달성의 여부, 개입의 효과성, 서비스에 대한 만족도 등에 대해 종합적인 평가를 통해 종결하는 과정이다. 종결의 사유는 사례관리를 통해 목표가 달성되어 더 이상 서비스가 필요하지 않은 경우, 계약 기간이 만료된 경우, 대상자가 더 이상 서비스를 원하지 않는 경우, 대상가 사망한 경우 등이다.

사례관리의 목표달성으로 계약을 철회하고 대상자와 사례관리자가 분리되지만, 완벽한 욕구의 해결은 사실상 불가능하여 종결은 계약이행으로부터의 분리를 의미하는 것이지 완전한 종결은 존재하지 않는다. 그러므로 사례관리자는 종결 이후에 대상자가 도움이 필요할 경우 다시 도움을 받을 수 있도록 항상 가능성을 열어 두어야 한다.

<table>
<tr><th colspan="2">생활관명</th><td></td><th>성명(성별)</th><td></td></tr>
<tr><th colspan="2">생년월일
(연령)</th><td></td><th>장애유형
(등급)</th><td></td></tr>
<tr><th colspan="2">작성일자</th><td></td><th>서비스기간</th><td></td></tr>
<tr><th colspan="2">서비스 목표</th><td colspan="3"></td></tr>
<tr><th colspan="2">실 행
내 용</th><td colspan="3">'** ○차(　년　월　일) **'
'** ○차(　년　월　일) **'
'** ○차(　년　월　일) **'</td></tr>
<tr><th rowspan="2">평가</th><th>거주인</th><td colspan="3"></td></tr>
<tr><th>사회
복지사</th><td colspan="3"></td></tr>
<tr><th colspan="2">사후방안</th><td colspan="3"></td></tr>
<tr><th colspan="2">종결사유</th><td colspan="3">□ 목표달성(사후관리) □ 클라이언트 사망 □ 시설 전원 □ 서비스 거부 □ 기타</td></tr>
<tr><td colspan="5">위 거주인은 상기 사유로 인하여 사례관리를 종결합니다.
20○○ .　○○.　○○.
거주인:　　(인)
사례관리자:　　(인)</td></tr>
</table>

출처: 자유재활원(2025).

Chapter 07

치매 케어

1. 치매의 정의
2. 치매의 유병률
3. 치매의 종류와 원인
4. 치매의 증상
5. 치매의 경과와 예후
6. 치매의 예방
7. 치매의 검사와 진단
8. 치매의 치료
9. 치매 대상자의 케어 방법

Chapter 07

치매 케어

1. 치매의 정의

세계보건기구에 의하면, 치매는 뇌의 만성 또는 진행성 질환이며, 기억력, 사고력, 지남력, 이해, 계산, 학습능력, 언어 및 판단력을 포함한 고도의 대뇌피질 기능의 다발성 장애로, 질병이 아닌 노화 현상의 일부이며, 치료와 간호를 필요하고 65세 이전에 발병하면 초로기 치매라고 하였다. 과거에는 '노망, 망령'이라 하였고 영어로 'De' 없다와 'mentia' 정신이라는 합성어인 'Dementia'로 '정신이 없거나 나갔다'이며, 한문은 어리석을 치(痴)와 매(呆)로 어떤 사실을 제대로 판단하지 못한다는 의미이다.

따라서 치매는 나이가 들면서 생기는 자연스러운 결과인 건망증과는 차이가 있고 인간의 뇌가 성숙하여 정상적인 생활을 해 오던 사람이 질병이나 외상 등과 같은 후천적인 다양한 원인으로 인해 뇌가 손상됨으로써 인지기능 및 고등 정신기능에 장애가 나타나는 복합적인 임상 증후군을 말한다.

출처: 요양보호사양성표준교재.

2. 치매의 유병률

최근 의료의 발달과 더불어 인간의 평균수명이 연장됨에 따라 통계청 자료에 의한 우리나라 치매의 유병률을 살펴보면, 연령이 높을수록, 학력이 낮을수록, 남성보다 여성이 치매의 유병률이 높게 나타나 향후 지속적으로 증가할 것으로 예측하고 있다.

치매 대상자 수 추이

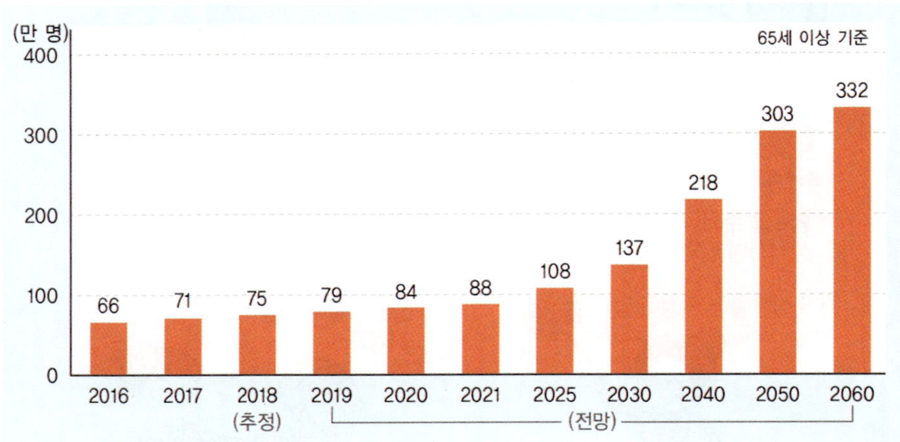

출처: 국립중앙의료원 중앙치매센터.

3. 치매의 종류와 원인

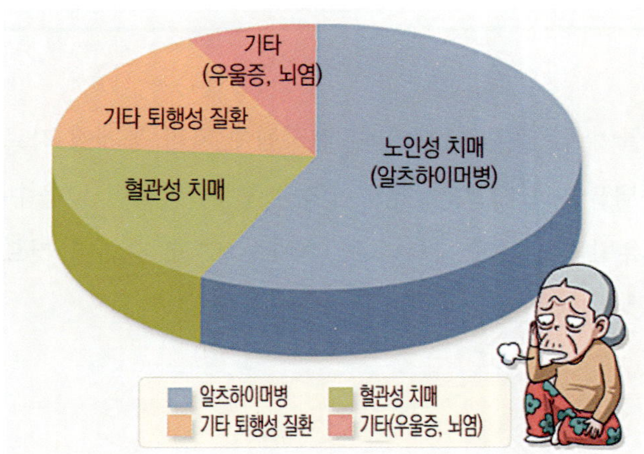

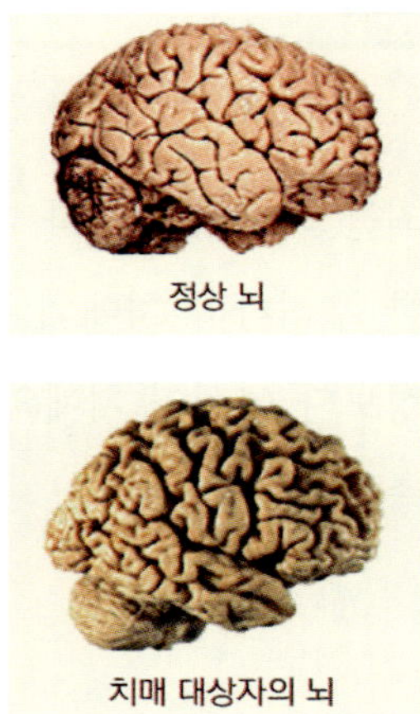

출처: 요양보호사양성표준교재.

1) 알츠하이머형 치매

알츠하이머형 치매는 65세 이상에서 급속하게 증가하여 85세 이상에서는 노인 인구의 50%가량이 해당되어 고령, 여성, 두부외상, 치매의 가족력, 낮은 교육수준, 흡연, 다운 증후군 등이 위험인자이며, 치매 질환의 50~60% 이상을 차지하는 퇴행성 뇌 질환이다. 초기에는 최근 기억 감퇴가 나타나고 점진적으로 진행하면서 전반적인 지능 저하 증상을 보이며, 수행능력의 장애, 초조, 불안 등의 정서적 변화와 성격의 변화도 나타나 말기에는 사지경직, 보행장애, 실금 등의 신경학적 증상을 보인다.

2) 혈관성 치매

혈관성 치매는 뇌혈관이 터지거나 막혀 산소와 영양분의 공급이 차단되어 뇌세포가 손상을 받아 핏덩이(혈전)가 뇌세포를 압박하여 뇌혈관 질환이 누적되어 발생하며, 치매 질환의 20~30% 정도를 차지한다. 다양한 뇌혈관 질환에 의해 갑작스럽게 발병하며, 갑자기 악화되거나 호전되기도 하고 운동장애, 우울증상 등에 따라 부분적으로 특이한 인지장애가 나타나며, 위험인자는 남성, 뇌졸중, 고혈압, 당뇨, 동맥경화, 심장질환, 고지혈증, 비만, 흡연 등이다.

3) 기타

발병 원인	주요 증상과 임상적 경과
파킨슨병	신경전달물질 중 도파민이 부족하여 생기는 운동신경 장애
픽병	뇌의 전두엽에서 발생하며, 일반적으로 40~65세에 발생
헌틴통병	뇌의 퇴행, 유전성, 30~50세, 성격 변화, 기억장애, 정신적인 문제
알코올성	지속적인 음주로 비타민B1 결핍, 기억력 손상, 대인관계 능력 저하
야콥병	광우병, 희귀병, 정신이상증상, 실명, 사지기능 저하, 의식불명
루이소체	뇌의 퇴행성 질환, 경직 같은 운동장애, 섬망과 환시 같은 정신병
AIDS	50%, 증상은 서서히 시작, 무감동, 건망증, 보행 실조, 근육 경련
중독성	중추신경계 장애, 원인은 구리, 납, 살충제, 가스, 화학물질
정상압 뇌수종	조기발견이 중요, 수술로 호전, 증상은 치매, 보행장애, 요실
두부 외상	식물 상태부터 경미한 인지기능 장애까지 다양
대상성 장애	원인은 저산소증, 저혈당, 요독증, 갑상선기능 저하증, 비타민 부족

4. 치매의 증상

뇌의 구조와 기능

1. 대　뇌: 정신적, 육체적 활동 총괄
2. 소　뇌: 운동조절, 학습
3. 전두엽: 사고, 판단, 분석, 계획, 기억, 지적
4. 측두엽: 언어, 청각, 후각, 감정변화
5. 두정엽: 촉각, 위치감각, 지각
6. 후두엽: 시각

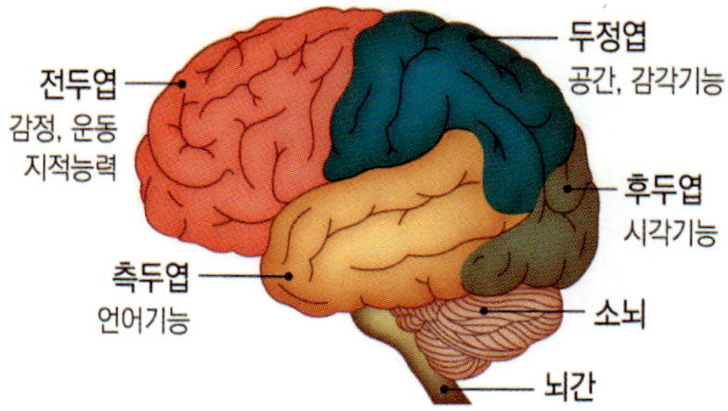

출처: 요양보호사양성표준교재.

1) 인지기능 장애

(1) 기억력 저하

수일 전 혹은 수 주일 전의 일에 대한 단기 기억력 저하가 나타나고 치매가 심해지면서 장기 기억력 저하가 오며, 초기에는 물건을 잘 보관해 두었음에도 불구하고 찾지 못하고 중기에는 오래전에 습득되어 익숙하게 처리했던 일이 서투르거나 완성하지 못하며, 말기에는 자식의 이름을 말하지 못하거나 자신의 인적사항을 파악하지 못한다.

(2) 언어능력 저하

말을 할 때 적절한 단어가 떠오르지 않아 말문이 자주 막히고 말수가 줄어들며, 타인의 이야기를 엉뚱하게 이해하거나 전혀 이해하지 못하여 실어증, 착어증, 구음장애도 동반한다.

(3) 지남력 저하

지남력이란 현재의 시간, 내가 있는 장소, 같이 있는 사람을 인식하는 기능이며, 지남력이 저하되면 날짜, 요일, 계절, 밤낮 등을 착각하고 구분하지 못하며, 오랫동안 지내던 집도 자신의 집이 아니라 부인하고 가족의 얼굴을 알아보지 못하기도 한다.

(4) 시공간 파악 능력 저하

시공간 능력 장애가 발생하여 자주 다니던 곳에서 길을 잃고 헤매거나 집 안에서 화장실과 안방 등을 구분하지 못하는 경우도 있으며, 운전하는 경우 목적지를 제대로 찾아갈 수 없는 상황을 초래하기도 한다.

(5) 실행능력기능 저하

감각 및 운동 기관이 온전함에도 불구하고 목적성 있는 행동을 못하는 경우로 초기에는 운동화 끈을 매지 못하거나 반찬을 만드는 일 등에 어려움을 느끼고 치매가 진행됨에 따라 식사를 하거나 옷을 입는 등의 단순한 일도 어려워진다.

(6) 판단력 저하

치매 중기 이후에 두드러지고 직장에서뿐만 아니라 가족도 뚜렷한 이상 증상을 인식할 수 있으며, 일상생활은 물론 돈 관리를 제대로 하지 못하여 때로는 필요 없는 물건을 사기도 하고 치매가 진행됨에 따라 재산권 등의 법적인 문제가 발생할 수 있다.

2) 정신행동 증상

(1) 우울증

치매 질환자의 40~50%에서 나타나는 흔한 증상으로 말수가 줄고 의욕이 없으며, 우울한 기분을 표현하기도 하고 식욕감소, 잠을 지나치게 많이 자거나 못자는 등 수면 양상의 변화, 자살사고 등이 나타나며, 치료거부, 식사거부 문제로 이어지기도 한다.

(2) 망상과 의심

망상은 기억력이 저하된 부분에 대해 의심이 심해져서 다른 사람의 설득이나 설명으로는 바로 잡아지지 않을 정도로 고착되어 있는 경우를 말하며, 누군가가 자신의 물건을 훔쳐 갔다거나 누가 나를 때렸다거나 죽이려고 한다 등의 피해망상이 가장 흔하다.

(3) 환각과 착각

환각에는 실제로 없는 소리를 듣는 환청이나 실제로 없는 것을 보는 환시가 가장 흔하게 나타나며, 환각과는 달리 실제로 존재하는 것을 다르게 인지하는 착각 또는 오인으로 거울에 비친 자신의 모습을 다른 사람처럼 대하는 행동 등이 있을 수 있다.

(4) 초조 및 공격성

초조란 쉽게 불안해하거나 이유 없이 자꾸 서성거리고 한자리에 오래 앉아 있지 못하는 것을 말하며, 공격적 행동은 자신의 요구를 들어주지 않거나 위기 상황 혹은 갑작스러운 환경의 변화로 타해나 자해를 하거나 망상 혹은 환각으로 발생할 수 있다.

(5) 수면장애

치매 대상자는 얕은 잠을 자고 자주 깨며 밤에 배회하기도 하는 여파로 낮잠을 지나치게 자며, 이로 인해 낮과 밤이 뒤바뀌는 경우가 많다.

(6) 성격의 변화

일반적인 치매 질환자는 내성적이 되고 자신의 행동이 다른 사람에게 미치는 영향에 대해서 개의치 않으며, 자기중심적으로 행동하지만, 본래 가지고 있던 성격이 치매가 진행되면서 강조되어 가족을 가장 괴롭히는 양상이다.

(7) 석양(일몰) 증후군

낮에는 일상적인 생활을 잘 유지하다가 해가 지기 시작하는 오후 5~7시 무렵에 불안과 초조감, 혼란과 방향 감각 상실, 공격적 행동과 수면 장애, 환각과

망상 등의 행동 변화가 나타나는 것이며, 지속적인 관리를 하면 증상을 완화할 수 있다.

(8) 기타

음식을 전혀 먹지 않으려 고집을 부리거나 하루종일 먹을 것을 요구하고, 특히 단것만을 고집하여 체중이 갑작스럽게 증가하며, 성욕이 증가하여 배우자를 괴롭히고 목욕을 하지 않으려고 하거나 다른 사람이나 가족과 전혀 어울리려고 하지 않는다.

3) 신경학적 증상

편측 운동마비, 편측 감각저하, 시야장애, 안면 마비, 발음 이상, 삼키기 곤란, 보행장애, 사지 경직 등이 있다.

4) 신체적 증상

가벼운 신체적 질병에서도 건강을 크게 해치는 합병증을 유발, 즉 패혈증, 감기, 폐렴, 탈수증, 장염, 낙상, 욕창, 대소변 실금, 기저귀 사용으로 인한 요로감염, 안전사고로 인한 외상으로 두부 손상, 타박상, 골절 등도 흔히 있을 수 있다.

5) 치매 단계별 특징과 증상

단계	특징	증상
초기	일상생활에 있어 약간의 도움이 필요한 상태	– 새로운 것을 외우는 것이 어렵다. – 간혹 시간이 헷갈릴 때가 있다. – 말을 할 때 적절한 단어가 떠오르지 않는다. – 우울이나 짜증 또는 의심 등의 증상이 나타나기 시작한다.
중기	일상생활에 있어 상당한 도움이 필요한 상태	– 새로 외우는 것은 거의 불가능하고, 과거의 기억을 떠올리는 것도 어려움이 생긴다. – 시간 이외에 공간도 헷갈리기 시작한다. – 말을 하고 남의 말을 이해하는 데 어려움이 더 심해진다. – 환각, 망상, 불안, 초조, 배회 등의 정신행동증상이 심해진다.
말기	주변의 도움이 없이는 일상생활이 전혀 유지되기 어려운 상태	– 대부분의 기억이 소실된다. – 가족이나 가까운 사람들도 알아보지 못한다. – 언어 능력이 더 떨어져서 의미 있는 대화가 거의 불가능하다. – 정신행동증상은 오히려 점점 줄어든다. – 대소변 조절, 보행, 식사하기 등 기본적인 일상에 어려움이 생기고 마지막에는 와상 상태(누워서 거의 아무런 반응이 없는 상태)가 시작된다.

출처: 요양보호사양성표준교재.

5. 치매의 경과와 예후

1) 치매의 경과

치매의 임상 경과는 치매의 발병 연령과 악화 속도, 종류와 진단적 분류 및 원인에 따라 다양한 양상이 나타나 일률적으로 기술하기는 어려우나, 일반적으로 50~60대에 발병하여 사망하기까지의 유병 기간은 2~3년일 수도 있지만, 평균 8~10년으로 알려져 있고 최근에는 15~20년까지 지속되고 있다.

2) 치매의 예후

치매의 약 10~25%는 조속한 원인규명 및 적절한 치료를 할 경우 가역적으로 회복될 수 있으나, 치료 후 방치하면 다시 검사를 받고 3~6개월 간격으로 정기 진료를 받아야 한다. 치매의 대부분은 비가역적이고 점진적으로 진행되며, 치매의 심한 정도와 경과는 치매가 있기 전의 지능, 교육, 발병 양상, 정신병리의 유무 등에 따라 달라질 수 있다.

혈관성 치매는 갑작스럽게 발병하고 때로는 계단식의 악화가 특징이지만, 알츠하이머병 치매는 인지기능 장애가 서서히 발병하고 최근 기억의 장애에 이어 실어증과 실행증이 나타난 후에는 실인증으로 정서불안정과 자제력의 장애가 나타난다.

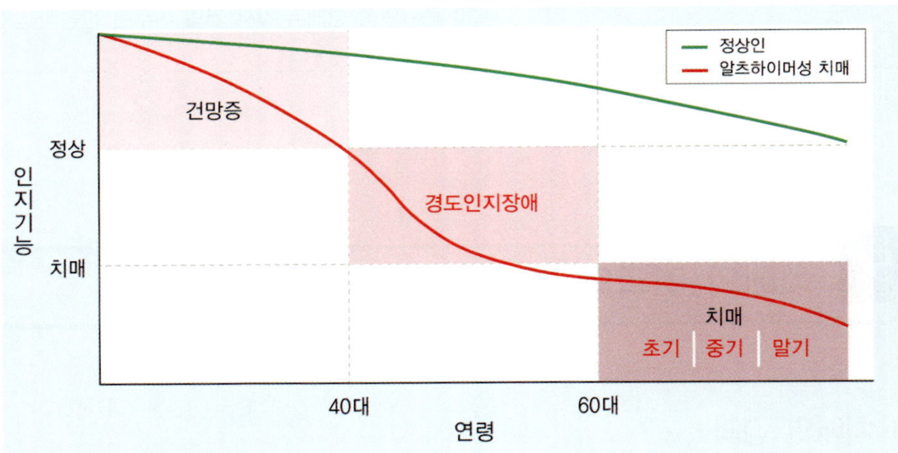

출처: 서울아산병원.

6. 치매의 예방

1) 치매 예방 10대 수칙(대한치매예방협회)

① 손과 입을 바쁘게 많이 움직이자

치아 닦기, 바느질, 단추꿰기, 악기연주 등 손을 움직이는 활동 등을 한다.

② 머리를 쓰자

계산, 컴퓨터, 신문과 책 읽기, 일기 쓰기, 암기훈련, 장기, 바둑 등을 한다.

③ 담배는 당신의 뇌도 태운다

흡연은 뇌졸중의 위험을 증가시키고 혈관성 치매의 발병 가능성을 증가시킨다.

④ 과도한 음주는 당신의 뇌를 삼킨다

과도한 음주는 기억력을 감퇴시키고 치매의 원인인 고혈압, 당뇨병을 유발한다.

⑤ 몸을 움직여야 뇌도 건강하다.

주 2회 이상, 30분 이상의 땀이 살짝 날 정도로 운동이 필요하다.

⑥ 건강한 식습관이 건강한 뇌를 만든다

고등어와 꽁치, 신선한 채소와 과일, 호두, 잣 등을 적당하게 섭취한다.

⑦ 사람들과 만나고 어울리자

봉사활동과 취미활동에 참여하고 친구나 친척과 어울려 우울증과 외로움을 피한다.

⑧ 치매가 의심되면 보건소에 가자

전국 보건소의 치매안심센터에서 치매 노인 등에게 상담과 각종 지원을 하고 있다.

⑨ 치매에 걸리면 가능한 한 빨리 치료를 시작하자

치매 초기에 치료를 받으면 치료 가능성이 높고 중증으로 가는 것을 방지할 수 있다.

⑩ 치매 치료관리는 꾸준히 하자

치매 치료와 관리를 하지 않고 방치하면 뇌가 망가져 돌이킬 수 없게 된다.

2) 치매 예방 식생활 수칙

① 저지방 식사로 칼로리 섭취를 줄이고 체중을 감량한다.

② 비타민E, 비타민C, 엽산 및 종합비타민 섭취를 늘린다.

③ 매일 자두, 건포도, 블루베리, 딸기, 시금치, 케일, 브로콜리, 근대 등의 색이 짙은 과일과 채소, 차 등 항산화 식품을 섭취한다.

④ 하루에 6잔 이상의 물을 충분히 마신다.

⑤ 등 푸른 생선, 꽁치, 정어리, 고등어, 과일, 녹색 야채, 올리브유, 견과류, 호두 등 오메가-3 지방산과 같은 좋은 지방이 많이 함유된 음식을 섭취한다.

⑥ 치매 예방에 좋은 강황, 울금, 가시오가피, 인삼, 영지버섯 등의 한방차를 연하게 달여 매일 1~2잔 차처럼 마신다.

3) 생활 가이드

① 규칙적인 생활로 안정을 취하고 대상자의 존엄성이 유지되도록 한다.

② 잔존능력을 활용하여 스스로 하도록 격려하고 자존심을 지켜 준다.

③ 실수에 대해 지적하거나 말싸움을 하지 않고 질병으로 인한 실수로 이해한다.

④ 지속적인 의사의 진료와 적절한 식이를 유지하고 운동을 권장한다.

⑤ 원활한 의사소통을 위해 비언어적인 의사소통이 중요하다.

⑥ 시계, 달력, 사진, 적절한 조명, 편안한 환경 등을 통해 지남력을 유지한다.

⑦ 식사 시 천천히, 조금씩 먹도록 하고 연하곤란 시 의사와 상의한다.

⑧ 공격적인 행동의 경우 일시적으로 자리를 피하여 자해나 타해 위험을 막는다.

⑨ 보호자는 가족 간의 고통분담, 자신만의 시간 갖기, 자신의 한계를 인정하고 도움과 조언 요청하기, 자신의 중요성 인식 등 자기관리가 철저히 요구된다.

7. 치매의 검사와 진단

1) 치매의 검사

(1) 정신상태 검사

기억력 등의 인지기능을 평가하고 섬망이나 혼돈과 같은 의식의 장애가 있는지 그리고 우울증이나 망상, 환각 등이 동반된 정신행동 증상이 있는지를 평가한다.

인지기능 평가 - CIST

인지기능 평가 수정

⊞ 2025.04.03 인지기능평가 작성건 보기

수급자명	fadsasd	성별/생년월일	남 / 1930.01.09	입소일	2025.04.03	생활실	진달래	검사일(작성일)	2025.04.03	조사사유	재사정	작성자	최인경
치매진단		생신일	(음력)1929.12.10(만 95세)			학력(교육년수)	초졸(6) 년	검사장소	체험시설요양원				

영역	세부	항목	응답	점수
지남력	시간	년		1점
		월		1점
		일		1점
		요일		1점
	장소	장소		1점
기억력	기억등록	1차 시행	사람 이름 교통수단☑ 장소 시간 한 것	
		2차 시행	사람 이름 교통수단 장소 시간 한 것	
주의력	숫자 바로 따라 말하기	(1)번 숫자		0점
		(2)번 숫자		0점
	거꾸로 말하기	불러준 단어		1점
시공간기능	도형모사	그림1		1점
집행기능	시각추론1	그림2		1점
	시각추론2	그림3		0점
	언어추론	그림4 - 첫 번째 빈칸		0점
		그림4 - 두 번째 빈칸		0점
기억력	기억회상/재인	기억회상	사람 이름 교통수단 장소☑ 시간 한 것	
		재인 - 사람 이름		0점
		재인 - 교통수단		0점
		재인 - 장소		2점
		재인 - 시간		0점
		재인 - 한 것		1점
언어기능	이름대기	첫 번째 그림 - 대상자 반응		0점
		두 번째 그림 - 대상자 반응		1점
		세 번째 그림 - 대상자 반응		1점
	이해력	예문		1점
집행기능	유창성	[반응기록/제한 시간 1분] 0~8개 : 0점 / 9~14개 : 1점 / 15개 이상 : 2점		0점
비고				

인지영역	지남력	주의력	시공간기능	집행기능	기억력	언어기능	총점	판정
점수	5 / 5	1 / 3	1 / 2	1 / 6	3 / 10	3 / 4	14 / 30	인지저하 의심

출처: 케어포 프로그램.

(2) 일상생활능력 수준 검사

기본적인 일상생활과 좀 더 복잡한 일상생활 동작에 대해 평가한 검사는 진단을 위한 평가뿐만 아니라 향후 대상자 관리에도 도움을 줄 수 있는 기본적인 정보가 된다.

(3) 혈액검사 등의 실험실 검사

노인성 치매를 유발하거나 악화 요인이 될 수 있는 여러 신체 질환 여부를 파악하기 위해 빈혈 검사, 간기능검사, 신기능검사, 당뇨검사, 비타민검사, 갑상선기능검사, 지질검사, 흉부 X-ray, 심전도, 소변검사 등 다양한 검사를 시행한다.

(4) 뇌영상학 검사

뇌자기공명영상(MRI), 뇌컴퓨터단층촬영(CT) 등 구조적 뇌영상검사와 양자방출단층촬영(PET), 단일광자방출촬영(SPECT) 등 기능적 뇌영상검사로 구분되며,

구조적 뇌영상검사, 특히 MRI는 노인성 치매의 원인 질환을 감별하는 데 매우 중요하다.

2) 치매의 진단

치매의 진단이란, 치매가 있는가를 판단하고 만약, 치매라면 원인을 밝히는 것이므로 보호자의 문진으로 정확한 병력을 확인하고 의사는 기억력을 포함한 인지기능의 변화가 있는지 만약, 있다면 언제부터 어떠한 양상으로 나타나고 있는지를 확인한다.

섬망과 치매는 서로 다른 질환이지만, 관련성이 있으므로 섬망에서 회복된 후 치매의 존재 여부를 잘 살펴보아야 하며, 기억력 저하가 있는지 확인하고 기억력에 문제가 없더라도 다른 인지기능의 저하가 의심되면 치매검사를 받는 것이 바람직하다.

8. 치매의 치료

1) 약물치료

(1) 약물 복용의 중요성

대상자가 약물을 복용하면 치매 증상으로 고생하는 기간이 줄어들고 가족들에게도 수발 부담이 줄어들 수 있으므로 약물 복용의 효과를 잘 설명하여 약물을 규칙적으로 복용하도록 하며, 약물을 변경하거나 용량을 늘렸을 때는 부작용이 나타나는지 면밀하게 관찰하고 메모하여 의료기관에 방문할 때 가져가도록 한다.

(2) 약물의 종류

치매의 치료약은 신경인지 기능활성제인 콜린성약제, NMDA 수용체 차단제 등이 있고 정신 증상을 치료하기 위하여 항정신제, 항우울제, 항불안제, 기분조절제, 수면제 등의 아세틸콜린 분해효소 억제제로 도네페질(아리셉트 HS), 리바스티그민(엑셀론 패치), 갈란타민(레미닐 AM) 성분을 사용한다.

(3) 약물의 부작용

치매 치료제는 증상을 완화하고 질병의 진행을 늦추는 데 도움을 줄 수 있지만, 모든 대상자에게 효과가 있는 것은 아니므로 메스꺼움, 설사, 불면증 등의 부작용이 발생할 경우 의사와 상담 후 적절한 약물을 선택하는 것이 중요하다.

2) 비약물치료

대상자가 기본적 일상생활을 최대한 스스로 유지할 수 있도록 작업요법, 인지기능강화요법 등과 같은 다양한 프로그램에 참여함으로써 삶의 질을 향상시킬 수 있으므로 기억력, 지남력, 판단력, 집중력, 계산력, 시공간능력, 언어능력 등의 인지기능을 훈련한다.

구 분	활동 내용	구 분	활동 내용
미술활동	따라 그리기, 색칠하기	소리인지	소리 듣고 맞히기
회상활동	사진, 소리, 물품을 통한 회상	신체활동	맨손 체조
손 운동	손 움직임, 도구를 통한 만들기	음악활동	악기연주, 노래 부르기
일일점검표	날씨, 기분상태 점검, 하루 활동	일기장	하루 계획, 일상 정리
인지카드	물건(그림자 등) 보고 이름 맞히기	워크북	어휘 공부, 한글 쓰기

출처: 요양보호사양성표준교재.

9. 치매 대상자의 케어 방법

1) 치매 돌봄 10계명

① 대상자가 존중받아야 할 사람임을 잊지 말아야 한다.

② 대상자를 격려하고 잔존기능을 활용할 수 있도록 지지해야 한다.

③ 대상자의 작은 변화도 가치가 있고 감사해야 한다.

④ 대상자의 신체적 건강에 대한 세심한 관심으로 적절한 건강관리를 한다.

⑤ 장기적인 계획을 바탕으로 대상자를 돌본다.

⑥ 불의의 사고를 항상 대비하고 예방해야 한다.

⑦ 치매 관련 다양한 자원을 적극적으로 활용한다.

⑧ 치매에 대한 지식을 꾸준히 쌓아 가야 한다.

⑨ 치매는 모든 가족 구성원들이 함께 돌보아야 한다.

⑩ 대상자를 돌보는 가족은 자신의 건강도 잘 챙겨야 한다.

2) 치매 가족의 부양부담

치매 대상자의 가족은 분노, 무기력감, 죄책감, 우울, 소외감, 불안감 등의 정서적인 부담과 대상자를 돌봄으로 인한 피로, 정신적 스트레스에 따른 음주, 흡연, 과식, 수면장애 등의 신체적 부담이 나타날 수 있다. 또한, 가족관계의 역기능적인 상호작용으로 가족 구성원 간의 갈등 및 노인과의 관계가 악화되고 시간적인 제약과 사회활동의 제한으로 자아 상실을 경험하며, 치매 대상자의 재정관리에 대한 법률적 문제와 장기요양서비스 이용에 대한 비용으로 인하여 경제적 부담이 될 수 있다.

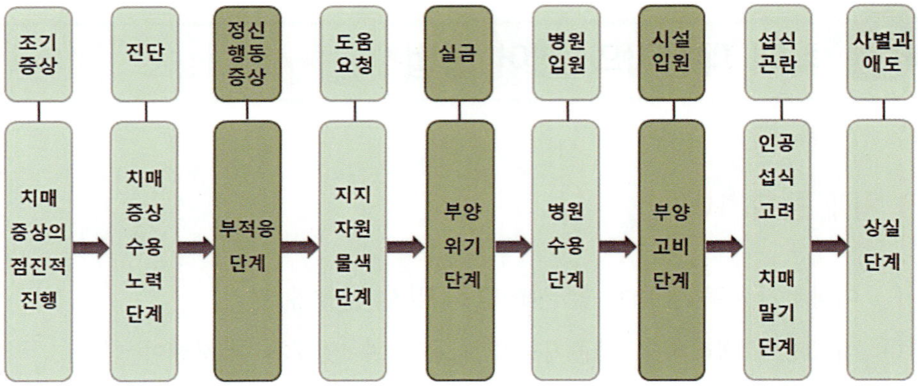

출처: 요양보호사양성표준교재.

3) 케어에 따른 가족의 태도

① 치매의 정확한 정보와 지식을 숙지하여 효과적인 케어와 스트레스를 경감한다.

② 대상자를 치매라는 심각한 질병을 지닌 대상자로 인식한다.

③ 대상자에 대해 느끼는 실망감, 분노감, 죄책감 등의 감정을 잘 처리한다.

④ 가족 간에 케어 계획수립과 경제적인 책임을 분담하는 것이 좋다.

⑤ 가정에서 케어 여건이 안 되거나 대상자의 증세가 심각하면 시설입소도 고려한다.

4) 치매 가족과의 의사소통기법

치매 가족과 신뢰를 쌓아 가기 위해 공감하기, 관심 전달하기, 조언, 정보 제공, 나-메시지 전달법, 격려하기 등 적절한 의사소통 기법을 통한 대화는 가족과의 긍정적인 관계를 유지하여 궁극적으로 대상자의 돌봄에도 영향을 미친다.

5) 일상생활 돕기 기본원칙

치매 대상자는 일상생활에 지원이 필요하고 말기로 갈수록 지원을 확대해야 하므로 항상 안전에 주의하고 규칙적인 생활을 하며, 잔존기능을 최대한 유지하고 상황에 맞는 케어를 하며, 따뜻하게 응대하고 존중한다.

6) 치매 대상자의 일상생활 케어

(1) 식사 돕기

① 의치가 잘 고정되어 있는지 확인하고 느슨한 경우에는 끼지 못하게 한다.

② 당뇨병이나 고혈압 등의 경우 대상자가 접근할 수 없는 장소에 음식을 둔다.

③ 그릇은 접시보다 사발, 투명한 유리보다 색깔이 있는 플라스틱을 사용한다.

④ 소금이나 간장과 같은 양념은 식탁 위에 두지 않는다.

⑤ 씹는 행위를 잊어버리면 저민 고기, 반숙 계란, 과일 통조림 등을 갈아 제공한다.

⑥ 물과 같은 묽은 음식에 사레가 자주 걸리면 좀 더 걸쭉한 액체 음식을 제공한다.

⑦ 졸려하거나 초조해하는 경우 식사를 제공하지 않는다.

⑧ 식사 습관과 기호도를 반영하고 식탁에 앉으면 바로 식사하도록 준비한다.

⑨ 규칙적인 시간에 식사하고 안정된 식사 분위기를 조성한다.

⑩ 편마비가 있는 경우 음식물이 한쪽에 모여 있지 않도록 신경을 써야 한다.

(2) 배설 돕기

① 대상자의 방을 화장실에서 가까운 곳에 배정하고 화장실 위치를 표시해 둔다.

② 화장실에서 옷을 쉽게 벗도록 조이지 않는 고무줄 바지를 입도록 하며, 세탁하기 편하고 빨리 마르는 옷감이 좋다.

③ 낮에는 가능하면 기저귀를 사용하지 않고 요실금이 있으면 배뇨 훈련을 하며, 야간에 화장실 이용이 위험할 때는 이동 변기를 사용한다.

④ 대소변을 잘 가렸을 때는 칭찬을 해 주고 실금한 경우 괜찮다고 말한다.

⑤ 변비인 경우 섬유질이 많은 음식과 충분한 수분을 섭취하고 일정한 시간 간격으로 변기에 앉혀 배변을 유도하며, 손바닥을 이용하여 배를 가볍게 마사지해 준다.

⑥ 배설시간과 양 등을 파악하여 배설기록지에 기록한다.

(3) 목욕 돕기

① 목욕을 강요하지 말고 목욕과정을 단순화하며, 조용히 부드럽게 도와준다.

② 바닥과 욕조 바닥에 미끄럼방지매트를 깔고 목욕 물의 온도를 미리 확인한다.

③ 일정한 시간에 정해진 방법에 따라 목욕하여 거부감을 줄인다.

④ 욕실 내에 혼자 있지 않고 욕조에 들어갈 때는 반드시 옆에서 부축한다.

(4) 구강위생

① 부드러운 칫솔을 사용하여 잇몸 출혈을 방지한다.

② 치약은 삼켜도 상관없는 어린이용을 사용한다.

③ 의치는 하루에 6~7시간 정도 제거하여 잇몸에 무리를 주지 않게 한다.

④ 의치가 맞지 않으면 교정을 의뢰하고 치주에 염증이 생겼는지 자주 확인한다.

(5) 옷 입기

① 깨끗하고 몸에 꼭 끼지 않으며, 빨래하기 쉬운 옷을 제공한다.
② 계절에 맞으며, 색깔이 요란하지 않고 장식이 없는 옷을 선택한다.
③ 시간이 걸려도 혼자 입도록 격려한다.

(6) 운동 돕기

① 혈압이 높거나 심장병이 있는 경우 의사에게 사전 검진을 받아야 한다.
② 심장에서 멀고 큰 근육인 팔다리에서 시작하여 천천히 진행한다.
③ 운동량은 점차 늘리고 운동 도중에 문제가 발생하면 즉시 보고한다.

(7) 안전과 사고 예방

① 편리하고 안전한 생활환경을 위해 실내와 현관 등에 희미한 불을 켜 둔다.
② 지남력과 기억력 원조를 위해 시계, 달력, 가족의 연락처 등을 활용한다.
③ 언어에 대한 이해가 떨어지면 글로 쓰인 단서보다는 그림을 사용한다.

7) 치매 대상자의 행동심리 증상에 대한 대처

(1) 반복적 질문이나 행동

① 질문에 답을 해 주는 것보다 다독거리며 안심시켜 준다.
② 무리하게 중단시키지 말고 억지로 고치려 하지 않는다.
③ 심리적 안정과 자신감을 갖도록 도와준다.

(2) 음식섭취 관련 행동심리 증상

① 식사시간과 식사량을 점검하고 월 1회 체중을 측정한다.

② 영양실조와 비만을 예방하며, 서두르지 않고 천천히 먹게 한다.

③ 장기적인 식사거부는 시설장이나 간호사 등에게 보고한다.

④ "지금 준비하고 있으니 조금만 기다리세요."라고 친절하게 이야기한다.

(3) 수면장애

수면 상태를 관찰하고 숙면에 좋은 환경을 조성하며, 규칙적인 생활을 한다.

(4) 배회

① 초조한 표정으로 이리저리 돌아다니면 밖으로 나가려는 것임을 염두에 둔다.

② 안전한 환경을 조성하고 소음을 차단하며, 활기차고 바쁘게 생활하게 한다.

③ 규칙적으로 시간과 장소를 알려 주어 현실감을 유지하게 한다.

④ 배회 가능성이 있는 치매 대상자는 관련 기관에 미리 협조를 구한다.

(5) 의심, 망상, 환각

① 대상자의 감정을 이해하고 수용하며, 모든 행위에 대해 간단히 설명한다.

② 대상자가 보고 들은 것을 말하면 부정하거나 다투지 않는다.

③ 대상자 앞에서 다른 사람에게 대상자의 의심이나 행동, 대상자가 잃어버렸다고 의심하는 물건, 조롱하는 말투를 사용하지 않고, 특히 귓속말은 하지 않는다.

④ 잃어버렸다, 훔쳐 갔다고 하는 물건을 찾으면 아무 일도 아닌 것처럼 행동한다.

⑤ 규칙적으로 시간과 장소를 알려 주어 현실감을 유지하게 한다.

⑥ 다른 것에 신경을 쓰도록 관심을 돌리며, 도움을 주려고 한다는 확신을 준다.

(6) 공격적 행동

① 공격적 행동을 유발하는 사건을 사전에 예방하고 규칙적인 일상생활을 구성한다.

② 수준에 맞는 의사결정권을 주고 불필요한 신체적 구속은 피한다.

③ 한 번에 한 가지씩 제시하거나 단순한 말로 설명한다.

④ 이해하지 못한 말은 같은 말로 반복한다.

⑤ 천천히 대상자의 관심 변화를 유도하고 진정된 후에는 상기시키지 않는다.

⑥ 위협적으로 느끼지 않게 하고 치매에 의한 증상임을 이해한다.

(7) 석양 증후군

① 해가 질 무렵에는 충분한 시간을 가지고 대상자와 함께 있는다.

② 좋아하는 소일거리를 주거나 애완동물과 함께 즐거운 시간을 갖게 한다.

③ 낮 시간 동안 움직이거나 활동하게 하고 신체적 제한을 하지 않는다.

(8) 부적절한 성적 행동

① 부적절한 성적 행동 관련 요인을 관찰한다.

② 노출증을 감소시키기 위해 적절한 제한과 보상을 사용한다.

③ 이상한 성행위가 복용 중인 약물 때문에 유발될 수 있음을 이해한다.

8) 치매 대상자와의 의사소통

(1) 언어적인 의사소통

① 신체적 상태를 파악하고 구체적으로 질문한다.

② 존중하는 태도와 관심을 갖고 긍정적으로 말한다.

③ 간단한 언어를 사용하고 한 번에 한 가지씩 설명한다.

④ 대상자의 속도에 맞추고 반응을 살피며, 정중하게 대한다.

⑤ 반복적으로 설명하고 인격적으로 대한다.

⑥ 가까운 곳에서 얼굴을 마주 보고 말한다.

⑦ 과거를 회상하게 유도하고 일상적인 어휘를 사용한다.

(2) 비언어적인 의사소통

① 비언어적인 표현방법을 관찰하고 언어 외의 다른 신호를 말과 함께 사용한다.

② 언어적인 표현 방법과 적절한 비언어적인 표현 방법을 같이 사용한다.

③ 신체적인 접촉을 사용하고 글을 써서 의사소통한다.

Chapter 08

종말기 케어

1. 종말기 케어의 개요
2. 죽음에 대한 이해
3. 죽음에 대한 변화
4. 연명의료결정제도
5. 종말기 케어 방법

Chapter 08

종말기 케어

1. 종말기 케어의 개요

1) 종말기 케어의 개념

종말기란, 암 또는 질병으로 인해 생명의 유지가 불가능하여 의료 행위를 필요로 하지 않는 상태이며, 호스피스란, 접대하는 사람인 주인(Host)과 손님(Guest)의 합성어로 손님을 따뜻하게 맞이하고 편안히 휴식을 취할 수 있도록 돌본다는 의미이다.

종말기 케어란, 말기암 대상자에게 치료보다 고통의 완화에 중점을 두고 인간의 존엄성과 삶의 질을 유지하면서 죽음을 평안하게 맞이하도록 신체적, 정서적, 사회적, 영적 서비스 및 유가족의 고통과 슬픔의 경감을 위한 총체적인 돌봄이며, 우리나라는 1964년 강릉의 갈바리의원에서 종말기 케어가 처음 시작되었다.

2) 종말기 케어에 관심이 높아진 사회적 배경

① 의학의 진보와 의료기술의 발달은 의사 주도형의 치료에서 큰 성과를 가져왔지만, 대상자와 가족이 동의하는 치료가 요구되었다.

② 만성질환이 증가함에 따라 치료가 장기화되어 대상자를 질병이 있는 생활자로 보는 관점이 강조됨에 따라 치료를 받고 안 받고의 여부는 대상자 본인의 의사를 존중할 필요성이 커지게 되었다.

③ 본인의 희망에 따라 가능한 한 가정에서 치료를 받도록 하되, 가정에서 치료가 불가능할 경우 가정과 유사한 분위기에서 치료를 받도록 환경을 조성할 필요가 있다.

3) 종말기 케어의 목적

① 인간의 존엄성을 유지하면서 생활하다가 자연스럽게 편안한 죽음을 맞이한다.

② 대상자의 증상에 따라 신체적 고통을 완화 또는 제거시켜 준다.

③ 모든 자원을 동원하여 대상자와 그 가족의 욕구를 충족시키고 지지한다.

④ 유가족의 고통과 슬픔을 경감시키고 삶의 질이 향상되도록 돕는다.

⑤ 케어자는 일련의 구체적인 활동의 여러 목표를 설정하여 원조를 실행한다.

4) 종말기 케어 대상자

① 의사로부터 6개월의 시한부 진단을 받은 자

② 암을 선고받은 후 치료를 하였으나, 효과를 기대하기 어려운 자

③ 가족이나 친지가 없는 무연고자로서 종말기의 도움이 필요하다고 선정된 자

④ 대상자나 가족이 동의하여 완화 요법 등 비치료적 도움을 받기로 결정한 자

5) 종말기 케어 대상자의 권리

(1) 치료를 거부할 권리

치료를 받을지, 종료할지에 대한 결정은 근본적으로 대상자에게 있고 어떤 결정을 내리든지 케어자가 결정하면 안 되며, 대상자가 의사결정을 내릴 수 있는 신체적 또는 인지적 역량이 부족한 상황이라면 가족에 의해 대상자의 의향이 판단된다.

(2) 원하는 사람을 만날 수 있는 권리

임종이 임박한 상황에서 누구를 만날지는 대상자의 삶을 정리하는 데 중요하고 소중한 사람과 작별인사를 나누는 것은 대상자가 좋은 죽음을 구성하는 요소이므로 한 공간에서 마지막 시간을 함께 보내는 경험은 존중되어야 한다.

(3) 사생활을 침해받지 않을 권리

임종을 앞둔 대상자의 배뇨와 배변을 도울 때 가림막을 설치하고 대상자의 사적 비밀을 누설하지 않아야 하는 등 개인의 사생활을 존중하는 것은 인간의 기본권으로서 임종을 앞둔 대상자에게도 동일하게 보장되어야 한다.

6) 종말기 케어의 원칙

(1) 대상자와 가족의 경험을 중시한다.

죽음을 앞두고 대상자는 가족들이 받을 부담이나 자신과의 이별 이후 가족들

이 어떻게 살지를 걱정하고 가족들은 대상자와의 남은 시간을 어떻게 보살피고 보내야 하는지, 대상자의 죽음 이후를 어떻게 극복해야 하는지 등을 걱정한다.

(2) 대상자와 가족의 가치에 따라 결정한다.

대상자와 가족 모두의 가치, 선택, 소원, 요구 등을 파악하여 선택하고 결정한 방향으로 서비스를 진행함으로써 대상자의 임종 전과 후에 대상자와 가족이 성숙하고 삶의 의미를 찾으며, 개인의 목표를 달성하는 긍정적인 삶을 영위할 수 있도록 돕는다.

(3) 대상자의 자율성을 추구한다.

대상자가 숨을 거둘 장소와 방법, 임종 시 함께 있고 싶은 사람의 선택, 장례 서비스의 결정 등 삶과 죽음을 조정할 권리가 있으므로 대상자와 가족의 소망에 따라 임종이 이루어질 수 있도록 자율성을 추구한다.

(4) 대상자가 결정할 권리를 인정한다.

대상자는 치료계획에 이끌리지 않으며, 자신의 일을 정리하고 주위 사람들과의 마무리와 존엄한 죽음을 준비할 수 있도록 자신의 상태, 처치방법, 선택, 결과 등에 대한 정보를 듣고 자율적으로 결정을 내리며, 남아 있는 삶을 자신이 선택하도록 한다.

(5) 대상자와 가족을 존중한다.

대상자와 가족 개개인의 요구는 가치관, 취향, 개인의 특성, 환경 등에 따라 다르므로 대상자의 생활방식이 유지되고 인생관이 존중받는 것이 가장 효율적이다.

2. 죽음에 대한 이해

1) 죽음

죽음은 사망(死亡), 임종이며, 생명체의 장기 활동, 심장 박동 중단, 혈액 순환 중단 등 모든 활동이 정지되고 완전히 의식을 잃은 상태 또는 의식을 되돌릴 수 없는 상태로 말미암아 신체가 항상성을 유지하는 능력을 완전히 상실하는 것이다.

2) 안락사

안락사라는 말은 좋은 죽음, 안락한 죽음, 고통과 통증이 없는 편안한 죽음 등을 의미하며, 의학적 용어로는 죽어 가는 대상자의 고통을 덜어 주기 위하거나 통증과 괴로움을 줄여 주기 위해서 의사가 행하는 친밀한 도움이다.

3) 뇌사(Brain Death)

뇌의 죽음, 즉 뇌가 손상을 받아 뇌 활동이 회복할 수 없는 상태이고 호흡을 자발적으로 하지 못하는 혼수상태로 산소 호흡기를 떼어 내면 사망하는 것이며, 우리나라는 2000년부터 뇌사일 경우 심장, 폐, 간장, 신장, 췌장, 안구, 뼈, 조직 등의 장기를 기증할 수 있다.

4) 식물인간

중증의 뇌 외상이나 질환에서 회복은 되었으나, 대뇌기능이 정지된 상태이며, 호흡 및 순환 중추 기능은 유지되므로 인공호흡기를 부착하지 않고도 호흡이 가능하고 수주 안으로 의식을 회복하거나 의식이 돌아오지 않더라도 장기간 생존하는 경우가 많다.

뇌사와 식물인간의 차이점

구 분	뇌사	식물인간
손상 부위	뇌 전체(뇌간 포함)	대뇌
호흡	불가능	가능
순환	불가능	가능
운동	불가능	가능
예후	사망	장기 생존 가능
장기기능	가능	불가능
뇌손상 부위	대뇌 일부 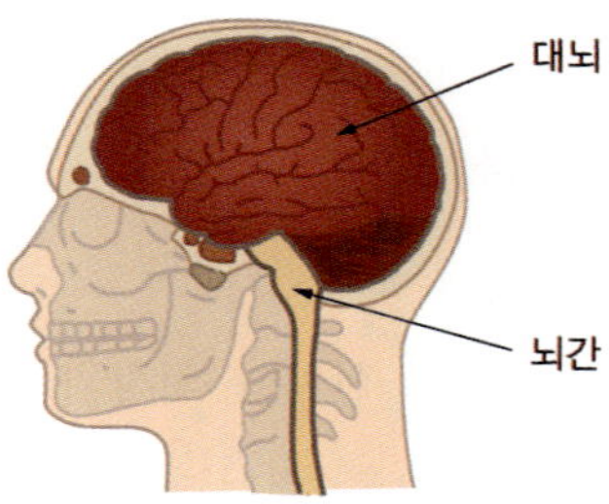	대뇌+뇌간 손상 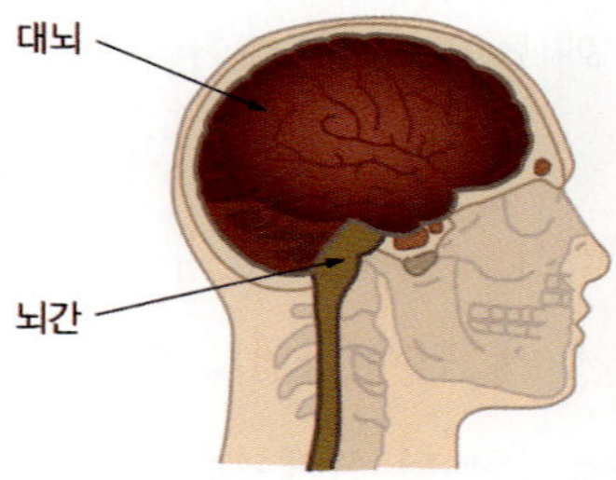

출처: 서울아산병원.

3. 죽음에 대한 변화

1) 심리적 변화

(1) 죽음을 두려워하는 이유

① 살아 있는 사람에게는 미지의 세계이고 영원한 고독을 의미한다.

② 가족과 친지와의 영원한 이별이고 육체라는 신체의 상실을 의미한다.

③ 사후 세계에 대한 막연한 두려움과 고통스러움이 예상된다.

(2) 죽음에 대한 심리적 과정

① 제1단계(부정): '그럴 리가 없다, 아니다.'라고 죽음을 강하게 거부한다.

죽는다는 갑작스러운 충격에 대하여 죽음이라는 현실의 고통을 덜 느끼도록 충분한 시간을 주어 부정과 거부의 단계를 잘 넘기도록 이끌어 주어야 한다.

② 제2단계(분노): '왜 하필이면 내가'라고 분노를 발산하게 된다.

'왜 하필 내가 죽어야 하는가?'라는 생각에서 자신과 가깝게 지내고 있는 사람, 특히 가족들에게 적대감을 나타내거나 공격적인 분노의 화살을 타인에게 돌리기도 하므로 인내심을 갖고 들어주며, 수용적인 태도를 취해 주어야 한다.

③ 제3단계(타협): 죽음을 뒤로 미루고 싶어 신이나 의사와 타협하려고 한다.

조금만 더 살게 해 준다면 착하게 살겠다, 모든 재산과 재능을 불행한 이웃을 위해 사용하겠다, 자녀가 결혼할 때까지만 살게 해달라 등 간청하는 심정을 갖게 되므로 신중하게 대하고 미성숙한 행동을 보이더라도 함부로 판단하지 않도록 한다.

④ 제4단계(우울): 아주 깊은 절망에 빠진다.

대상자에게 지나친 간섭은 죽음을 수용하려는 잠정적인 준비를 방해하므로 삼가며, 자기와 함께 느끼고 슬퍼하면서 자기 곁에 있어 줄 사람이 필요하므로 성급하게 위로하기보다는 잘 들어주고 이해하며, 신체적, 정서적 지원을 충분히 제공하도록 한다.

⑤ **제5단계(수용): 죽는다는 사실 자체를 체념과 함께 받아들인다.**

죽음을 평온하게 받아들이는 단계로 재산관리, 상속 관련 상담, 소중하게 생각하는 사람들과 함께 시간을 보낼 수 있도록 배려하고 오랜 투병을 통해 고통을 받았던 사람들일수록 죽음을 긍정적인 사건으로 인식하기도 한다.

2) 신체적 변화

(1) 감각기능

조명은 눈부시지 않고 어조는 부드러우면서도 분명하고 정상적인 톤으로 어떠한 돌봄을 하겠다고 말하며, 대상자의 몸짓이 의미하는 바를 이해하고 대상자가 편안하도록 손을 잡은 채로 조용히 곁에 있으며, 가족도 일상의 이야기를 계속 나누도록 격려한다.

(2) 수면

잠자는 시간이 많아지고 의사소통이 어려우며, 반응하지 않으므로 눈을 깜빡이거나 손을 잡거나 부드럽고 자연스럽게 일반인과 대화하는 것처럼 이야기하는 것이 좋다.

(3) 울혈

가슴에서 돌 구르는 것과 같은 소리가 들리나, 수분섭취가 적어지고 분비물을 기침으로 내보내는 능력이 저하되면서 나타나는 정상적인 변화이므로 고개를 옆으로 돌려 주어 분비물을 토해 낼 수 있도록 해 주고 젖은 헝겊으로 입안을 닦아 준다.

(4) 구강과 코 주변

구강 관리를 자주 실시하되, 무의식 상태라면 최소 두 시간 간격으로 권장하며, 입술과 콧구멍은 건조하여 상처가 나기 쉬우므로 윤활제인 바세린 등을 바르도록 한다.

(5) 피부

실금 또는 실변하므로 홑이불 아래에 방수포를 깔고 기저귀를 착용하며, 침구류는 주름이 없고 주기적으로 체위 변경하여 욕창을 예방하며, 피부가 하얗거나 파랗게 변화하고 혈액순환이 사지부터 저하되므로 따뜻하게 하나, 전기기구는 사용하지 않는다.

(6) 통증

상당한 통증을 호소할 수 있으므로 가족에게 연락하여 의사의 처방에 따라 통증조절을 위한 약물처방이 이루어질 수 있도록 한다.

(7) 호흡

호흡의 수와 깊이가 불규칙하고 만약, 무호흡이나 깊고 빠른 호흡이 나타나면 임종이 임박했다는 신호이므로 상체와 머리를 높여 주고 손을 잡아 주며, 부드럽게 이야기를 하여 편안하게 해 주고 가습기를 약하게 켜 두는 것은 물론 신속하게 가족에게 연락한다.

(8) 소화 기능

음식이나 수분을 점차 섭취하지 않거나 어려움이 많으면 억지로 음식이나 수분을 권하지 않고 식욕부진, 울렁거림, 구토가 심할 경우 작은 얼음 조각, 얼린

주스를 입안에 넣어 주거나 차가운 물수건을 이마에 얹어 주면 도움이 된다.

(9) 신장기능

수분섭취가 줄고 혈액순환이 충분하지 않아 소변량이 점차 줄어 전신 혹은 사지에 부종이 있거나 평소보다 현저하게 소변량이 줄면 임종이 임박했음을 나타내는 신호이므로 소변 줄을 꽂아야 할지 의료진에게 의뢰하고 가족에게 관련 사실을 전달한다.

(10) 환경

내가 누구라고 이름을 밝히고 방 밖으로 잠시 나갈 경우 언제까지 돌아오겠다고 이야기하며, 평소에 좋아하는 물건, 사진, 음악을 준비하거나 이마를 가볍게 쓰다듬거나 책을 읽어 주거나 수시로 환기시킴으로써 답답하지 않도록 한다.

(11) 사후(死後)

① 사후 경직

사망 2~4시간 후 신체가 딱딱하게 굳어지면서 경직되므로 사망이 확인되면 두 손을 가슴 위로 모아 신체를 바르게 하고 베개를 높게 하며, 얼굴은 흰 천으로 덮는다.

② 사랭(死冷)

사망 후 몸이 차갑게 되는 과정으로 체온이 시간당 1℃씩 내려간다.

③ 사반

사망 후 시간의 경과에 따라 등이나 둔부에 피부색의 변화가 뚜렷하게 나타난다.

4. 연명의료결정제도

1) 연명의료의 개념

연명의료란, 임종과정에 있는 대상자에게 심폐소생술, 혈액투석, 항암제투여, 인공호흡기착용, 수혈, 혈압상승제투여 등의 의학적 시술로서 치료효과 없이 임종과정의 기간만을 연장하는 것을 의미한다(「연명의료결정법」 제2조제4호).

2) 연명의료결정제도의 개념

연명의료결정제도는 임종 과정에 있는 대상자가 무의미한 연명의료를 시행하지 않거나 중단할 수 있는 기준과 절차를 마련하여 국민이 삶을 존엄하게 마무리할 수 있도록 돕는 제도(2018년 「연명의료결정법」 시행)이며, 최근 웰다잉에 대한 관심이 높아지면서 많이 작성하고 있다.

3) 연명의료결정절차

(1) 연명의료계획서

말기암 또는 임종과정에 있는 대상자는 담당의사에게 연명의료계획서의 작성을 요청할 수 있고 담당의사가 작성한 경우 연명의료는 유보 또는 중단될 수 있으며, 대상자는 언제든지 변경 또는 철회를 요청할 수 있고 이 경우 담당의사는 이를 반영한다.

■ 호스피스 · 완화의료 및 임종과정에 있는 환자의 연명의료결정에 관한 법률 시행규칙 [별지 제1호서식] 〈개정 2023. 7. 31.〉

연명의료계획서

※ 색상이 어두운 부분은 작성하지 않으며, [ ]에는 해당되는 곳에 √표를 합니다. (앞쪽)

등록번호		※ 등록번호는 의료기관에서 부여합니다.	
환자	성명		주민등록번호
	주소		
	전화번호		
	환자 상태 [ ] 말기환자 [ ] 임종과정에 있는 환자		
담당의사	성명		면허번호
	소속 의료기관		
호스피스 이용	[ ] 이용 의향이 있음		[ ] 이용 의향이 없음
담당의사 설명사항 확인	설명 사항	1. 환자의 질병 상태와 치료방법에 관한 사항 2. 연명의료의 시행방법 및 연명의료중단등결정에 관한 사항 3. 호스피스의 선택 및 이용에 관한 사항 4. 연명의료계획서의 작성 · 등록 · 보관 및 통보에 관한 사항 5. 연명의료계획서의 변경 · 철회 및 그에 따른 조치에 관한 사항 6. 의료기관윤리위원회의 이용에 관한 사항	
	확인 방법	위의 사항을 설명 받고 이해했음을 확인하며, 임종과정에 있다는 의학적 판단을 받은 경우 연명의료를 시행하지 않거나 중단하는 것에 동의합니다. [ ] 서명 또는 기명날인 년 월 일 성명 (서명 또는 인) [ ] 녹화 [ ] 녹취 ※ 법정대리인 년 월 일 성명 (서명 또는 인) (환자가 미성년자인 경우에만 해당합니다)	
환자 사망 전 열람허용 여부	[ ] 열람 가능 [ ] 열람 거부 [ ] 그 밖의 의견		

「호스피스 · 완화의료 및 임종과정에 있는 환자의 연명의료결정에 관한 법률」 제10조 및 같은 법 시행규칙 제3조에 따라 위와 같이 연명의료계획서를 작성합니다.

년 월 일

담당의사 (서명 또는 인)

유의사항
1. 연명의료계획서란 「호스피스 · 완화의료 및 임종과정에 있는 환자의 연명의료결정에 관한 법률」 제2조제8호에 따라 말기환자 또는 임종과정에 있는 환자의 의사에 따라 담당의사가 환자에 대한 연명의료중단등결정 및 호스피스에 관한 사항을 계획하여 문서로 작성하는 것을 말합니다. 2. 환자는 연명의료계획서의 변경 또는 철회를 언제든지 요청할 수 있으며, 담당의사는 해당 환자의 요청 사항을 반영해야 합니다.

(2) 사전연명의료의향서

19세 이상 성인은 누구나 신분증을 지참하고 보건복지부가 지정한 사전연명의료의향서 등록기관을 방문하여 상담 후 작성할 수 있고 작성한 사람은 언제든지 그 의사를 변경하거나 철회할 수 있다.

■ 호스피스 · 완화의료 및 임종과정에 있는 환자의 연명의료결정에 관한 법률 시행규칙 [별지 제6호서식] 〈개정 2023. 7. 31.〉

사전연명의료의향서

※ 색상이 어두운 부분은 작성하지 않으며, [ ]에는 해당되는 곳에 √표를 합니다. (앞쪽)

<table>
<tr><td>등록번호</td><td colspan="3"></td><td colspan="2">※ 등록번호는 등록기관에서 부여합니다.</td></tr>
<tr><td rowspan="3">작성자</td><td colspan="3">성 명</td><td colspan="2">주민등록번호</td></tr>
<tr><td colspan="5">주 소</td></tr>
<tr><td colspan="5">전화번호</td></tr>
<tr><td>호스피스 이용</td><td colspan="3">[ ] 이용 의향이 있음</td><td colspan="2">[ ] 이용 의향이 없음</td></tr>
<tr><td rowspan="2">사전연명
의료의향서
등록기관의
설명사항
확인</td><td>설명
사항</td><td colspan="4">1. 연명의료의 시행방법 및 연명의료중단등결정에 대한 사항
2. 호스피스의 선택 및 이용에 관한 사항
3. 사전연명의료의향서의 효력 및 효력 상실에 관한 사항
4. 사전연명의료의향서의 작성 · 등록 · 보관 및 통보에 관한 사항
5. 사전연명의료의향서의 변경 · 철회 및 그에 따른 조치에 관한 사항
6. 등록기관의 폐업 · 휴업 및 지정 취소에 따른 기록의 이관에 관한 사항</td></tr>
<tr><td>확인</td><td colspan="4">[ ] 위의 사항을 설명 받고 이해했음을 확인합니다.</td></tr>
<tr><td>환자 사망 전
열람허용 여부</td><td colspan="2">[ ] 열람 가능</td><td colspan="2">[ ] 열람 거부</td><td>[ ] 그 밖의 의견</td></tr>
<tr><td rowspan="2">사전연명
의료의향서
등록기관
및 상담자</td><td colspan="3">기관 명칭</td><td colspan="2">소재지</td></tr>
<tr><td colspan="3">상담자 성명</td><td colspan="2">전화번호</td></tr>
</table>

본인은 「호스피스 · 완화의료 및 임종과정에 있는 환자의 연명의료결정에 관한 법률」 제12조 및 같은 법 시행규칙 제8조에 따라 위와 같은 내용을 직접 작성했으며, 임종과정에 있다는 의학적 판단을 받은 경우 연명의료를 시행하지 않거나 중단하는 것에 동의합니다.

작성일 년 월 일
작성자 (서명 또는 인)
등록일 년 월 일
등록자 (서명 또는 인)

유의사항

1. 사전연명의료의향서란 「호스피스 · 완화의료 및 임종과정에 있는 환자의 연명의료결정에 관한 법률」 제12조에 따라 19세 이상인 사람이 자신의 연명의료중단등결정 및 호스피스에 관한 의사를 직접 문서로 작성한 것을 말하며, 호스피스전문기관에서 호스피스를 이용하려는 경우에는 같은 법 제28조에 따라 신청해야 합니다.
2. 사전연명의료의향서를 작성하고자 하는 사람은 보건복지부장관이 지정한 사전연명의료의향서 등록기관을 통하여 직접 작성해야 합니다.
3. 사전연명의료의향서를 작성한 사람은 언제든지 그 의사를 변경하거나 철회할 수 있으며, 이 경우 등록기관의 장은 지체 없이 사전연명의료의향서를 변경하거나 등록을 말소해야 합니다.
4. 사전연명의료의향서는 ① 본인이 직접 작성하지 않은 경우, ② 본인의 자발적 의사에 따라 작성되지 않은 경우, ③ 사전연명의료의향서 등록기관으로부터 「호스피스 · 완화의료 및 임종과정에 있는 환자의 연명의료결정에 관한 법률」 제12조제2항에 따른 설명이 제공되지 않거나 작성자의 확인을 받지 않은 경우, ④ 사전연명의료의향서 작성 · 등록 후에 연명의료계획서가 다시 작성된 경우에는 효력을 잃습니다.
5. 사전연명의료의향서에 기록된 연명의료중단등결정에 대한 작성자의 의사는 향후 작성자를 진료하게 될 담당의사와 해당 분야의 전문의 1명이 모두 작성자를 임종과정에 있는 환자라고 판단한 경우에만 이행될 수 있습니다.

5. 종말기 케어 방법

1) 종말기 케어자

(1) 케어자의 자세

① 대상자를 돕기 위함이라는 메시지를 언행으로 보이고 자신을 소개할 때 가까이 다가가 상체를 대상자 쪽으로 기울이면서 인사를 전한다.

② 대상자와 케어자의 눈높이를 평행으로 유지하여 항상 눈을 마주 보며, 대상자가 말을 많이 하게 하고 케어자는 많이 들어 준다.

③ 케어자는 "제가 어떻게 도와드리는 것이 제일 좋으시겠습니까?"와 같이 질문하여 대상자가 존중받는다는 느낌이 되도록 한다.

④ 항상 밝고 건강한 웃음을 선사하며, 대상자가 이야기하기를 거부하고 싫어하더라도 거리를 조금 두고 대상자 옆에 앉아서 조용히 있거나 손을 잡아 준다.

⑤ 대상자는 의식이 없는 순간에도 청력은 남아 있고 많은 것을 느끼고 있다.

(2) 심리적 케어 방법

① 죽을 때까지 자신의 느낌을 표현할 권리가 있음을 인정하고 갑자기 대상자의 태도나 심리상태가 급변하더라도 포용하며, 큰 소리로 울거나 케어자와 의료진에게 불만을 토로하더라도 당황하지 말고 수용해야 한다.

② 심리적 케어의 가장 중요한 태도는 대상자가 어떤 문제를 이야기하더라도 적극적으로 들을 수 있는 자세와 마음의 준비를 하고 감정에 초점을 맞추어 경청하되, 막연하고 안이한 격려는 피하며, 사후에 대한 근심과 불안이 경감되도록 배려해야 한다.

③ 대상자의 심정을 적극적으로 들을 수 있도록 눈높이를 같이하며, 용기를 주도록 가능한 한 옆에 앉아 손을 잡거나 손발을 부드럽게 만지면서 대화한다.

④ 케어자는 많이 듣되, "예 그랬었군요, 참 안 됐습니다, 정말 힘드셨겠습니다, 충분히 이해가 갑니다."로 대상자의 말에 전적으로 공감하고 가족이나 절친한 친구와의 시간을 자주 가질 수 있도록 배려한다.

(3) 신체적 케어 방법

신체적 고통을 가능한 한 제거하고 고통 상태를 의사나 간호사에게 연락하며, 조기에 고통을 줄이도록 노력하고 욕창이 발생하지 않도록 항상 주의 깊게 관찰하며, 연락과 보고를 정확하게 하고 긴급할 경우 조속하게 의사나 간호사에게 협력을 구한다.

(4) 사회적 케어 방법

경제와 가정의 문제, 가족관계, 대인관계, 유산상속 등을 해결하도록 돕고 가족, 특히 배우자가 적극적으로 케어에 협력하고 참가할 수 있도록 배려하며, 서로 감정이 맺혀 있는 가족의 경우 좋은 관계로 회복되도록 돕는다.

(5) 영적 케어 방법

인간은 심리적, 신체적, 사회적, 영적으로 통합된 존재이며, 영적 케어는 인간의 영역, 자아의 능력에서 조화롭게 해결하지 못하는 문제점들을 해결하여 새로운 삶의 의미와 평화를 느끼도록 도와주는 것이다.

(6) 사망 징후 시 케어 방법

① 사망 징후가 있을 때 빨리 의료진, 기관 관계자, 가족에게 알린다.
② 주위를 조용하게 하고 타인이 있을 경우 스크린 등으로 가린다.
③ 시력이 흐려지고 눈에 분비물이 축적되므로 생리식염수를 적셔서 닦아 준다.
④ 입술을 찬물로 적셔 주고 발한이 있을 때는 수건으로 조용히 닦아 준다.
⑤ 불수의적(不隨意的인)인 배뇨와 배변을 하므로 기저귀를 대어 준다.
⑥ 청력은 가장 최후까지 남는 감각이므로 함부로 이야기하지 않는다.
⑦ 환기를 자주 하고 방취제를 사용한다.
⑧ 최후 순간까지 대상자가 품위 있고 인간의 존엄성을 유지하도록 최선을 다한다.

(7) 사후 케어 방법

① 사망자와 주변 정리

사망하면 눈을 감기고 얼굴을 깨끗하거나 흰 천으로 덮으며, 홑이불로 덮고 사후 케어에 참여할 사람만 남는다.

② 청결과 소독

옷을 벗기고 깨끗한 물이나 소독약으로 몸 전체를 씻기며, 욕창이나 상처가 있으면 새 거즈와 붕대로 깨끗하고 간단하게 드레싱한다.

③ 위와 장의 내용물 비우기

필요할 경우 대상자의 하복부를 압박하여 소변과 대변이 배출되도록 하고 배설 잔량이 남으면 기저귀를 채우거나 방수포를 이용하며, 상복부를 눌러 위의 내용물이 나오도록 하고 토물 잔량이 많거나 계속 새면 머리 밑에 방수포를 깔아 둔다.

④ 시트 깔기

코, 귀, 입, 항문, 질의 입구를 솜으로 막고 몸을 감쌀 깨끗한 시트를 깔며, 깨끗한 옷으로 갈아입히고 바른 자세로 눕혀 둔다.

⑤ 몸을 가지런히 하기

입을 다물게 하고 필요하면 붕대로 턱을 감아 고정하며, 두 손은 복부에 올려놓고 흐트러지지 않도록 붕대나 끈으로 고정하며, 두 발을 가지런히 놓아 정렬한다.

⑥ 시트로 시신 감싸기

머리 위로 나와 있는 시트로 얼굴을 덮고 발아래로 나와 있는 시트로 발을 덮으며, 양 옆에 늘어진 시트 중 한 쪽은 몸 아래에 밀어 넣고 반대편에 늘어진 시트로 그 위를 단단히 감싸며, 맨 윗부분은 머리끝부터 발끝까지 덮을 수 있는 시트로 덮고 인적사항, 사망시간, 사망확인자를 기록하여 시트에 붙인다.

⑦ 방 정리와 이송

방 안을 정리하고 필요하면 환기하며, 조심스럽게 영안실로 이송한다.

2) 개별 원조방법

(1) 개별 원조방법의 의의

① 대상자 개인의 존엄에 기초해서 심리적, 사회적 욕구와 문제해결을 원조한다.

② 대상자 가족의 복합적인 문제를 가족과 함께 해결방안을 모색하고 가족의 복지를 증진한다.

(2) 개별 원조의 과정

① 준비 단계

대상자의 고민과 비탄을 경청하고 이해하며, 대상자, 가족, 관계자, 관련기관 등으로부터 정보를 수집하여 대상자의 욕구와 문제를 파악하고 스스로 이해하도록 도와준다.

② 목표설정 단계

수집한 정보를 사례회의를 통해 다각적으로 분석하고 검토해서 대상자의 욕구에 대한 대응, 가족과의 관계조정, 사회자원의 활용 등 가장 적절한 수준의 목표를 설정한다.

③ 원조 단계

설정된 목표달성을 위해 대상자의 욕구나 문제에 부합하는 가장 적절하고 적합한 개입방법을 사용하여 실행에 옮긴다.

④ 사후 평가 단계

종결은 원조의 목표가 달성되었을 때나 대상자의 사망, 전원, 퇴원, 거부 등에 의해 이루어지고 문제가 발생했을 경우 피드백을 통해 원조 과정을 재검토한다.

(3) 개별 원조의 원칙

① 개별화

모든 대상자는 고유한 경험과 특성이 있는 존재이고 다르다는 것을 인식하여 개인별 맞춤형 접근을 통해 대상자의 개별적인 문제를 이해하고 해결하도록 돕는다.

② 의도적인 감정 표현

대상자가 자신의 감정을 자유롭게 표현할 수 있도록 대상자의 감정을 이해하고 공감하며, 이를 통해 대상자가 감정적으로 안정되고 신뢰할 수 있도록 돕는다.

③ 통제된 정서적 관여

대상자의 상황에 감정적으로 관여하되, 그 관여가 지나치지 않도록 조절하는 것, 즉 대상자의 고통에 공감하면서도 전문가로서의 객관성을 유지해야 한다.

④ 수용

대상자의 행동이나 상황을 있는 그대로 무조건 받아들이고 존중함으로써 대상자는 자신을 긍정적으로 인식하고 변화에 대한 동기를 가질 수 있도록 돕는다.

⑤ 비심판적 태도

대상자의 언행에 대하여 옳고 그름을 판단하지 않고 질책하거나 특정한 가치관을 강요하지 않아 대상자가 자유롭게 문제를 논의할 수 있는 환경을 제공한다.

⑥ 자기결정

대상자가 자신의 선택과 행동에 대해 스스로 결정하여 자신의 욕구와 문제를 해결할 수 있도록 돕는다.

⑦ 비밀보장

대상자 개인의 정보를 대상자 승인 없이 제3자에게 공개하지 않아 비밀을 보장함으로써 대상자가 안전하게 자신의 문제를 논의하고 케어자와의 신뢰관계를 유지한다.

3) 집단 원조방법

(1) 집단 원조방법의 의의

치유 전망이 없는 병을 가진 대상자집단, 대상자가 있는 가족집단이나 유족집단, 종말기 케어의 의료팀, 의료직원 및 관계직원집단, 요양시설 케어자집단의 성원 한 사람 한 사람의 사회생활 유지의 기능을 높이고 문제에 효과적으로 대처하도록 원조한다.

(2) 집단 원조의 과정

① 준비기

대상자를 개별적으로 만나 당면 문제에 대한 개별 상담을 하면서 대상자들이 자조 집단을 만들도록 돕고 자조 집단이 만족될 수 있는가를 판단해야 한다.

② 개시기

참가자가 집단원조의 목적에 대해 충분히 인식하고 활동내용을 상황에 따라 유연성 있게 조정해 주며, 기간 등에 대해 서로 이야기하도록 한다.

③ 작업기

활동기간 동안 발생하는 문제를 해결하고 집단성원의 의도나 기대에 어긋나지 않는가 검토하며, 참가자 전원이 만족하고 집단의식을 배양하여 목표를 달성하도록 원조한다.

④ 종결기

집단성원은 자기점검과 평가를 하며, 케어자는 수행한 활동들에 대한 목적이 어느 정도 달성되었는지 확인하고 집단성원의 상호 감정에 대한 토론의 기회를 가지도록 해 준다.

(3) 집단 원조의 원칙

① 집단 내의 개별화

② 집단의 개별화

③ 수용

④ 사회복지사와 집단성원은 목적을 가진 원조 관계

⑤ 집단성원 간의 협력 관계의 촉진

⑥ 필요에 부응한 집단 과정의 변경

⑦ 집단성원의 노력에 부응한 참가

⑧ 문제 해결 과정에 대한 성원 자신의 노력

⑨ 갈등 해결의 경험

⑩ 여러 가지 새로운 경험의 기회

⑪ 제한의 사용

⑫ 목적을 가진 프로그램의 활용

⑬ 계속적 평가

⑭ 집단 지도자(group worker)의 자기 활용

4) 가족 원조방법

(1) 사별 전 가족에 대한 원조

① 가족들이 교대로 대상자 곁에 함께 있을 수 있도록 한다.

② 가족을 위해 최선을 다했고 가족 모두 자랑스럽게 생각했음을 알려 준다.

③ 친지나 지인의 방문을 허용하고 조용한 분위기에서 좋은 시간을 보낸다.

④ 집 안의 행사가 있다면 간단한 이벤트를 준비한다.

⑤ 의사소통이 가능할 때 사진이나 동영상을 촬영하도록 한다.

(2) 사별 후 가족에 대한 원조

① 신경이 날카롭거나 생각 없이 차분하게 반응하는 등 애도반응이 다르다.

② 때때로 의료진 또는 케어자에게 분노를 할 수 있다.

③ 마음의 아픔을 들어줄 친구, 가족, 일기, 글쓰기 등이 필요하다.

④ 부드럽게 대하고 스스로 잘 돌볼 수 있도록 격려한다.

⑤ 우울증이 심하거나 애도 반응이 1개월 이상되면 심리상담을 권유한다.

(3) 가족이 대처할 과업

사망자의 속박에서 벗어나고 가족 구조와 역할을 재조정하며, 다른 체계와의 새로운 관계를 확립한다.

(4) 유가족을 위한 실제적인 케어 방법

고인에 관한 슬픔을 충분히 표현하도록 격려하면서 경청하고 마음속의 감정을 억제하지 않으면서 표현할 수 있도록 격려하며, 심부름, 음식 준비, 어린아이 돌보기와 같은 실제적인 도움뿐만 아니라 상실의 슬픔이 가실 때까지 전화, 방문, 편지 등으로 유가족과 지속적인 접촉을 갖는다.

PART 2

실버케어의 실무

Chapter 09

기본 케어 기술

1. 케어 기술
2. 케어자의 직업윤리 원칙
3. 의사소통
4. 기록
5. 보고

Chapter 09

기본 케어 기술

1. 케어 기술

1) 케어 기술의 개념

케어 기술이란, 케어의 방법, 즉 대상자의 욕구와 문제를 해결하기 위한 지식과 이론의 습득을 실제 케어현장에서 적용하는 실천이므로 대상자에게 구체적이고 적합한 기술로 안전하고 안락하며, 정확하고 능숙하게 실천해야 대상자의 고통을 완화시켜 좋은 결과를 초래한다. 케어 기술은 정확한 방법과 기법을 알고 반복하여 숙련해야 효과를 높일 수 있으며, 현재 케어자로 종사하고 있더라도 항상 최근의 케어 기술에 관한 지식을 배우고 숙련을 위해 노력해야 한다.

2) 케어 기술의 기본 가치

'대상자를 어떻게 받아들이고 이해하는가, 어떻게 원조하면 더 인간답게 살 수 있을까?' 를 항상 생각하면서 케어 방법을 강구하기 위해 케어자가 꼭 갖추어야 할 지식, 기술, 태도를 학습하고 체득하는 자세가 필요하다. 케어 기술의 적용 대상이 인간이라는 것은 의지와 욕구가 있음을 의미하고, 최종 목표는 대상자가 원하는 생활을 원조하는 것임을 명확히 하며 대상자를 인격체로 존중할 때, 비로소 상호 신뢰하는 인간관계를 기초로 한 케어 기술의 적용에 필수적인 요건이 된다.

3) 케어 기술의 원칙

(1) 자기결정권의 존중

어떠한 상황이더라도 대상자를 어린아이 취급하지 않고 대상자의 의지를 존중하여 어디서 어떻게 케어를 받고 싶은가를 스스로 결정하도록 하는 것이다.

(2) 계속성의 존중

대상자는 다양한 변화에 대한 적응력이 저하되어 있어서 갑자기 환경이 바뀌면 몸과 마음 모두가 부담되어 병이 악화되므로 케어가 더 필요하더라도 가능한 한 지금까지의 생활이 계속 유지될 수 있도록 배려하는 것이 중요하다.

(3) 잔존능력의 활용

모든 것을 다 해 주는 것이 아니라 가능한 한 자신이 하도록 하여 자립을 도우며, 어떤 역할을 갖도록 하면 대상자는 누군가에게 도움이 되고 있다는 자신감과 삶의 보람을 갖게 된다.

2. 케어자의 직업윤리 원칙

1) 직업윤리

직업윤리란, 개인의 자질이나 능력에 관계없이 직업인으로서 마땅히 지켜야 하는 도덕적 가치관으로 사회적으로 요구되는 행동 규범을 말하며, 사람을 대상으로 하는 케어자는 도덕성을 바탕으로 한 사명감과 직업정신, 공동체 의식, 공정한 경쟁윤리 등과 같은 인간의 생명을 존중하는 윤리의식이 필요하다.

2) 직업윤리 원칙

① 인종, 연령, 성별, 성격, 종교, 경제적 지위, 정치적 신념, 신체·정신적 장애, 기타 개인적 선호 등을 이유로 대상자를 차별 대우하지 않는다.

② 대상자의 인권을 옹호하고 자기결정을 최대한 존중한다.

③ 지시에 따라 업무를 성실히 수행하고 업무의 경과와 결과를 즉시 보고한다.

④ 효율적이고 효과적이며, 안전한 업무수행을 위해 지속적으로 지식과 기술을 습득한다.

⑤ 옷, 머리, 손발톱은 깔끔하고 단정하게 하고 반지, 시계, 액세서리, 향수, 매니큐어는 사용하지 않으며, 신발은 굽이 낮거나 평평한 것으로 하고 소리가 나지 않는 등 복장 및 외모, 자기 관리를 철저하게 한다.

⑥ 업무수행 시 항상 친절한 태도로 예의 바르게 행동한다.

⑦ 대상자의 사생활을 존중하고 업무상 알게 된 개인 정보를 비밀로 유지한다.

⑧ 업무와 관련하여 대상자의 가족, 의사, 간호사 등과 적극적으로 협력한다.

⑨ 대상자에게 신체적, 언어적, 정서적 학대, 방임 및 유기를 해서는 안 되고 학대가 의심되거나 발견하면 반드시 1577-1389 또는 112로 신고해야 한다.

⑩ 대상자로부터 서비스에 대한 물질적 보상, 즉 차 한 잔도 받지 않는다.

⑪ 대상자와 함께하는 상호 대등한 관계, 즉 똑같은 사람임을 인식해야 한다.

3. 의사소통

1) 의사소통의 개념

의사소통이란, 둘 또는 그 이상의 사람 사이에 사실, 생각, 의견 또는 감정을 교환하여 공통적인 이해를 하고 듣는 사람의 의식, 태도, 행동에 변화를 일으키는 일련의 과정, 즉 두 사람 이상의 관계에서 일어나는 의미의 공유 내지 전달 과정이다.

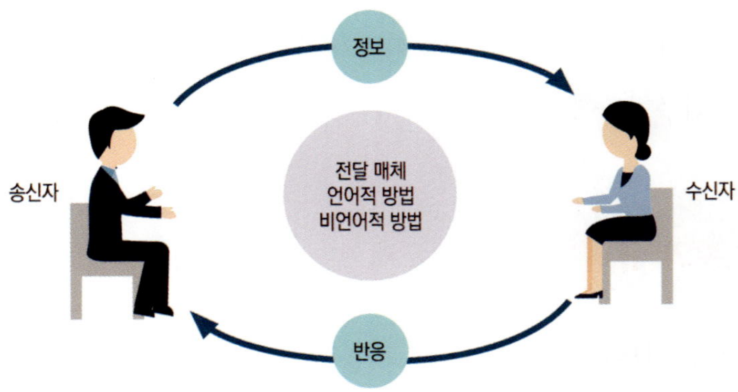

출처: 요양보호사양성표준교재.

2) 의사소통의 필요성

(1) 대상자 및 가족과의 신뢰 관계 형성에 도움을 준다.

케어자는 대상자, 가족과의 원활한 의사소통으로 신뢰를 쌓아 갈 수 있다.

(2) 서비스에 필요한 정보를 원활하게 수집할 수 있다.

대상자와 가족의 욕구나 문제를 정확하게 파악하는 정보수집이 중요하다.

(3) 대상자를 깊이 이해하고 서비스의 질을 향상할 수 있다.

대상자의 상태에 맞는 의사소통 기술을 습득하여 원활하게 소통하면 대상자를 더 깊이 이해할 수 있고 이를 바탕으로 질 높은 서비스를 제공할 수 있다.

(4) 생각과 감정을 효과적으로 표현하여 좋은 관계를 형성할 수 있다.

대상자, 가족, 동료 등과 긴밀한 관계를 유지하기 위해 생각과 감정을 효과적으로 표현하면 서로에 대한 공감을 높이고 좋은 관계를 형성할 수 있다.

(5) 타 전문직과 원활한 업무협조에 도움이 된다.

케어자, 사회복지사, 간호사, 물리치료사 등 다양한 분야의 전문가와 원활한 의사소통은 업무협조에 도움뿐만 아니라 서비스의 향상으로 이어진다.

3) 의사소통의 유형

(1) 언어(공식)적

언어는 사람의 생각이나 감정을 말이나 글로 전달하는 의사소통방법이며, 말의 강도, 억양, 속어, 방언 등에 따라 오해가 있을 수 있으므로 의사소통할 때 명확하고 이해하기 쉬운 용어를 사용하고 비언어적 표현을 적절히 병행하여 사용해야 한다.

(2) 비언어(비공식)적

비언어적 의사소통에는 옷차림, 외양, 자세, 침묵, 얼굴표정, 손짓, 눈짓, 눈물, 몸짓, 씰룩거림, 으쓱거림, 눈맞춤, 어조, 말투, 목소리와 웃음소리 크기 등이 있고 언어적 의사소통보다 더 효과적으로 활용되므로 평소 대상자를 잘 관찰해 두며, 모든 의사소통에 존재하고 감정적, 정서적 부분이 크게 작용한다.

구 분	바람직한 태도	바람직하지 않은 태도
얼굴표정	따뜻, 배려, 다양하며 생기, 적절하게 짓는 미소, 자연스런 입모양	눈썹 치켜 세우기, 입술을 깨뭄, 하품, 꽉 다문 입, 지나친 끄덕임
자세	팔과 손을 자연스레 놓음, 편안한, 대상자 향해 약간 기울임, 관심	팔짱, 계속 손 움직임, 비껴 앉음, 손가락 지적, 입에 손과 손가락 댐
눈맞춤	대상자와 같은 눈높이, 적절한 시선의 움직임	눈 마주 피함, 시선 한곳에 고정, 대상자보다 높거나 낮은 눈높이
어조	온화하거나 크지 않는 목소리, 분명한 발음, 적절한 말속도, 대상자의 느낌과 정서에 반응하는 어조	우물댐, 작고 높고 들뜬 목소리, 주저하는 어조, 잦은 문법적 실수, 긴 침묵, 신경질적인 웃음, 헛기침

출처: 요양보호사양성표준교재.

4) 의사소통의 원칙

(1) 대상자를 개인으로 파악한다(개별화).

대상자의 생활 욕구나 생활과제 등이 다른 대상자와 같다고 하더라도 그 욕구가 나타나게 된 배경이나 생활환경 등은 각각 다르므로 그와 관련된 배경과 생활환경 등을 분석하고 이해해야 한다.

(2) 대상자의 감정표현을 존중한다(의도적 감정표현).

대상자가 상담을 받을 때 다양한 감정이 생긴다는 것을 잘 이해하고 감정을 쉽게 표현할 수 있는 분위기를 만들어 대상자의 감정을 정확하게 파악해야 한다.

(3) 자신의 감정을 자각하고 조절한다(통제된 정서적 관여).

대상자의 이야기를 들으면 여러 가지 감정이 생기므로 자신을 뒤돌아보거나 동료 케어자에게 원조를 받아 자신의 감정이 어떻게 변화되는지 올바로 파악하고 감정을 적절히 조절하면서 대상자의 이야기에 귀를 기울여야 한다.

(4) 받아들인다(수용).

대상자 또는 타인에게 해를 주지 않는다면 대상자의 생각이나 행동에 대한 편견을 버리고 받아들이며, 왜 그런 생각이나 행동을 했는지에 대해 깊이 이해하도록 한다.

(5) 대상자를 일방적으로 비난하지 않는다(비심판적 태도).

대상자가 어떤 일에 실패하거나 부적절한 말과 행동을 하는 경우 대상자의 인격이나 가능성 등을 부정적으로 판단하거나 일방적으로 질책해서는 안 된다.

(6) 대상자의 자기결정을 돕고 존중한다(자기결정).

대상자가 결정한 내용이 자신 또는 타인에게 해를 주지 않고 공공복지에 위반되지 않는다면 대상자의 능력이나 내용의 타당성을 결정하는 데 필요한 정보를 제공한다.

(7) 비밀을 유지하여 신뢰를 쌓는다(비밀유지).

대상자의 생년월일, 주소, 출신지, 연락처, 가족, 병명과 대상자가 말하거나 기록한 내용을 대상자의 허락 없이 제3자에게 공개하지 않으면 신뢰관계가 형성된다.

5) 효과적인 의사소통 방법

(1) 라포 형성

라포(Rapport)란, 마음의 유대, 서로의 마음이 연결된 상태, 즉 두 사람 사이의 상호신뢰 관계를 나타내며, 라포가 형성되면 '무슨 일이라도 털어놓고 말할 수 있다, 충분히 이해할 수 있다, 공감한다, 함께 있다.'라는 느낌을 갖게 된다.

(2) 경청

경청이란, 단순히 잘 듣는 것이 아니라 상대방이 말하려고 하는 의미를 잘 파악하고 상대방의 입장에서 이해하는 것이며, 좋은 경청자가 되기 위해서는 상대방에게 집중할 수 있는 훈련이 필요하다.

(3) 공감

공감이란, 상대방이 하는 말을 상대방의 관점에서 이해하고 감정을 함께 느끼며, 자신이 느낀 바를 전달하는 것, 즉 상대방의 말에 귀를 기울여 그 말을 요약해서 다시 옮기는 것뿐이지만, 문제의 상황에서 대화를 지속시키고 문제를 지닌 당사자가 스스로 해결책을 찾도록 하는 데 아주 효과적이다.

(4) 말하기

말하기란, 자신의 느낌과 생각을 효과적으로 표현함으로써 상대방과 원활히 대화하는 것, 즉 자신의 진심이 상대방에게 전해지고 상대방의 진심도 나에게 전달되어 서로 합의점을 찾아가는 것이며, 나-전달법은 상대방의 행동이 나에게 미친 영향에 초점을 맞추는 반면, 너-전달법은 상대방의 행동에 비난, 비평의 의미이다.

(5) 침묵

침묵은 케어자와 대상자에게 생각을 정리할 시간을 주고 대상자에게 말할 수 있는 용기를 주지만, 침묵을 어떻게 받아들이느냐에 따라 효과가 달라진다.

6) 의사소통 장애가 있는 경우

(1) 노인성 난청

다른 사람이 자신을 속인다고 의심하고 의사소통에 소극적이며, 목소리 크기나 높이 조절이 잘 안 되어 큰 소리로 말을 하므로 정면에서 천천히, 차분하게, 밝은 방에서 입 모양을 볼 수 있도록 시선을 맞추면서 말한다.

(2) 시각장애

상대의 존재, 위치, 표정, 문자 등을 알아보기 어려워 청각, 촉각, 후각 등으로 대상물을 인지하므로 지시대명사를 사용하지 않고 사물의 위치를 시계방향으로 설명하며, 보행의 경우 케어자가 반보 앞으로 나와 대상자의 팔을 끄는 듯한 자세가 좋다.

(3) 언어장애

말을 알아듣기는 하나 할 수 없거나 잊어버린 경우이므로 소음이 있는 곳을 피하고 대상자의 얼굴과 눈을 응시하면서 천천히 말하며, 실물, 그림판, 문자판,

눈을 깜빡이거나 고개 끄덕이기, 손짓이나 손에 힘을 주는 등으로 의사를 표현하게 한다.

(4) 치매로 인한 장애

아무것도 모른다, 어차피 잊어 버린다로 자존감을 떨어뜨리지 않으며, 혼란, 불안, 초조감이 있음을 이해하고 대상자 속도에 맞추기, 이해하기 쉬운 단어로 간결하게 전달하기, 말보다 감정표현하기, 알거나 할 수 있는 것으로 사람다움을 소중히 하기, 손과 어깨 등을 부드럽게 스킨십 자주 하고 시선은 같은 눈높이가 되도록 맞춘다.

7) 의사소통의 태도

(1) **평가적 태도:** 상대방에 대한 선악 등 판단을 내리는 것
(2) **해석적 태도:** 상대방의 호소에 일방적인 이유를 붙이는 것
(3) **조사적 태도:** 상대방을 배려하지 않고 사적인 것을 탐문하는 것
(4) **도피적 태도:** 상대방의 불안 등에 대해 받아들이는 것을 피하는 것
(5) **지지적 태도:** 상대방의 행동이나 생각을 인정하고 지지하는 것
(6) **공감적 태도:** 상대방의 입장이 되어 이해하도록 노력하는 것

케어자는 대상자가 말하고 싶은 내용을 자연스럽게 말할 수 있는 분위기를 조성하는 지지적 태도와 공감적 태도가 바람직하다.

4. 기록

1) 기록의 개념

대상자에게 제공한 서비스의 과정과 결과, 즉 사실이나 중요한 사항을 사람들에게 전달하기 위해 기술한 것이며, 기록을 어려워하는 이유는 글을 쓰는 것 자체에 대한 부담, 업무 부담, 기록할 시간의 부족, 기록하는 방법에 대한 이해 부족이다.

2) 기록의 목적

(1) 질 높은 서비스를 제공하는 데 도움이 된다.

전문적이고 체계적인 기록은 제공된 서비스를 점검하고 서비스의 효과를 평가하여 서비스의 질을 높이는 데 기여한다.

(2) 케어자의 활동을 입증할 수 있다.

서비스의 과정과 결과를 기록해 두면 어떤 서비스를 어떻게 제공했는지 케어자의 활동을 객관적으로 입증할 수 있어서 법적 문제가 발생할 때 중요한 자료로 활용된다.

(3) 서비스의 연속성을 유지할 수 있다.

담당자의 휴가, 부서 이동, 사직 등으로 인하여 다른 케어자에게 인수계하거나 다른 기관에 서비스를 의뢰할 경우 그 동안의 기록이 있으면 원활하게 연계할 수 있다.

(4) 시설장 및 관련 전문가에게 중요한 정보를 제공한다.

시설장, 사회복지사, 간호사, 물리치료사 등 다양한 직종의 전문가는 케어자가 기록한 정보를 바탕으로 서비스 내용 및 방법 등을 점검하고 평가하는 데 활용한다.

(5) 서비스의 내용과 방법에 대한 지도와 관리에 도움이 된다.

케어자가 제공한 서비스의 내용과 방법이 적절했는지에 대해 관리자로부터 지도와 관리를 받을 때 도움이 된다.

(6) 가족과 정보공유를 통해 의사소통을 원활하게 한다.

서비스 내용에 대한 정확하고 성실한 기록은 가족에게 신뢰감을 줄 수 있고 가족과 정보를 공유함으로써 의사소통을 한층 더 원활히 할 수 있으며, 케어자의 전문성을 향상하는 데 도움이 된다.

(7) 서비스의 표준화와 케어자의 책임성을 높인다.

서비스에 대한 정형화된 기록은 기관에서 제공하는 서비스를 표준화하는 데 도움이 되며, 아울러 케어자의 책임성을 높인다.

3) 기록의 원칙

(1) 사실을 있는 그대로 기록한다.

케어자의 판단, 생각, 의견, 상황묘사 등에서 주관적인 내용은 피하고 객관적인 사실 그대로 작성하며, 판단과 사실을 혼동하지 않도록 주의해야 한다.

(2) 육하원칙을 바탕으로 기록한다.

정확한 시간과 기록자를 명시하고 누가, 언제, 어디서, 무엇을, 어떻게, 왜 하였는지 육하원칙에 따라 필요한 사항을 빠뜨리지 않고 정확하게 기록하는 것이 중요하다.

(3) 서비스의 과정과 결과를 정확하게 기록한다.

무엇을 어떻게 하였는지, 대상자는 어떻게 반응하였는지, 과정과 결과를 정확하게 기록하여 케어자의 활동과 효과를 입증할 수 있도록 서비스 중심으로 기록한다.

(4) 기록을 미루지 않고 그때그때 신속하게 작성한다.

기록은 가능한 한 빠른 시간 내에 기억이 확실할 때 시간의 흐름 순서에 따라 케어자가 한 일과 대상자에게 일어난 변화에 초점을 두어 작성한다.

(5) 공식화된 용어를 사용한다.

문장은 의미가 분명하게 전달될 수 있도록 해야 하며, 사투리나 맞춤법에 어긋나는 표현이 없어야 한다.

(6) 간단명료하게 기록한다.

장황하고 우회적으로 표현하지 말고 초점이 분명하며, 간결하고 알기 쉽게 작성하여야 한다.

(7) 기록자를 명확하게 한다.

기록을 정정할 때는 지우거나 덧칠을 하지 말고 밑줄을 긋고 빨간 펜으로 정정하며, 기록자는 반드시 서명을 하여 책임소재를 확실히 할 필요가 있다.

(8) 애매한 표현은 피하고 구체적으로 기록한다.

많이는 ○장 또는 ○킬로미터로, 오랜만에는 ○년 만에 또는 ○일 만에로, 상태가 심하다는 피부박리 5cm×8cm로 기록한다.

4) 기록의 주의 사항

(1) 개인정보보호

기록은 서비스와 관련된 사람만 열람하고 제3자에게 노출되어서는 안 되며, 외부로 반출하지 않고 회의 등을 위해 자료를 배포할 경우 회의 종료 후 반드시 회수하며, 잠금장치가 되어 있는 장소에 보관하고 관리책임자를 정해 둔다.

(2) 비밀유지

업무상 알게 된 정보에 대해서는 외부에 유출하지 않도록 특별히 조심하며, 기록을 아무나 열람하지 못하도록 철저하게 보관하여 비밀을 유지한다.

(3) 사생활 존중

문제해결을 위한 목적이라고 하더라도 대상자나 가족이 승인하지 않은 정보는 기록해서는 안 되며, 대상자의 사생활을 존중하기 위하여 서비스와 직접 관련이 없는 정보를 기록해서는 안 된다.

5) 기록의 종류

장기요양인정신청과정에서 장기요양인정신청서와 의사소견서, 국민건강보험공단에서 장기요양인정서, 개인별 장기요양이용계획서, 장기요양기관에서 장기요양급여계약통보서, 장기요양급여 제공계획서, 장기요양급여비용명세서, 장기요양급여 제공기록지 등은 법정 서식이다.

구 분	주요 기록	관련 직종	
		케어 종사자	타 전문직
급여제공계획서	서비스의 목표, 내용, 횟수, 비용 등		○
급여제공기록지	서비스 제공내용, 시간, 특이사항 등	○	○
상태기록지	섭취, 배설, 목욕, 체위 변경 등 상태	○	○
사고보고서	사고의 배경, 내용, 경과, 결과 등	○	○
인수인계서	수급자명, 급여제공내용, 유의 사항 등	○	○
상담일지	상담배경, 내용, 결과 등		○
욕구사정	대상자, 보호자, 케어자 등		○
업무수행일지	대상자 방문 시 각종 상담내용		○
사례회의록	사례회의 검토내용 및 결과		○
간호일지	대상자 상태평가 및 간호처치		○

출처: 요양보호사양성표준교재.

(1) 공문서

함께하는 공정사회! 더 큰 희망 대한민국!

행정안전부

수신 수신자 참조(문서관리업무담당과장)
(경유)
제목 **「행정 효율과 협업 촉진에 관한 규정」 일부개정령안 입법예고 알림**

「행정 효율과 협업 촉진에 관한 규정」 일부 개정령안의 입법 예고가 20○○.○○.06.자 관보, 행정안전부 홈페이지(www.mois.go.kr)를 통해 실시되고 있음을 알려드립니다.

붙임 「행정 효율과 협업 촉진에 관한 규정」 일부개정령안 1부. 끝.

행정안전부장관

수신자 서울특별시장, 부산광역시장, 대구광역시장, 인천광역시장, 광주광역시장, 대전광역시장, 울산광역시장, 경기도지사, 강원도지사, 충청북도지사, 충청남도지사, ……………………

행정사무관 **홍○○** 서기관 **박○○** 행정제도과장 전결 2019. 11. 27. **하○○**

협조자
시행 행정제도과-283(2019. 11. 27.) 접수
우 03171 서울특별시 종로구 세종대로 209(정부중앙청사 11층 1104호) / http://www.mois.go.kr
전화번호 (02)2100-3421 팩스번호 (02)2100-3459 / nj5223@moi.go.kr / 대국민공개

출처: 이재용 외(2019).

(2) 장기요양급여 제공계획서

장기요양기관은 장기요양인정서와 개인별장기요양이용계획서를 바탕으로 서비스의 목표, 내용, 횟수, 비용 등이 포함된 급여제공계획서를 작성한다.

(○)월 (○○○○) 계획서

담당자: 이 ○ ○ (인)
작성자: 이 ○ ○ (인)

<table>
<tr><td>성취목표</td><td colspan="5">1. 자신의 욕구를 표현할 수 있다.
2. 다양한 화폐의 기능을 익힐 수 있다.
3. 다양한 문화를 체험할 수 있다.
4. 생활인간의 유대관계를 형성한다.</td></tr>
<tr><td>목표횟수</td><td colspan="2">4회</td><td>장 소</td><td colspan="2">피복창고, 생활관, 팔공타운 내</td></tr>
<tr><td>대 상 자
(월참여)</td><td colspan="5">강○○ 외 39명(40명 × 4회 = 160명)</td></tr>
<tr><td>진 행 자</td><td colspan="5">이○○, 박○○, 김○○, 권○○, 류○○, 한○○, 권○○, 구○○, 유○○(총9명)</td></tr>
<tr><td>시 행 주</td><td colspan="4">내 용</td><td>비 고</td></tr>
<tr><td>1주</td><td colspan="4">– 사물함 정리
: 개별물품 정리하는 방법을 익히고 스스로 정리하기
– 용의점검
: 손톱과 발톱을 청결하게 하고 단정한 용모 가꾸기</td><td></td></tr>
<tr><td>2주</td><td colspan="4">– 원내산책
: 주변의 환경을 둘러보고 산책하여 건강유지하기
– 용돈쓰기
: 지역사회의 다양한 문화를 체험하여 사회적응능력을 향상시키기</td><td></td></tr>
<tr><td>3주</td><td colspan="4">– Tea Time 및 이야기시간
: 차를 마시면서 개별욕구를 파악하고 서로 간의 안부인사 나누기
– 용의점검
: 손톱과 발톱을 청결하게 하고 단정한 용모 가꾸기</td><td></td></tr>
<tr><td>4주</td><td colspan="4">– 사물함 정리
: 개별물품 정리하는 방법을 익히고 스스로 정리하기
– 용돈쓰기
: 지역사회의 다양한 문화를 체험하여 사회적응능력을 향상시키기</td><td></td></tr>
<tr><td rowspan="4">소요예산</td><td>항 목</td><td>금 액</td><td colspan="2">산출내역</td><td>비고</td></tr>
<tr><td>용 돈</td><td>210,000</td><td colspan="2">3,000 × 35명 × 2회</td><td></td></tr>
<tr><td>용 돈</td><td>50,000</td><td colspan="2">5,000 × 5명 × 2회</td><td></td></tr>
<tr><td>합 계</td><td colspan="3">일금이십육만원정(₩260,000)</td><td></td></tr>
</table>

출처: 자유재활원(2025).

(3) 장기요양급여 제공기록지

대상자에게 제공한 서비스의 내용과 시간, 특이사항을 기입한 것이며, 수기로 작성하는 방법과 무선주파수인식기술(RFID)을 이용한 재가급여전자관리시스템 방법이 있다.

■ 노인장기요양보험법 시행규칙 [별지 제16호서식] 〈개정 2019. 9. 27.〉

장기요양급여 제공기록지(시설급여/단기보호)

(앞쪽)

수급자명	생년월일	장기요양등급	장기요양인정번호	침실 호(실)
장기요양기관명		장기요양기관기호		

수급자 상태	□ 와상 □ 준와상 □ 자립	□ 치매 □ 중풍 □ 고혈압 □ 당뇨 □ 관절염 □ 기타 ( )
	□ 기관지절개관 □ 틀니(부분/전체) □ 비위관(鼻胃管, L-tube) □ 고정소변배출관(유치도뇨관) □ 방광루 □ 요루(요도샛길) □ 장루(창자샛길) □ 기저귀 □ 욕창(부위 :) □ 욕창방지 보조도구( )	

( )년 월/ 일			/	/	/
신체활동지원	세면, 구강청결, 머리감기, 몸단장, 옷 갈아입기 도움 등		□	□	□
	목욕		□( )	□( )	□( )
	식사	종류	① 일반식 ② 죽 ③ 유동식(경관식)	① 일반식 ② 죽 ③ 유동식(경관식)	① 일반식 ② 죽 ③ 유동식(경관식)
		섭취량	① 1 ② 1/2이상 ③ 1/2미만	① 1 ② 1/2이상 ③ 1/2미만	① 1 ② 1/2이상 ③ 1/2미만
	체위변경 (2시간마다)		□	□	□
	화장실이용하기 (기저귀 교환)		회	회	회
	이동도움 및 신체기능유지 · 증진		□	□	□
	산책(외출) 동행		□ 산책 / □ 외출	□ 산책 / □ 외출	□ 산책 / □ 외출
	특이사항				
	작성자 성명		(서명)	(서명)	(서명)
인지관리 및 의사소통	인지관리 지원		/	/	/
	의사소통도움 등 말벗, 격려		□	□	□
	특이사항		□	□	□
	작성자 성명		(서명)	(서명)	(서명)
건강 및 간호관리	혈압/체온		/	/	/
	건강관리 (분)		□	□	□
	건강관리 (분)		□	□	□
	기타(응급서비스)		□	□	□
	특이사항				
	작성자 성명		(서명)	(서명)	(서명)
기능회복훈련	신체 · 인지기능향상 프로그램				
	신체기능, 기본동작, 일상생활동작훈련		□	□	□
	인지 · 정신기능훈련		□	□	□
	물리(작업)치료		□	□	□
	특이사항				
	작성자 성명		(서명)	(서명)	(서명)
수급자의 입 · 퇴소시간, 외박 및 복귀시간, 외출시간					

(4) 상태기록지

장기요양기관에 따라 양식과 명칭, 내용은 조금씩 다르며, 배변, 목욕, 식사섭취, 수분섭취, 체위 변경, 외출 등의 상태 및 제공 내용을 기록하는 것이다.

일자	월 일	수급자			작성자	
구분	신체기능	인지기능	식사기능	수면상태	건강상태	배변변화
변화상태	1 호전 2 유지 3 악화	1 호전 2 유지 3 악화	1 호전 2 유지 3 악화	1 호전 2 유지 3 악화	1 호전 2 유지 3 악화	대변 실수 ______회 소변 실수 ______회
특이사항						

체위 변경 기록지

20○○년 ○○월 ○○일 수급자:

체위 1	체위 2	체위 3	체위 4	체위 5

왼팔이 밑으로 누운 자세	똑바로 누운 자세	오른팔이 밑으로 누운 자세	휠체어 타고 앉은 자세	침상에서 앉은 자세

시간	일		일		일		일		일		일		일	
	체위	서명	체위	서명	체위	서명	체위	서명	체위	서명	체위	서명	체위	서명
9:00														
10:00														
11:00														
12:00														
13:00														
14:00														
15:00														

(5) 사고보고서

관리책임자 또는 케어자가 작성하며, 사고가 발생한 시점에서 시간의 흐름에 따라 사고의 내용, 경과, 결과에 대해 정확하게 기록하여야 한다.

사고보고서

결재	담 당	팀 장	사무국장	원 장

<table>
<tr><td rowspan="6">사고개요</td><td>사고 분야</td><td>거주인 타박상</td></tr>
<tr><td>성 명</td><td>화합관 거주인 박○○</td></tr>
<tr><td>사고일시</td><td>20○○. ○○. ○○(일) 16:30경</td></tr>
<tr><td>사고 장소</td><td>3호방 화장실 문</td></tr>
<tr><td>피해 상황</td><td>좌측 발등 부위 타박상 및 부종</td></tr>
<tr><td>사고원인</td><td>화를 내면서 3호방 화장실 문을 발로 3차례 과격</td></tr>
<tr><td colspan="2">사고내용</td><td>– 사고 경위 및 내용
○○. ○○(일) 16:30경 교사에게 좌측 발 통증을 호소하고 다리를 절뚝거려 확인하니 타박상 및 부종의 증상이 있음. 의료팀에 즉시 보고하고 원인파악을 위해 다친 이유를 물어보았으나, 대답하지 않아 옆에 있던 같은 방의 장○○ 거주인에게 물어보니 오전에 화를 내면서 3호방 화장실 문을 발로 3차례 과격하는 모습을 목격하였다고 상황을 설명함.</td></tr>
<tr><td colspan="2">현재까지의 조치사항</td><td>– 움직임을 최소화하고 이동 시 엘리베이터 이용
– 병원에서 깁스 조치하였고 1주일 후 병원 진료 예정</td></tr>
<tr><td colspan="2">향후 조치계획</td><td>– 걷는 것 자제하고 이동 시 엘리베이터 이용
– 생활관 회의를 통해 전체 교사 공유</td></tr>
<tr><td colspan="2">비 고</td><td></td></tr>
</table>

출처: 자유재활원(2025년).

(6) 인수인계서

케어자가 퇴직, 휴직 등으로 인하여 업무를 그만둘 때 관리책임자 또는 케어자가 작성하며, 인수인계서는 수급자명, 급여제공내용, 유의 사항 등이 포함된다.

인수인계서

1. 업무 현황
   1) **대상자:** 이○○ 생활장(강○○, 김○○, 박○○, 이○○, 천○○)
   2) **프로그램**
      ① 자기관리(생활관 자체): 윤○○ 생활감
      ② 동아리 활동(합창부): 강○○ 교사
      ③ 당아리 활동(음악부): 강○○ 교사
   3) **후원담당:** 윤○○ 생활감(후원자 개발과 관리, 대상자 개별통장 관리 등)
   4) **시설담당:** 강○○ 교사(비품과 물품관리, 생활관 시설관리, 회의 참여 등)

2. 진행사항
   1) **대상자:** 개별관찰일지, 누가기록, 상담일지 작성 중
   2) **시설담당:** 시설물수리요청 및 확인, 소모품수령 및 확인

3. 대상자 현안사항과 문제점
   1) **강○○:** 생활관 무단 이탈, 동료 대상자에게 지나친 간섭과 폭력적 행동
   2) **천○○:** 고의적인 방뇨와 방변, 창 밖으로 물건 던지는 행동
   3) **김○○:** 관심유도를 위해 신체 통증 호소 및 고의적인 자해 행동

4. 자료
   컴퓨터에 저장: 개별관찰일지, 상담일지, 프로그램 결과보고서

위와 같이 인수인계합니다.

20○○년 ○○월 ○○일

인계자	김○○	(서명)
인수자	이○○	(서명)
	윤○○	(서명)
	강○○	(서명)
입회자	이○○	(서명)
확인자	박○○	(서명)

출처: 자유재활원(2025).

(7) 프로그램 관리자 및 사회복지사 업무수행 일지

방문요양서비스를 제공하는 중에 관리자가 수급자의 신체, 인지, 영양 상태와

질병, 의사소통, 가족 및 환경 등을 욕구사정하고 보호자와 상담하여 급여제공 계획을 수립한다.

[별지 제24호서식] (앞쪽)

프로그램 관리자 및 <u>사회복지사</u> 업무수행 일지

<table>
<tr><td rowspan="2">수급자
성명</td><td rowspan="2"></td><td rowspan="2">장기요양
등급</td><td rowspan="2"></td><td rowspan="2">장기요양
인정번호</td><td rowspan="2"></td><td>수급자(보호자)
성명(인)</td><td></td></tr>
<tr><td>관리책임자
성명(인)</td><td></td></tr>
</table>

<table>
<tr><td rowspan="7">욕구사정</td><td colspan="2">① 신체상태</td><td></td></tr>
<tr><td colspan="2">② 질병</td><td></td></tr>
<tr><td colspan="2">③ 인지상태</td><td></td></tr>
<tr><td colspan="2">④ 의사소통</td><td></td></tr>
<tr><td colspan="2">⑤ 영양상태</td><td></td></tr>
<tr><td colspan="2">⑥ 가족 및 환경</td><td></td></tr>
<tr><td colspan="2">종 합</td><td></td></tr>
<tr><td rowspan="3">급여제공
계획</td><td colspan="2">급여목표</td><td></td></tr>
<tr><td colspan="2">필요 급여내용</td><td></td></tr>
<tr><td colspan="2">제공방법</td><td></td></tr>
<tr><td rowspan="4">인지활동
프로그램
제공 계획</td><td rowspan="2">인지자극</td><td>필요내용</td><td></td></tr>
<tr><td>제공방법</td><td></td></tr>
<tr><td rowspan="2">신체능력
잔존·유지</td><td>필요내용</td><td></td></tr>
<tr><td>제공방법</td><td></td></tr>
<tr><td colspan="3">보호자 상담</td><td></td></tr>
</table>

<table>
<tr><td rowspan="3">급여 및
인지활동
프로그램
제공 확인</td><td>확인내용</td><td></td></tr>
<tr><td>조치사항</td><td></td></tr>
<tr><td><u>요양보호사</u> 성명(인)*</td><td>(인)</td></tr>
<tr><td colspan="2">방문(상담)일시</td><td>. . . (: ~ :)</td></tr>
<tr><td colspan="2">방문장소*</td><td></td></tr>
<tr><td colspan="2">급여제공 중 방문여부*</td><td></td></tr>
<tr><td colspan="2">방문불가 사유*</td><td></td></tr>
<tr><td colspan="2">방문자 성명(인)</td><td>(인)</td></tr>
</table>

(8) 개별관찰일지

개 별 관 찰 일 지

결재	담 당	팀 장	사무국장	원 장

<table>
<tr><td colspan="2">생활인명</td><td>박○○</td><td>기록일</td><td>20○○. 09. ○○.(월)</td></tr>
<tr><td colspan="2">담 당 자</td><td>이○○</td><td>기록자</td><td>이○○</td></tr>
<tr><td rowspan="4">관
찰
내
용</td><td>식생활</td><td colspan="3">식 사 량: 점심과 저녁 정량 섭취함.(잔식)
식사내용: 점심 때 쇠고기콩나물국의 건더기를 잘게 잘라 주자 온두부 · 양념장, 오징어무침회, 김치를 남기지 않고 골고루 섭취함. 저녁에 감자고추조림, 흑콩조림, 김치, 쑥갓유부된장국을 남기지 않고 골고루 섭취함.
식사지도: 밥과 반찬을 함께 섭취하도록 권유</td></tr>
<tr><td>의 료</td><td colspan="3">정신과약 및 갑상선기능 항진증약 1일 2회 복용(아침, 저녁)</td></tr>
<tr><td>P/G</td><td colspan="3">일상생활 지원, 건강생활 지원(운동요법, 건강증진),
심리 재활(생활예절), 인권존중(가족회의)</td></tr>
<tr><td>생 활</td><td colspan="3">교사가 출근하여 ○○씨와 인사를 하는데 ○○씨의 이마 부위에 본인의 손으로 뜯은 상처가 보여 교사가 두 팔로 “X”자 모양을 하자 “예” 하며 고개를 끄덕임. 운동요법 시간임을 알리고 프로그램에 참여하려고 하는데 마른 빨래가 생활관으로 이동하자 본인의 옷을 챙기느라 프로그램에 늦게 참여하여 의자에 앉았다가 교사의 권유로 안마기를 이용하며 좋아함. 오늘 점심부터 ○○씨의 식사량이 조절된 식사가 아니라 정량임을 알리자 긍정적인 반응을 보여 저작 활동은 적절하게 할 수 없으므로 잔식은 그대로 시행함을 알려 주자 “예” 하며 고개를 끄덕임. 오후에 동료 대상자들이 목욕하였으나 ○○씨는 “으으응” 하며 동료 대상자들과 함께 목욕하는 것을 거부하여 남자 교사와 목욕할 것인지 물으니 대답하지 않아 저녁 식사 후 담당교사와 목욕할 것인지 다시 물으니 “예”라고 대답하여 저녁에 목욕 지원함.</td></tr>
<tr><td colspan="2">비 고</td><td colspan="3"></td></tr>
</table>

출처: 자유재활원(2025).

(9) 사례회의록

<table>
<tr><td colspan="2" rowspan="2">사 례 회 의 록
(○○관 1차 – 강○○)</td><td rowspan="2">결
재</td><td>담 당</td><td>팀 장</td><td>사무국장</td><td>원 장</td></tr>
<tr><td></td><td></td><td></td><td></td></tr>
<tr><td>일 시</td><td>20○○. 06. 16(화), 13:30~14:30</td><td>장 소</td><td colspan="4">2프로그램실</td></tr>
<tr><td>제 목</td><td>서비스지원계획 회의</td><td>기록자</td><td colspan="4"></td></tr>
<tr><td>참석자</td><td colspan="6">참석자: 재활사업팀장 ○○○, 의료지원팀장 ○○○, 급양지원팀장 ○○○,
○○관 생활장 ○○○, 사례관리담당자 ○○○, 담당교사 ○○○ (총 6명)</td></tr>
<tr><td>회의주제</td><td colspan="6">세탁 및 분리수거에 대한 집착행동의 일정관리, 바른 용의관리를 위한 서비스지원</td></tr>
<tr><td rowspan="2">회의내용</td><td colspan="6">논 의 내 용</td></tr>
<tr><td colspan="6">〈서비스지원계획논의〉
– 담당교사 ○○○: ○○씨가 매우 하고 싶어 하는 것이 세탁업무보조이므로 지원하되, 집착하지 않도록 시간을 정하여 10:30분, 14:00로 현재 시행하며, 오전은 지켜지나, 오후에는 지켜지지 않아 시간에 대한 개념을 설명하고 위생원 교사와 연계하여 지킬 수 있도록 하고자 함. ○○씨가 분리수거를 매우 하고 싶어 하고 본인이 하지 않으면 마음을 놓지 못하므로 지원하되, 청결을 위해 매회 개인 소유의 고무장갑을 착용하도록 함. ○○씨가 상황과 계절에 맞는 옷을 선택하고 자신의 외모관리에 관심을 두도록 다양한 스타일을 제안하여 선택의 기회를 넓히고자 시행하며, 본인 스스로 옷을 선택하고 머리 스타일의 변화에 관심을 보이고 있음.
– 재활사업팀장 ○○○: ○○씨 의상색상이나 헤어스타일은 많이 긍정적으로 바뀐 부분이 있고 프로그램참여에 ○○씨가 어떤 반응을 보이는지 담당교사의 의견을 듣고 싶음.
– 담당교사 ○○○: ○○씨는 프로그램참여에 흥미가 매우 적고 참여를 거부하여 소속된 프로그램도 간식만들기 이외는 없음. 전체 프로그램에는 참여하나, 벽에 기대여 앉아 있거나 중도에 나가 버리며, 흥미를 보이는 프로그램은 생활과 관련 있는 정리와 청소 등임.
– 생활장 ○○○: 빨래를 널고 세탁물을 정리 후 남는 시간에 ○○씨가 어떤 이야기를 하고 무엇을 하면서 시간을 보내는지 위생원 교사의 이야기를 듣고 상호 긴밀한 협조와 연계가 이뤄질 필요가 있는 것 같음.
– 사례관리담당자 ○○○: 다음 사례회의 시간에 참석을 의뢰할 수 있음.</td></tr>
<tr><td rowspan="2">결정사항</td><td colspan="6">결 정 내 용</td></tr>
<tr><td colspan="6">〈서비스지원계획논의〉
1. 세탁업무보조의 긍정적 지원
1–1. 세탁실 출입 시간 지키기(10:30~11:30/14:00~15:30)
1–2. 시간에 대한 개념 이해도 높이기
2. 위생적 정리 및 분리수거
3. 용의단정</td></tr>
<tr><td>주요내용 및 추후방향</td><td colspan="6">논의 내용을 바탕으로 서비스지원계획수립을 제출하며, 다음 사례회의 전까지 계획에 의한 개입과 개입 후 변화관찰내용 및 주요사항을 발표하며, 생활관에서 일관된 개입 및 협력이 필요하므로 해당 대상자와 사례관리내용을 공유하여 서비스제공동의를 받을 것임.</td></tr>
</table>

출처: 자유재활원(2025).

5. 보고

1) 보고의 개념

일상적인 업무나 특별히 지시받은 업무에 대해 상사에게 그 경과나 결과를 알리는 것, 즉 하급자가 상급자에게, 하급조직이 상급 조직에게 구두, 전화, 전신, 서면 등의 매체를 활용하여 지시한 일련의 활동을 수직적인 관계에서 의사 또는 자료를 전달하는 과정이다(이재용 외, 2019).

2) 보고의 목적

(1) 서비스의 질을 높일 수 있다.

케어자는 대상자의 건강상태 및 상황을 기관과 가족에게 신속하게 보고하여 지시를 받고 대처하면 더 나은 서비스를 제공할 수 있다.

(2) 타 전문직과의 업무협조 및 의사소통을 원활하게 할 수 있다.

정확하고 신속한 업무보고를 통해 케어자, 사회복지사, 간호사, 물리치료사, 영양사 등 타 전문직과의 업무협조 및 의사소통을 원활하게 할 수 있다.

(3) 사고에 신속하게 대응할 수 있으며, 피해를 최소화할 수 있다.

예기치 못한 사고가 발생하여 사고 경위를 신속하게 보고하면 신속한 대응을 할 수 있고 대상자에게도 기관에도 사고로 인한 피해를 최소화할 수 있다

3) 보고의 원칙

(1) 필요성

당해 업무에 관한 규정이나 지시사항에 의해 필요한 사항만 보고하고 불필요한 부문은 가급적 자제한다.

(2) 완전성

보고할 사항에 관한 자료수집을 철저히 하고 한 번에 완전하게 보고한다.

(3) 적시성

해당 규정의 정확한 파악 또는 상급자의 지시나 명령을 정확하게 전달받고 당해 업무에 대한 정보를 신속하게 수집하여 적정한 시기에 보고한다.

(4) 간결성

보고내용은 간결하고 꾸밈이 없어야 하지만, 보고내용이 복잡하고 사실과 다를 경우 이해하기 어려워 판단에 혼선이 생길 수 있다.

(5) 객관성

케어자의 주관적 판단이 아니라 객관적 사항을 정확하게 보고하며, 개인 의견이 필요할 경우 "제 의견은 ~, 저는 ~와 같이 느꼈다."로 분명하게 밝힌다.

(6) 육하원칙

누가, 언제, 어디서, 무엇을, 어떻게, 왜, 하였는지 등 육하원칙에 따라 보고하고 보고서를 작성할 때도 마찬가지이다.

(7) 신속성

보고는 가능한 한 신속하게 보고하여 신속한 대응으로 이어지도록 한다(이재용외, 2019).

4) 보고의 주의 사항

(1) 내용정리

보고할 내용을 정확하고 구체적으로 정리하여 육하원칙에 의해 보고한다.

(2) 보고 상대확인

보고받을 상대가 적절한지, 주지시켜야 할 내용이 정확한지, 불필요한 내용과 부적절한 내용이 있는지 등이 확인되어야 한다.

(3) 적절한 시기와 수단의 선택

보고하는 시기를 잘 판단하여 빠르지 않은지, 늦지는 않은지 등 적기를 잘 맞추어서 간결하고 알기 쉬운 언어를 사용하여 이해하기 쉽게 보고한다.

(4) 보고내용의 확인

보고한 내용이 상대방에게 정확하게 전달되었는지, 이해하고 있는지 확인한다(이재용외, 2019).

5) 보고의 유형

(1) 정기보고

일일보고, 주간보고, 월간보고, 연간보고 등이 있고 정부회계연도 기준이며, 연간 사업계획과 예산서는 당해 연도 말 5일 전까지, 결산서와 사업실적은 익년 3월 이전까지 보고한다.

(2) 수시보고

① 대상자의 상태에 변화가 있을 때

대상자의 상태를 관찰하면서 서비스를 제공하여야 하며, 대상자의 상태가 평상시와 다를 때는 관리책임자와 가족에게 신속하게 보고한다.

② 서비스를 추가하거나 변경할 필요가 있을 때

계획된 서비스 외에 추가적인 서비스가 필요하거나 서비스를 변경할 때 또는 대상자와 가족으로부터 그러한 요청이 있을 때는 관리책임자에게 보고한다.

③ 새로운 정보를 파악했을 때

대상자 및 가족에 대한 새로운 정보를 입수하였을 때는 관리책임자에게 그 사실을 보고하여 케어에 필요한 정보를 파악할 수 있도록 항상 노력한다.

④ 새로운 업무 방법을 찾았거나 업무를 잘못 수행했을 때

서비스를 제공하는 과정에서 대상자에 대한 새로운 서비스방법을 찾았을 때나 업무를 잘못 수행했을 때는 먼저 관리책임자에게 보고하여 지시에 따라야 한다.

⑤ 사고가 발생했을 때

서비스를 제공하는 동안 예기치 못한 사고가 발생했거나 발생할 뻔했을 때 혼자 판단하여 대처하지 말고 관리책임자에게 신속하게 보고하여 지시에 따라야 한다.

6) 보고의 형식

(1) 구두보고

사안이 급하거나 가벼울 때, 일상업무나 서면보고의 사전보고, 장기를 요하는 업무의 중간보고, 계획대로 진행되는 상황보고, 업무처리 과정에서 상급자의 슈퍼비전이 필요할 때에는 결론부터 보고한 후 경과와 상태, 원인 등을 보고하며, 긴급한 업무를 처리할 경우 구두보고를 먼저 한 후 최대한 빠른 시간 내에 서면보고를 한다.

(2) 유선 보고

외근이나 출장 중인 상급자와 대면하여 처리할 수 없는 경우, 상급자의 지시나 긴급한 결재가 필요한 경우, 외부조직에서 요청한 공문서를 처리할 경우 유선 보고를 하며, 이 때 업무일지에 명확하고 간결하게 내용을 요약하여 유선 보고에 대한 단점을 보완한다.

(3) 서면보고

보고내용이 복잡하거나 숫자나 지표가 필요한 경우, 정확히 보고할 필요가 있거나 자료를 보존할 필요가 있을 때 정기적인 업무보고, 사건보고 등을 서면으로 보고하며, 이 서면보고는 정확한 기록을 남길 수 있는 장점은 있으나, 신속하게 보고할 수 없다는 단점이 있다.

(4) 전산망 보고

구두보고와 같이 실시간으로 확인할 수 있고 서면보고와 같이 기록으로 남길 수 있다는 장점을 동시에 가지므로 능숙하게 사용할 수만 있으면 시간을 절약할 수도 있고 편리하지만, 능숙하게 사용하기 위해서는 시간과 노력이 필요하다는 단점이 있다.

Chapter

10

신체변화와 건강상태 관찰

1. 관찰
2. 기본관찰
3. 건강상태의 관찰과 측정
4. 안색과 표정 관찰
5. 청각 관찰
6. 미각 관찰
7. 후각 관찰
8. 촉각 관찰
9. 시각 관찰
10. 영양 관찰
11. 피부 관찰

Chapter 10

신체변화와 건강상태 관찰

1. 관찰

1) 관찰의 개념

관찰은 가장 기본적이고 중요한 기술이며, 대상자의 건강상태와 장애를 주의 깊게 자세히 들여다보고 사실을 있는 그대로 받아들이며, 많은 지식과 경험으로 여러 가지 현황을 통찰할 수 있는 객관성만을 부각시켜야 한다. 케어자는 과학적이고도 객관적인 눈을 가지고 미각, 후각, 촉각, 시각, 청각 등 모든 감각을 동원하여 대상자의 신체적인 변화 뿐만 아니라 심리 상태의 미묘한 변화에 대해서도 섬세하고 정확하게 관찰하며, 평소에 관찰을 통해 얻은 정보는 동료 직원과 공유해야 한다.

2) 관찰의 방법

(1) 언어를 통한 관찰

대상자가 평소와 다를 때 구체적으로 질문하여 건강상태를 파악하지만, 대상자가 자신의 생각을 언어로 정확하게 표현하지 못할 경우 대상자의 감정을 표현하도록 권유하는 것이 케어자의 능력이다.

(2) 감각을 통한 관찰

숨 쉬는 것이나 피부가 거칠거나 얼굴색이 나쁘거나 등 신체적 변화는 눈으로 금방 알 수 있으나, 눈으로 알 수 없는 가벼운 변화에 민감하게 반응하기 위해서는 많은 지식과 풍부한 경험을 쌓는 것이 케어자의 필수조건이다.

(3) 관찰의 유의점

① 선입견이나 편견을 갖지 않으며, 있는 그대로를 관찰한다.

② 분명하게 말로 표현은 하지 않더라도 염려되는 점이 있으면 대상자나 가족에게 물어서 직접 확인하고 즉시 관리책임자 또는 의사나 간호사에게 알리고 상의한다.

3) 관찰의 내용

(1) 일상생활의 리듬

대상자는 생활 속에서 확실하게 몸에 밴 생활방식을 갖고 있고 다소 이치에 어긋나거나 건강상의 문제가 될 수 있는 것도 그 동안의 경험으로 괜찮다고 하는 완고한 생각을 갖고 있는 경우가 많으므로 이러한 기분을 이해하고 일상생활을 그대로 관찰해야 한다.

(2) 생활습관

대상자는 오랜 경험 속에서 각각의 생활방식을 가지고 있으며, 비록 이치에 맞지 않고 건강에 도움이 되지 않는 생활습관일지라도 자기주장을 굽히지 않고 일상생활을 유지하는 경우 습관을 고치기 어려우므로 어떻게 생활하는지 있는 그대로 관찰한다.

(3) 건강이란 관점에서의 전체상

전체상의 파악은 신체, 정신, 생활, 환경의 면을 종합적으로 보는 것이며, 건강하면 얼굴표정에 생기와 활기가 있거나 부드러우며, 옷차림이 단정하고 시선이 분명하지만, 피부의 색이 특별히 검거나 붉거나 눈썹 사이에 주름이 있고 굳은 표정을 하거나 시선, 몸의 방향, 몸짓, 목소리의 상태 등도 잘 관찰해 볼 필요가 있다.

4) 매일 관찰

(1) 전날의 수면 상태

표정이 밝지 못하고 불면 상태가 계속되면 침구, 잠옷, 온도, 소음 등과 심신의 조건인 통증, 심리적 스트레스, 심신의 피로 및 야간의 배뇨 빈도 등을 구체적으로 파악하여 편안한 수면을 취하도록 조치해 주는 것이 중요하다.

(2) 식욕과 식사 섭취량

식사와 배설은 밀접한 관계가 있으므로 식욕의 감퇴와 과식의 평가는 숫자를 사용하여 객관적으로 나타내고 연하의 여부, 음식물기호의 변화, 하루 변의 횟수 및 1회의 양과 상태 등을 점검하며, 소화기능의 저하는 설사와 변비의 원인이 되기 쉽고 수분 부족은 탈수증을 일으키는 원인이 될 수 있다.

(3) 혈압, 맥박, 호흡, 체온의 변화

평소와 다른 동작의 부자유함을 세밀하게 관찰하고 혈압, 맥박, 호흡, 체온을 정확하게 측정하며, 이상이 있는 경우 최근의 대소변 상태, 식사나 약의 상황 등에 대해서도 신속하게 보고해야 한다.

2. 기본관찰

1) 피부 상태

나이가 많으면 피부의 증식과 재생 능력이 떨어져서 피부 층이 얇아지고 피하지방이 감소되어 피부 전체가 얇아지며, 탄력을 잃게 되어 가벼운 외부의 충격에도 피하출혈이 생기므로 피부색이 지나치게 검거나 붉은가, 소양증, 부종 등을 관찰한다.

2) 표정과 활력

건강한 노인의 얼굴표정은 생기와 활기가 있고 노화로 인해 동작이 느려졌다고 하더라도 전체적으로 활동력이 있으며, 케어자의 인사에도 반응을 보낸다.

3) 옷차림

건강이 유지되지 못하고 의욕이 저하되면 옷차림도 단정하지 못하지만, 외모에 관심을 갖고 있거나 단정한 옷차림을 하고 있는 경우 건강한 노인이라고 볼 수 있다.

4) 시선

대화 또는 의사 전달을 할 경우 시선을 마주치지 못하거나 초점이 없어서 허공을 바라보는 경우는 주의해야 한다.

5) 식욕 및 식사량과 식사형태

식사를 할 경우 식욕의 감퇴와 과다 현상이 있는지, 입안에 음식을 물고 삼키지 못하는지, 식사 시간이 오래 지연되는지 등을 관찰한다.

6) 배뇨와 배변

성인의 1일 소변양은 평균 1,000~1,500cc이고 횟수는 통상 5~6회이지만, 노인은 횟수가 증가하고 배변은 1~2일에 1회 정도가 평균적이지만, 개인에 따라 차이가 있으므로 대상자 스스로 배뇨와 배변감을 느끼는지 그리고 배변의 양, 색, 냄새 등의 변화를 관찰한다.

7) 감정과 의욕의 변화

감정기복의 정도와 질문에 대한 응대 및 대화의 요점이 있는가 등을 관찰하고 노인의 조절되지 않는 감정변화 등은 신경성 질환이나 노인성 치매의 시작 징후일 수 있다.

3. 건강상태의 관찰과 측정

1) 혈압측정

(1) 정상 혈압

성인은 120/80mmHg이고 매일 일정한 시간에 측정하며, 운동, 음주, 흡연, 스트레스, 통증, 노인은 혈압이 올라가고 개인마다 차이가 있어서 평소 본인의 혈압을 기억한다.

(2) 혈압 측정방법

팔을 심장 높이로 한 후 손바닥은 위로 향하고 커프를 상완동맥 2~3cm 위에서 손가락 1개가 들어갈 정도로 감싼 후 수은주 0에서 청진기를 귀에 대며, bulb의 나사를 잠그고 예상되는 혈압보다 20~30mmhg 높게 수은주를 올리고 압력밸브를 서서히 열어 수은주 눈금이 떨어져 들리는 처음 시점을 수축기압, 들리지 않는 시점을 이완기압이라고 한다.

(3) 혈압측정 시 오류

커프의 넓이가 좁거나 느슨하게 하거나 음식물 섭취 직후나 흡연 후에는 실제보다 혈압이 높고 커프의 넓이가 넓거나 팔의 높이가 심장보다 높을 경우 실제보다 혈압이 낮으며, 반복 측정할 경우 실제보다 수축기는 높고 이완기는 낮게 측정된다.

2) 맥박 측정

(1) 맥박 측정 부위

요골동맥, 천측두동맥, 총경동맥, 상완동맥, 대퇴동맥, 슬와동맥, 발등(족배)동맥 등이다.

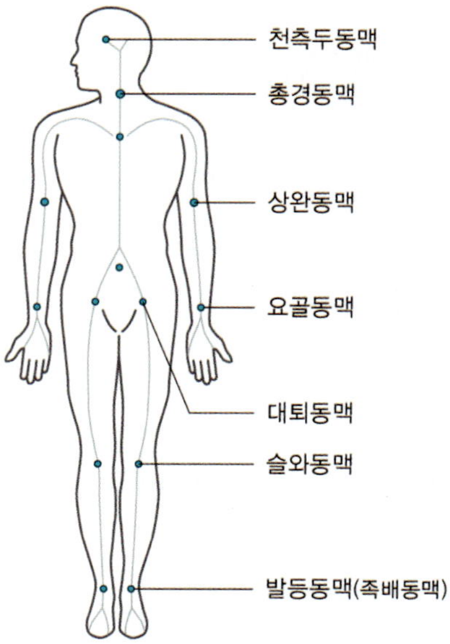

출처: 영진전문대학교 평생교육원.

(2) 맥박 측정방법

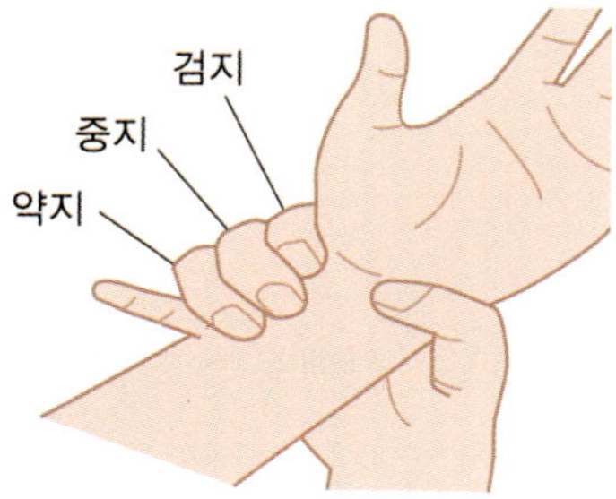

출처: 영진전문대학교 평생교육원.

편안한 자세를 취하고 오른손으로 왼손 손목을 가볍게 쥐면서 요골동맥 위에 검지, 중지, 약지(2번, 3번, 4번)의 손가락 끝을 대고 30초간 측정하지만, 불규칙한 경우 1분간 측정하며, 맥박의 규칙, 불규칙, 강도, 탄력성, 맥박 수를 주의 깊에 파악한다.

(3) 맥박의 종류

① 정상 맥박

맥박 수는 연령, 성별, 체온, 운동, 정신적 흥분, 자세 등에 따라 다르고 성인은 1분당 60~80회 정도이며, 남자가 여자보다 더 많고 노인은 변화가 없거나 60 이하인 경우도 있으며, 수면의 경우 약 20% 정도 횟수가 감소한다.

② 이상 맥박

빈맥은 100회 이상, 서맥은 60회 이하이고 차질맥(결손맥)은 심첨맥박과 요골맥박 측정이 10 이상 차이 나는 것으로 심장 수축력의 악화 상태를 의심할 수 있다.

3) 호흡측정

(1) 정상 호흡

성인은 1분당 15~20회이고 여자〉남자, 유아〉성인 순이며, 식후, 고열, 정신적인 충격 후 호흡 수가 증가하고 호흡기나 심장질환이 있는 경우 호흡 수가 빨라지거나 숨이 답답함을 호소한다.

(2) 호흡 측정방법

맥박을 측정하면서 흉부나 복부의 상하 움직임을 보고 안색, 호흡의 형태, 손톱의 색깔도 함께 관찰하며, 규칙적일 경우 30초간 측정한다.

4) 체온

(1) 정상범위

체온은 직장 체온〉구강 체온〉액와 체온 순이고 오전 1~4시경과 노인이 되면 일반적으로 낮아지며, 심한 운동, 목욕, 흥분, 식사섭취 시, 오후 6시경에 높아진다.

(2) 체온계의 종류

종류	피부적외선체온계	귀적외선체온계	전자체온계
외형	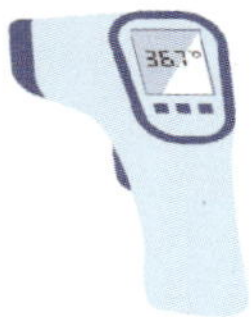		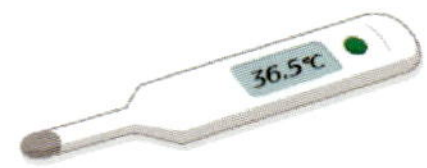
측정 부위	이마, 관자놀이 등	귀(고막)	겨드랑이, 구강 등

출처: 영진전문대학교 평생교육원.

(3) 체온 측정방법

① 구강 체온

체온계의 수은주 눈금이 35℃ 이하인지 확인한 후 혀 밑에 넣고 3~5분간 측정하며, 정상범위는 37℃ 내외이고 감염 예방을 위해 가능한 한 개별 체온계를 사용한다.

② 액와 체온

액와 부위의 습기나 땀을 닦은 후 체온계의 수은주가 대상자의 액와 중앙에 오도록 꽂고 팔을 가슴 위에 올려 5~10분간 측정하며, 정상범위는 36~37℃이다.

③ 직장 체온

심스식 체위를 취하고 체온계 끝에 윤활제(글리세린)를 바른 후 체온계를 부드럽게 3~4cm 삽입하여 2~3분간 측정하고 정상범위는 37~38℃이다.

④ 고막 체온

고막은 가장 정확하고 간단하며, 후상방으로 잡아당겨 2~3초간 측정하고 보청기 착용, 귀나 고막수술을 받으면 측정을 피하며, 일회용 덮개를 바꾸어 감염을 예방한다.

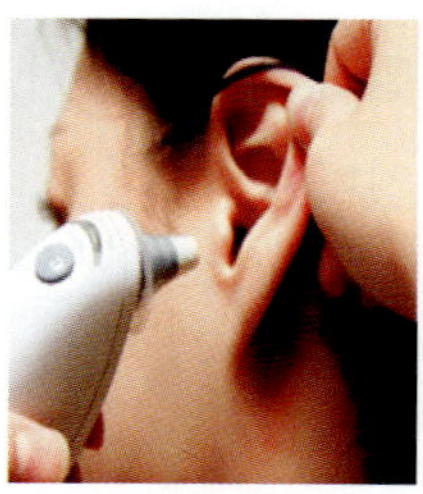

출처: 영진전문대학교 평생교육원.

4. 안색과 표정 관찰

1) 붉은빛

안색이 평소보다 붉은빛일 경우 발열이 있는가?, 두통이나 충혈이 있는가?, 발진이 있는가?

2) 창백

평소보다 얼굴이 창백하므로 현기증은 없는가?, 출혈은 없는가?

3) 검은빛

평소보다 검은빛을 띠고 있을 경우 황달 현상이 보이는가?, 소변의 색깔이 진하지는 않은가?

4) 표정

얼굴 표정이 평소와 다르지는 않은가?, 우울하거나 경직되어 보이지는 않은가?

5. 청각 관찰

1) 노화에 따른 청각의 특성

노화가 되면 귀의 고막도 얇아지면서 고막을 지지하는 작은 근육들이 위축되며, 노화로 인한 청각 장애는 진행성이고 개선될 수 있는 가능성은 거의 없으며, TV 소리를 크게 틀고 되묻는 일이 많으며, 뒤에서 불러도 반응이 없고 이명을 호소한다.

2) 노인성 난청

여성〈남성이며, 의사소통에 소극적이고 고립감을 느끼며, 의심하거나 편집적인 행동이 있고 목소리 크기나 높이 조절이 안 되어 큰 소리로 말을 한다. 청력은 치료가 없고 난청이 심하면 보청기를 사용하며, 소음 없는 장소에서 말하는 사람 얼굴을 보면서 천천히, 또박또박 말을 하고 고음의 큰 소리보다 저음의 차분한 소리로 의사소통한다.

6. 미각 관찰

① 조미료를 많이 넣은 음식을 좋아한다.

② 신맛과 쓴맛은 증가하고 단맛과 짠맛은 감소한다.

③ 침 분비량은 줄고 후각이 무뎌져 식욕에 변화가 있다.

7. 후각 관찰

후각세포의 감소로 후각이 둔화된다.

8. 촉각 관찰

접촉 강도가 높아야 접촉감을 느끼고 통증 호소의 정도는 증가한다.

9. 시각 관찰

1) 개념

성인 중기 이후부터 변화하여 정상적인 노화로 눈부신 빛에 대한 감수성이 증가하고 주변 시야가 좁아지며, 깊이를 감지하는 감각기능이 떨어져 상해를 당하거나 위험에 처하고 물체 깊이와 색깔의 인식 정도의 감소로 파장이 짧은 파란색, 초록색, 보라색의 구별이 어려우며, 안구건조증이 증가하고 감염성 질병에 대한 노출이 쉽다.

2) 녹내장

(1) 개념

눈의 모양과 기능 유지를 위한 적정 안압은 15~20mmHg이지만, 안압의 상승으로 시신경이 손상되어 시력이 점차 약해지고 원인은 유전, 스트레스 등 불명확하며, 증상은 좁은 시야, 눈 이물감, 어두움 적응 장애, 색깔 변화에 대한 인식의 어려움, 뿌옇게 혼탁한 각막, 안구 통증, 두통, 구역질이고 심하면 실명 등이다.

(2) 치료 및 예방

① 완치는 없으나, 조기에 발견하여 안압을 정상으로 유지함으로써 시력의 약화를 막거나 늦출 수 있다.

② 어두운 곳에서 책을 보거나 일하지 않고 과로를 피하며, 규칙적인 생활을 한다.

③ 눈이 피로하거나 안경을 써도 얼마 안 가서 맞지 않는 경우, 머리가 아프거나 눈에 통증이 있는 경우, 눈이 침침하고 잘 안 보이면 안과 검진을 받는다.

3) 백내장

(1) 개념

수정체가 혼탁해져서 빛이 들어가지 못하여 시력장애가 발생하는 질환이고 원인은 노화, 지나친 음주나 흡연, 스테로이드 약물 복용, 눈 주위의 부상, 당뇨병과 고혈압 등의 합병증, 과도한 자외선 노출 및 TV시청이다. 증상은 색 구별과 시력의 능력 저하, 동공의 백색 혼탁, 불빛 주위에 무지개 보임, 낮과 밝은 불빛에서 눈부심, 통증이 없으면서 점차 흐려짐, 눈동자에 하얗게 백태가 껴서 뿌옇게 보이거나 잘 안 보인다.

(2) 치료 및 예방

① 초기에 치료제의 복용이나 점안액으로 진행 속도를 늦출 수 있다.

② 증상이 심해지면 혼탁해진 수정체를 인공수정체로 바꾸는 수술을 한다.

③ 백내장 유발 원인을 억제함으로써 예방할 수 있다.

10. 영양 관찰

1) 노화에 따른 영양의 특성

식사 섭취량도 적어지나, 균형 있는 식생활을 유지하고 수분 섭취를 충분히 하며, 단백질, 미네랄, 비타민의 필요량을 부족하지 않도록 한다.

2) 영양 상태 파악

영양 상태가 부족하면 나이보다 늙어 보이고 활동력이 느리며, 누워 있는 시간이 증가하고 감각 저하, 기운 없는 표정, 우울 등이 나타나며, 영양 상태가 악화되어 거동을 하지 못하면 욕창이 생길 수 있으므로 피부 색깔과 활기가 있는지를 관찰한다.

3) 영양 관리

① 1일 3회 규칙적인 식사로 적절한 칼로리와 균형 잡힌 영양소를 섭취한다.

② 체중 1kg당 1일 단백질은 1g, 콩이나 유제품은 매일 섭취한다.

③ 육류는 기름을 제거하고 동물성 지방과 염분 섭취를 줄인다.

④ 해조류, 버섯류, 채소, 과일류를 자주 섭취하고 먹을 만큼만 준비한다.

4) 싱겁게 먹기 위한 조리법

① 식초, 겨자, 후추, 파, 마늘, 양파, 참깨를 사용한다.

② 간장, 고추장, 된장은 평소의 2/3만 사용한다.

③ 국물을 만들 때 마른 새우, 멸치, 표고버섯을 사용한다.

④ 간은 뜨거울 때 맞추지 않는다.

5) 암 예방하는 식생활

① 매끼 6가지 식품군을 골고루 섭취한다.

② 짜거나 탄 음식과 육가공품은 피한다.

③ 채소와 과일을 충분히 섭취한다.

6) 수분 섭취방법

물은 1일 1.5~2ℓ 이상, 자주 섭취하는 것이 좋지만, 간경화, 심부전, 신부전증, 갑상선 기능저하증 등은 수분을 제한하고 요로감염, 방광염, 전립선염, 폐렴, 기관지염, 고혈압, 협심증, 당뇨병 등은 수분을 충분히 섭취하도록 한다.

11. 피부 관찰

1) 피부의 개념

피부는 표피, 진피, 피하조직으로 구성된 신체 표면을 덮고 있는 조직이며, 신체의 보호와 체온조절, 영양 저장, 분비와 배설, 호흡작용 등의 기능을 한다.

2) 노화에 따른 피부의 특성

① 기온에 민감하고 피부가 건조하며, 표피가 얇아져 쉽게 손상된다.
② 피하조직의 감소로 저체온, 오한, 압박에 대한 손상의 위험이 높다.
③ 주름살이 생기고 눈꺼풀이 늘어지며, 이중 턱이 된다.
④ 손발톱이 딱딱하고 두꺼워지며, 세로줄이 생기고 잘 부서진다.
⑤ 피부가 회색으로 변하고 검버섯, 갈색 반점 등이 생긴다.
⑥ 머리카락이 가늘고 모근의 멜라닌생성 세포가 소실되어 탈색이 된다.
⑦ 입가와 뺨에는 털이 많아지지만, 여성의 머리, 겨드랑이, 음부의 털과 남성의 머리, 수염은 줄어든다.
⑧ 원인 없이 통증이 있고 소양증은 밤과 겨울철에 더욱 심해진다.
⑨ 상처의 회복이 지연되고 궤양을 예방하기 위해 압박된 부위의 감염여부를 확인한다.

3) 피부 건조증

실내 습도가 낮은 겨울철에 비누, 세정제, 알코올, 뜨거운 물로 목욕할 경우 피부발적, 부종, 통증, 팔꿈치부터 손목까지의 전완, 손, 하지의 가려움 증상이 나타난다. 가습기를 사용하고 물을 자주 마셔 수분을 충분히 섭취하며, 목욕이나 샤워할 때 따뜻한 물과 순한 비누를 사용하고 목욕 후 보습제를 충분히 바르며, 자주 샤워를 하거나 때를 미는 것은 피부를 더욱 건조시켜 증상을 악화시킬 수 있으므로 삼간다.

4) 대상포진

(1) 자가진단법

① 물집이 나타나기 전에 감기 기운과 일정 부위에 심한 통증이 느껴진다.

② 작은 물집이 몸의 한 쪽에 모여 전체적으로 띠 모양으로 나타난다.

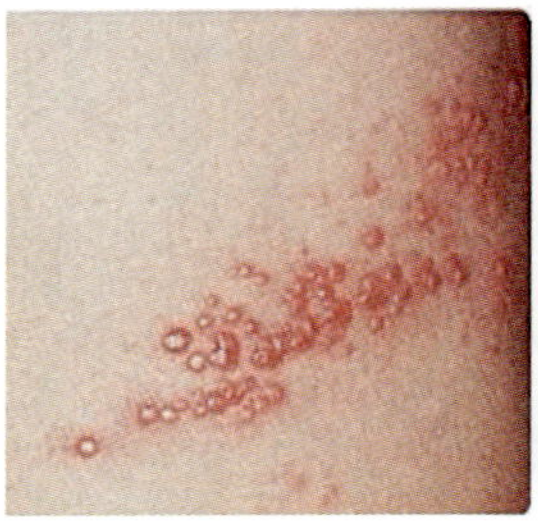

피부에 생긴 발진

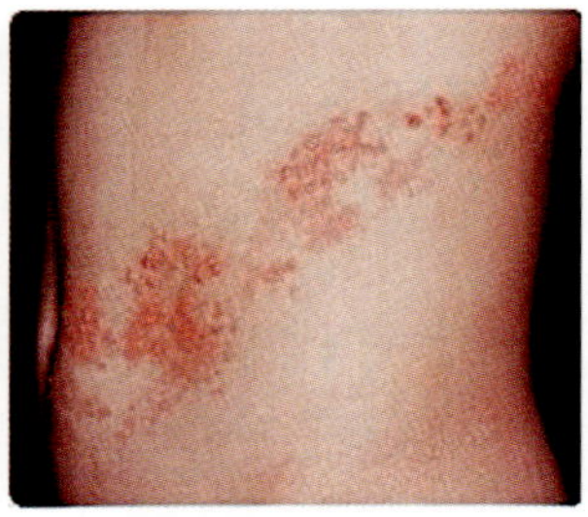

몸통 부위에 띠 모양

출처: 요양보호사양성표준교재.

③ 가렵거나 물집을 중심으로 타는 듯하고 날카로운 통증이 느껴진다.

(2) 치료 및 예방

① 항바이러스제, 항염증제, 진통제, 냉찜질, 칼라민로션으로 통증과 수포를 줄인다.

② 대상포진 예방접종을 하고 통증 정도에 따라 처방받은 진통제를 복용한다.

③ 감염되지 않도록 긁지 않고 적절한 영양과 휴식으로 면역력을 강화한다.

5) 옴

(1) 옴의 개념

옴은 옴진드기가 밤에 굴을 뚫어 소화액 분비로 인하여 알레르기 반응이 나타나서 소양감으로 긁을 때 진드기와 알이 손톱에 묻어 감염되고 감염된 사람, 옷, 침구와 접촉할 때 감염되며, 여름철에 많이 발생되고 옴에 걸린 대상자와 직접 접촉하거나 오염된 의복, 침구, 수건, 혈압기, 체온계 등을 통해 전파된다. 증상은 손가락 사이, 접히는 부분, 가슴, 발등, 팔꿈치, 겨드랑이, 생식기, 허리, 엉덩이 등이 가렵고, 특히 밤에 심하며, 물집, 고름이 생기고 심하게 긁으면 피부염과 같은 2차 감염이 된다.

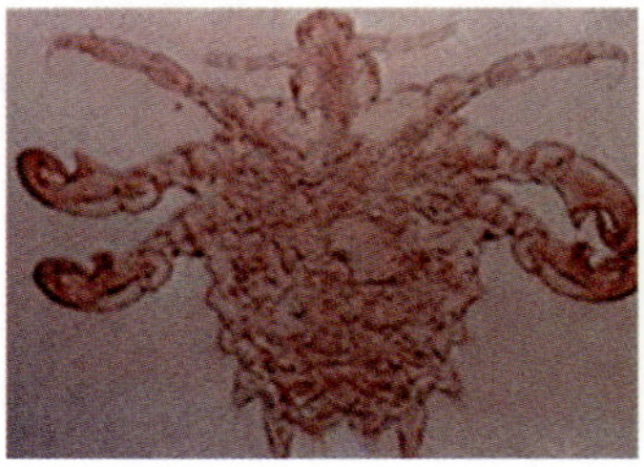

옴

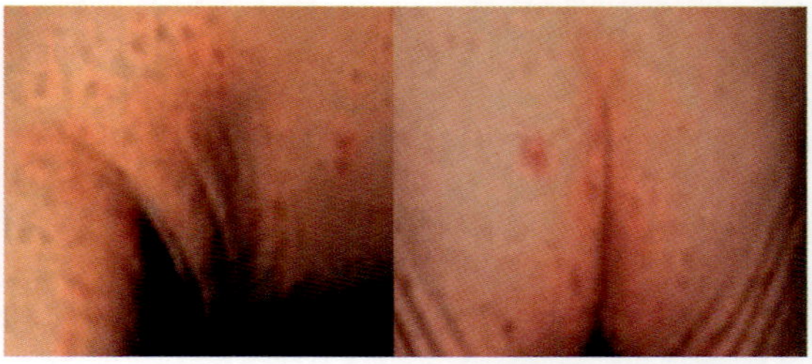

증상

출처: 요양보호사양성표준교재.

(2) 치료 및 예방

① 사람이나 동물을 물어 피하조직에 발생되고 감염력이 매우 강하여 잘 옮는다.

② 대상자는 물론 접촉한 모든 사람은 증상 유무와 상관없이 함께 치료한다.

③ 뜨거운 물로 10~20분간 세탁한 후 건조하고 세탁 후 3일 이상 사용하지 않는다.

④ 세탁이 어려운 것은 3일간 햇볕을 쬐도록 널거나 다리미로 다린 후 사용한다

⑤ 알레르기와 혼동하기 쉬우므로 케어자는 자신의 피부를 항상 주의 깊게 관찰한다.

⑥ 전신에 병원에서 처방받은 도포용 약제를 밤에 바르고 익일 아침에 씻어 내며, 1주 후 바르고 2주 후에 병원을 방문하여 완치 여부를 확인한다.

⑦ 옴진드기에 오염된 사람, 침구, 옷, 수건 등과의 접촉을 금한다.

6) 머릿니

(1) 머릿니의 개념

출처: 요양보호사양성표준교재.

두피 주위 머리카락을 잡고 살고 머릿니가 물어 흡혈하며, 감염자와 직접 머리 부위를 접촉하거나 침구류나 머리빗을 공동으로 사용하면 발생하고, 일년 중 언제나 발생 가능하다. 증상은 출혈, 가려움증, 수면장애, 두피에 심한 가려움과 긁은 상처, 서캐 등이며, 심하게 물린 자리는 피부변색, 딱딱함, 두피염 등이 나타난다.

(2) 치료 및 관리

① 처방된 샴푸제제로 일정한 간격으로 머리를 자주 감는다.

② 케어자는 옷을 꼭 세탁하고 샤워나 목욕을 한다.

③ 모자, 헤드셋, 스카프, 코트, 유니폼, 머리 리본, 머리핀, 빗, 옷 솔, 수건, 옷, 침구 등은 개별로 사용한다.

④ 감염자가 치료하기 2일 전 사용된 물품은 뜨거운 물이나 고온으로 기계세탁하고 건조하며, 앉거나 누운 바닥과 가구는 진공청소기로 청소한다.

⑤ 떨어져 있던 이가 48시간까지 살아남아 재감염되기도 한다.

7) 기저귀 피부염(기저귀 습진)

(1) 증상

엉덩이의 기저귀 접촉 부위에 생기는 경계가 분명한 병변과 윤기 나는 붉은 병변으로 증상이 나타난다.

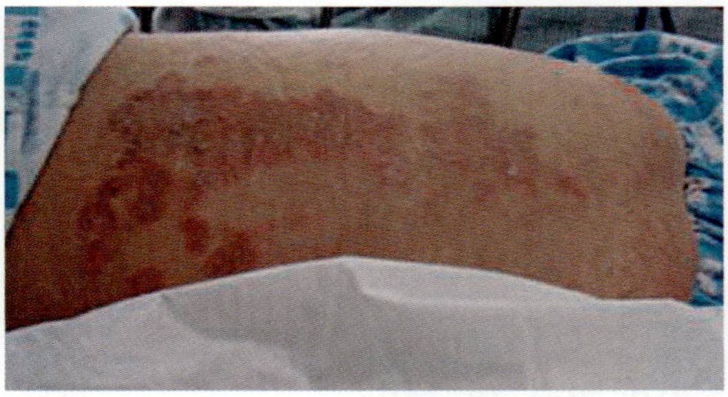

출처: 요양보호사양성표준교재.

(2) 치료 및 예방

① 기저귀를 자주 교체하고 통풍한다.

② 진균(곰팡이) 치료를 위한 항진균제나 스테로이드 연고를 처방받아 도포한다.

8) 지루성피부염

(1) 증상

피지선(기름샘)의 활동이 증가된 부위에 발생하고 피부가 붉게 변하며, 생선 비늘과 같은 흰색 인설이 동반된다.

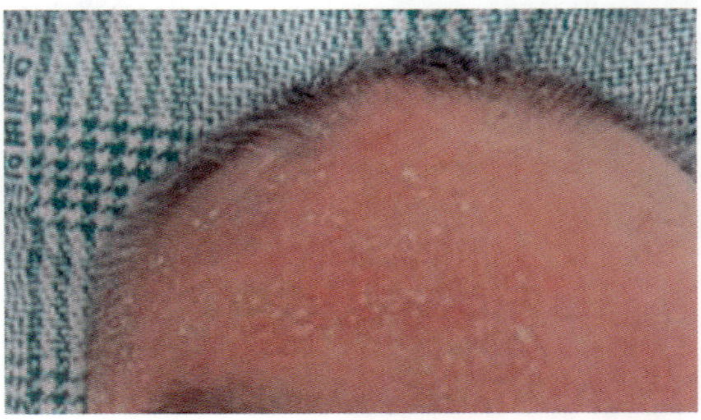

출처: 요양보호사양성표준교재.

(2) 치료 및 예방

스테로이드 연고를 도포한다.

9) 간찰진

(1) 증상

피부가 접히는 부위에 발생하는 붉은 변화와 마찰, 열, 짓무름, 습윤(요실금 등), 공기순환 부족 등에 의하며, 감염에 의해 악화된다.

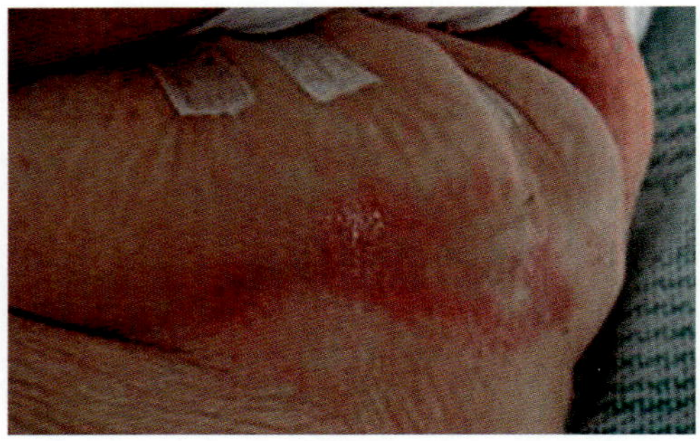

출처: 요양보호사양성표준교재.

(2) 치료 및 예방

통풍을 위해 종이테이프로 상처 부위를 벌리며, 국소항생제, 항진균제 연고를 도포한다.

10) 노인성 자반

(1) 증상

노화, 장기간의 자외선 노출, 강력한 스테로이드 연고 도포에 의한 출혈이 생기며, 손등, 팔에 경계가 뚜렷하고 다양한 크기와 모양이 있다.

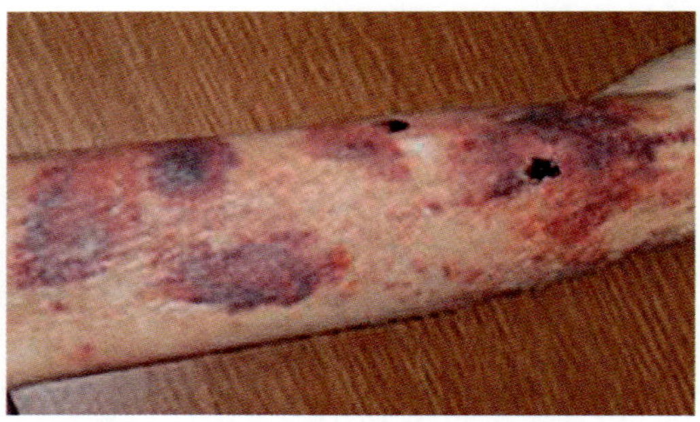

출처: 요양보호사양성표준교재.

(2) 치료 및 예방

과도한 자극, 자외선 노출 등에 주의하고 노화에 자연적인 현상인 경우가 대부분이다.

Chapter
11

개인위생 케어

1. 구강 관리
2. 두발 관리
3. 손발 및 피부 관리
4. 회음부 관리
5. 목욕 케어
6. 옷 갈아입기 케어

Chapter 11

개인위생 케어

1. 구강 관리

1) 일반 관리

출처: 요양보호사양성표준교재.

① 칫솔모 위에 치약을 눌러 짜서 치약이 솔 사이에 들어가게 한 후 식후에 바로 양치한다.

② 혀 안쪽, 목젖 등은 너무 깊숙이 닦지 않는다.

③ 입안에 염증이 있다면 주의하고 혓바닥은 약간 힘을 주어 닦는다.

④ 치료받아야 할 치아가 있으면 시설장이나 간호사에게 보고한다.

⑤ 잇몸에서 치아 쪽으로 마사지하면서 한 방향으로 닦는다.

⑥ 내용물을 뱉어내지 못하면 설압자에 거즈를 감아 입속에 넣어 닦는다.

2) 특별 관리

① 와상은 반좌위로 하거나 머리를 옆으로 돌려 내용물을 뱉어내도록 한다.

② 의식장애가 있거나 협조가 안 되면 거즈를 감은 설압자를 부드럽게 치아 사이에 삽입하여 세로로 세워 입천장, 혓바닥, 뺨의 안쪽, 치아 표면을 부드럽게 닦는다.

③ 더러워진 거즈는 수시로 교체하고 구강세정제가 입안에 고여 있지 않도록 거즈로 여러 번 닦아 낸다.

3) 의치 관리

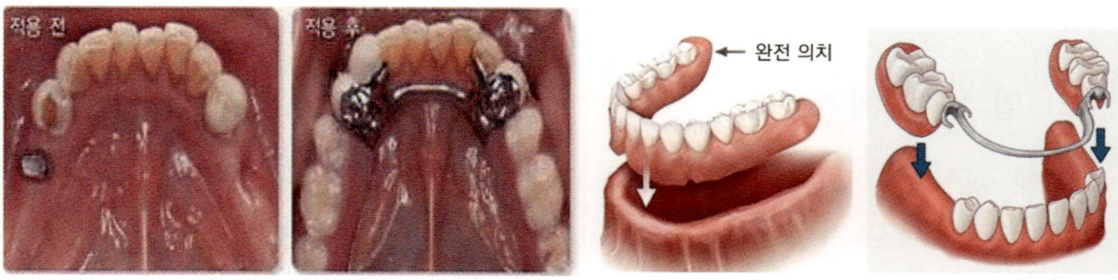

출처: 요양보호사양성표준교재.

① 구강상태를 확인하고 물로 입안을 헹구어 낸다.

② 위쪽 의치를 엄지와 검지로 잡아 상하로 조금씩 움직이면서 조심스럽게 빼고 아래 의치를 잡고 왼쪽을 오른쪽보다 조금 낮게 하면서 돌려 빼서 의치 통에 바로 넣는다.

③ 부분 의치이면 클래스프를 손톱으로 끌어 올려 윗니, 아랫니 순으로 뺀다.

④ 세면대 안에 물수건을 깔고 의치통에서 의치를 꺼내 칫솔로 흐르는 미온수나 찬물을 사용하여 조심스럽게 닦아 구강세정제나 청결한 물을 넣어 일정한 장소에 보관한다.

⑤ 잇몸이 압박되지 않도록 최소한 하루에 8시간 의치를 빼놓는다.

⑥ 의치를 끼우기 전에 염증이 있는지 확인 후 구강세정제로 입을 헹군다.

⑦ 윗니를 끼울 때는 엄지와 검지로 잡아 엄지가 입안으로 들어가게 하여 한

번에 끼우고 아랫니는 검지가 입안으로 향하게 하여 아래쪽으로 밀어 넣는다.

4) 입 냄새 관리

(1) 입 냄새의 원인

노화로 인한 침 분비량 감소, 약물복용, 스트레스, 구강 호흡, 음식물, 의치나 보철물 사용, 소화기질환, 축농증, 편도선염, 당뇨병 등이 원인이다.

(2) 입 냄새 제거방법

① 매 식사 후 치실, 치간 칫솔로 양치질하여 입안의 이물질을 제거한다.
② 물을 자주 마셔 구강이 건조하지 않도록 한다.
③ 마늘, 양파, 카레, 술 등의 음식은 피하고 신선한 채소와 과일을 섭취한다.
④ 구강세정제나 레몬즙을 이용하여 입안을 자주 헹군다.

2. 두발 관리

1) 목적

① 두발을 청결히 하여 자존감과 두피의 혈액 순환을 증진시키고 상쾌함을 제공한다.
② 세발 시 두피의 습진이나 탈모 등 이상 증후를 조기에 발견할 수 있다.
③ 건성 모발은 2~3일에 한 번씩 감아 윤기가 있도록 한다.

2) 방법

① 공복, 식후는 피하고 추울 때에는 따뜻한 낮 시간대를 이용한다.

② 머리 감기 전에 대소변을 보고 문을 닫으며, 실내온도는 22~26℃를 유지한다.

③ 목욕의자에 앉아 머리를 앞쪽으로 숙이지만, 머리를 앞으로 숙이기 힘든 경우 샤워 캡을 씌우고 침대에서의 경우 방수포를 어깨 밑까지 깔고 방수포 위에 수건을 깔아 어깨를 감싸며, 솜으로 귀를 막고 수건으로 눈을 덮어 침대 모서리에 머리가 오도록 몸을 비스듬히 한다.

④ 35℃의 샤워기 물에 머리를 적시면서 두발이나 두피에 상처가 있는지 보고 침대에서의 경우 머리 밑에 샴푸 패드를 펴고 물이 흘러내리는 쪽에 양동이를 놓는다.

⑤ 샴푸로 머리와 두피를 손가락 끝으로 마사지 후 헹구고 린스로 충분히 헹군다.

⑥ 마른 수건으로 물기를 제거하고 헤어드라이어로 신속하게 말린다.

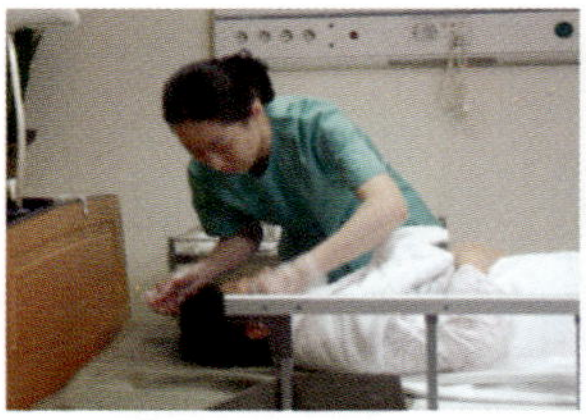

방수포 깔기

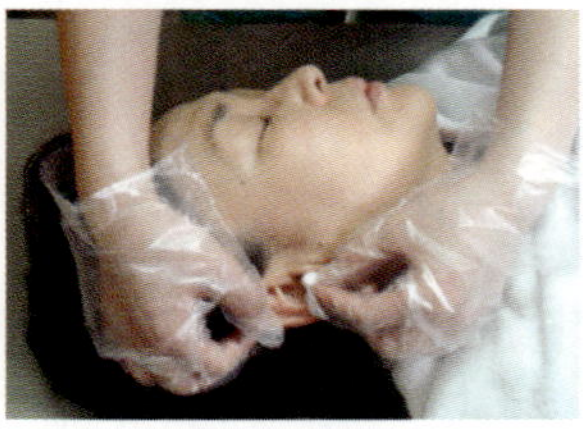

솜으로 귀 막기

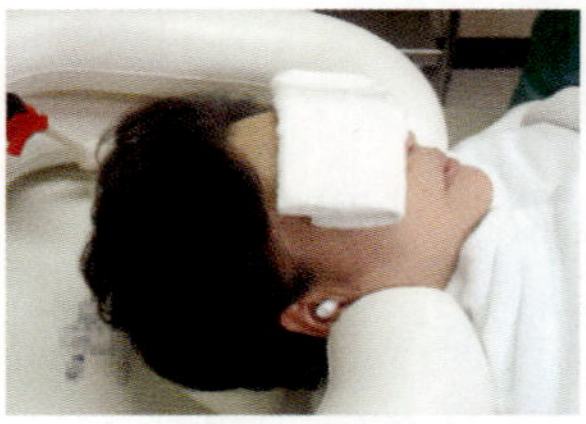

눈에 수건을 올려놓는다.

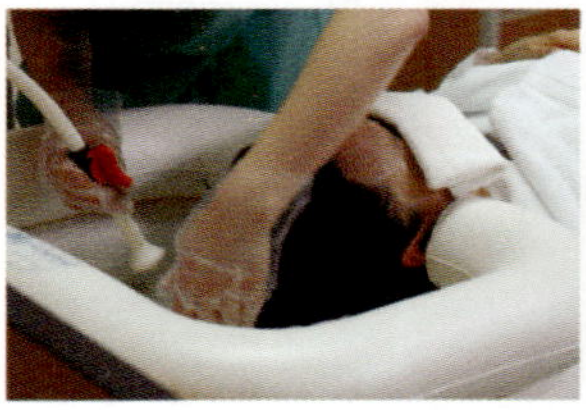

손가락 끝으로 두피를 마사지한다.

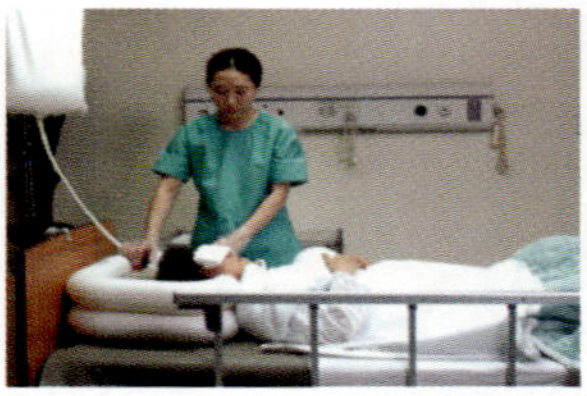

충분히 머리 헹구기

출처: 요양보호사양성표준교재.

3) 드라이 샴푸 이용하기

물을 사용할 수 없거나 신체적으로 움직이기 힘들 경우 드라이 샴푸를 머리카락이 충분히 적셔지도록 바른 후 거품이 나도록 머리를 마사지하여 마른 수건으로 닦아 낸다.

출처: 요양보호사양성표준교재.

3. 손발 및 피부 관리

1) 목적

① 손과 발을 닦아 청결을 유지함으로써 악취나 무좀, 피부 건조를 예방한다.

② 손발의 말초 부위가 따뜻하면 혈액순환이 촉진되고 기분이 상쾌하다.

③ 보습을 고려한 클렌저, 비누, 오일, 로션 등을 사용하여 건조를 예방한다.

④ 세심한 관리를 하여 특이사항이 발견되면 즉시 보고한다.

2) 손발 관리

① 당뇨병 대상자는 두꺼운 면양말을 신고 신발은 여유 있는 크기이며, 1일 1회 미지근한 물로 씻고 오일, 로션, 바세린을 바르면서 마사지하며, 굳은살 등은 제거하지 않는다.

출처: 요양보호사양성표준교재.

② 손발을 온수에 10~15분 담그면 혈액순환이 촉진되고 이물질이 쉽게 제거된다.

③ 정상적인 손발톱 색깔은 분홍색이며, 비누로 손가락, 발가락 사이를 씻은 뒤 헹구고 수건으로 물기를 닦는다.

④ 손톱은 둥글게, 발톱은 일자로 조금씩 깎고 바짝 깎지 않는다.

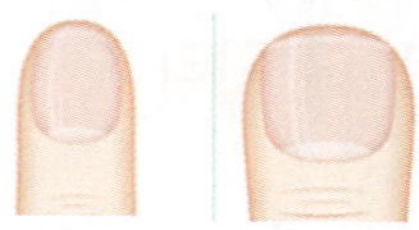

출처: 요양보호사양성표준교재.

3) 굳은 살 제거

팔꿈치, 발뒤꿈치를 물에 담궈 10분 정도 불린 후 굳은 살을 제거할 경우 돌을 사용하지 않고 씻으며, 로션이나 바셀린을 바른 후 양말을 신는다.

4) 눈 관리

① 청결한 거즈나 물수건으로 깨끗한 눈부터, 안에서 밖으로 부드럽게 닦는다.

② 한 번 사용한 수건은 같은 면을 재사용하지 않는다.

③ 눈곱이 굳은 경우 젖은 거즈를 눈 위에 올려 불린 후 부드럽게 닦는다.

④ 하안검을 당겨 결막낭을 노출하여 결막낭 안쪽에서 바깥쪽으로 처방된 안연고를 2cm 도포하며, 처방된 안약은 하안검의 중앙이나 외측으로 1~2cm 높이에서 투여한다.

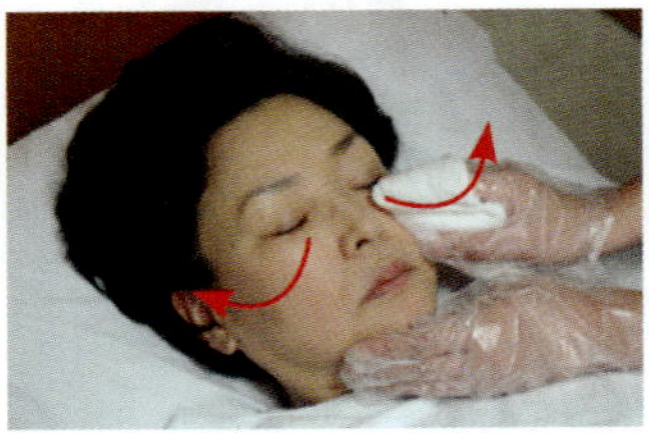

깨끗한 눈, 안에서 밖

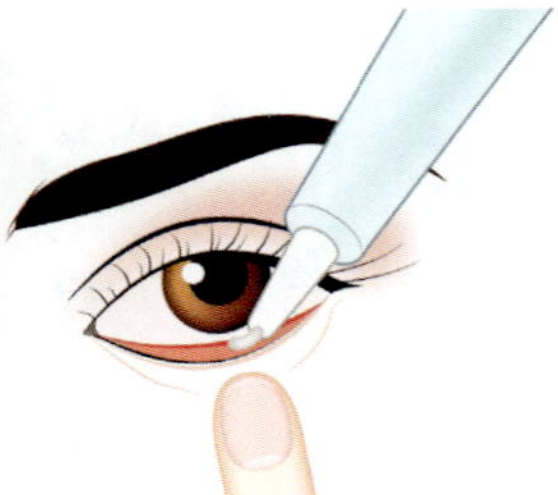

안연고 도포

안약 투여

출처: 요양보호사양성표준교재.

5) 귀 관리

① 귀지는 의료기관에 가서 제거하는 것이 안전하다.

② 귀지는 면봉으로 적절하고 부드럽게 제거한다.

③ 손가락을 이용할 경우 2차 감염의 위험이 있다.

6) 코 관리

① 손가락으로 코를 자극하면 비공이 쉽게 손상되어 붓고 심한 경우 출혈이 있거나 호흡이 불편해질 수 있다.

② 분비물이 코를 막으면 입을 벌리고 호흡하여 인후를 손상시킨다.

③ 코를 풀 때는 무리하게 풀지 말고 한쪽씩 풀도록 한다.

7) 면도 관리

① 침대 머리를 높이거나 가능하면 앉혀서 전기면도기를 사용한다.

② 따뜻한 물수건, 비누, 면도크림, 젤 등을 수염 방향과 반대로 발라 수염을 세워 충분한 거품을 낸다.

③ 볼 → 얼굴 가장자리 → 목과 입 주위 → 턱밑 → 콧수염 등 수염 방향으로 면도한다.

④ 피부가 주름져 있다면 아래 방향으로 부드럽게 잡아당겨 면도한다.

⑤ 면도 후 완전히 씻고 물기를 제거한 후 로션이나 크림 등을 바른다.

4. 회음부 관리

① 커튼이나 스크린을 치고 손 소독제로 손을 깨끗이 한다.

② 최대한 대상자 스스로 하도록 물수건을 주고 앞에서 뒤로 닦도록 한다.

③ 누워서 무릎을 세우고 목욕 담요를 펴서 몸과 다리를 덮는다.

④ 둔부 밑에 방수포나 기저귀를 깔고 무릎을 세워 다리를 약간 벌린 후 변기를 밀어 넣는다.

⑤ 생수병에 따뜻한 물을 담아 음부에 끼얹은 다음 물수건에 희석한 포비돈이나 비눗물을 묻혀 피부에 남지 않도록 깨끗이 닦는다.

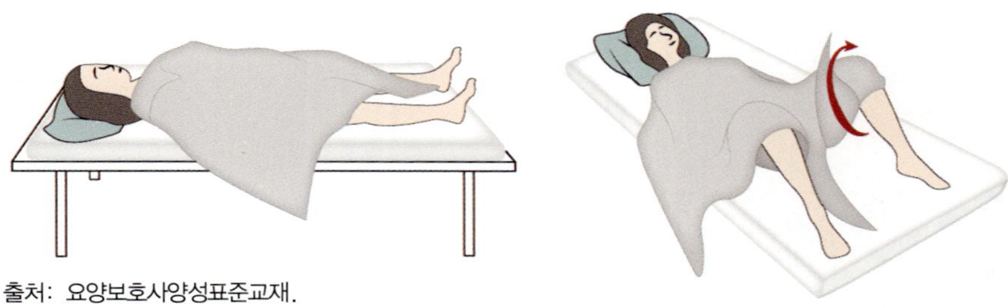

출처: 요양보호사양성표준교재.

⑥ 회음부나 음경을 닦을 때는 전용수건, 거즈나 솜을 사용하며, 여성은 회음부 앞쪽인 치골에서부터 뒤쪽인 항문 쪽인 위에서 아래로, 안에서 바깥으로 둔부를 닦는다.

⑦ 유치 도뇨관이 삽입된 경우 카테터가 당겨지지 않도록 주의한다.

⑧ 남성은 포경 수술을 하지 않은 경우 표피를 약간 뒤쪽으로 잡아당기고 음경을 수건으로 잡아 들면서 닦으며, 요도구가 있는 음경의 끝부분부터 둥글게 닦고 겹치는 부분과 음낭의 뒷면도 잘 닦은 후 물로 헹군다.

⑨ 세정 후에는 마른 수건으로 물기를 닦고 변기를 빼낸 후 변기가 닿았던 둔부의 물기를 닦고 필요에 따라 파우더를 뿌려 준다.

5. 목욕 케어

1) 목적

① 피부의 노폐물을 제거하여 몸을 청결하게 유지하고 자존감을 높인다.

② 근육 및 관절의 이완을 돕고 혈액 순환을 좋게 한다.

③ 욕창, 습진 등의 피부는 물론 신체 각 부위의 건강상태를 살펴본다.

④ 적당한 온도의 목욕물은 긴장을 풀어 주어 심신이 편안하고 숙면에 도움이 된다.

2) 욕실 목욕

① 욕실에 손잡이를 붙이거나 미끄럼방지 매트를 깔아 안전한 환경을 조성한다.

② 대소변을 보고 실내온도는 22~26℃를 유지하며, 욕실 문은 닫고 잠그지 않는다.

③ 얼굴표정, 얼굴색, 체온, 혈압, 설사, 콧물, 재채기, 기침 등을 확인하여 기분이 불쾌하거나 몸이 피로할 때, 공복 시, 식사 직전과 직후에는 피한다.

④ 욕조 물을 35~36℃ 기준으로 ½~⅓ 정도 채우고 대상자를 목욕 의자에 앉혀 발 끝에 물을 묻힌 후 다리, 팔, 몸통의 순서로 헹구고 회음부를 닦아낸다.

⑤ 건강한 손으로 손잡이를 잡고 케어자는 대상자의 마비된 쪽 겨드랑이를 잡아 건강한 다리, 마비된 다리 순으로 옮겨 놓은 후 욕조에 5분 정도 앉혀 둔다.

⑥ 욕조에서 나와 목욕 의자에 앉혀 머리를 감기고 발가락 사이와 발바닥, 말초에서 중심으로 스스로 닦게 하고 도움이 필요한 부분만 보조한다.

⑦ 따뜻한 물로 머리부터 아래 방향으로 비눗물을 잘 씻어낸다.

⑧ 머리카락은 전체를 감싸 두드리듯이 닦고 다른 수건으로 몸을 부드럽게 닦으며, 목욕 시간이 20~30분 이내로 하여 지치지 않도록 한다.

⑨ 어지러움, 혈색 변화, 피로감을 느끼는지 상태를 확인하고 따뜻한 물이나 우유 등으로 수분을 보충하며, 손톱과 발톱을 정리하고 휴식을 취하도록 한다.

출처: 요양보호사양성표준교재.

3) 침상 목욕

① 공복이나 식사 전후 1시간 정도는 목욕을 피하고 실내온도는 22~26℃를 유지하며, 창문과 욕실 문을 닫는다.

② 침상에 방수포를 깔고 목욕 물의 온도를 35~36℃를 기준으로 조절한다.

③ 목욕을 하기 전에 손과 발을 미리 불려 놓으면 목욕 시간을 효과적으로 사용할 수 있으나, 당뇨병이나 말초혈관 장애가 있는 경우 손과 발을 미리 담그지 않는다.

④ 옷은 노출을 줄이면서 건강한 쪽부터, 정맥주사를 맞지 않는 쪽부터 벗긴다.

⑤ 몸 닦는 순서는 얼굴 → 목 → 가슴 → 배 → 팔 → 손 → 손가락 → 등 → 둔부 → 발 → 발가락 → 음부이며, 음부는 별도의 타월로 스스로 닦도록 한다.

⑥ 눈은 안쪽에서 바깥쪽으로 닦고 다른 쪽 눈은 수건의 다른 면을 사용하며, 이마 → 뺨 → 코 → 입 주위 → 턱 → 귀 뒤쪽 → 귓바퀴 → 목 순으로 닦는다.

⑦ 유방은 위로 올려 원을 그리듯, 복부는 배꼽을 중심으로 시계방향으로 닦는다.

⑧ 상지는 손끝에서 손가락, 손바닥, 손등을 겨드랑이 쪽으로 꼼꼼히 닦는다.

⑨ 측와위로 하여 목 뒤에서 둔부까지 원을 그리듯 둥글게 닦고 둔부 사이와 항문 주위를 깨끗하게 하며, 뼈가 돌출된 등이나 둔부는 피부색을 관찰하고 욕창 등 이상이 없으면 등 마사지를 한다.

⑩ 하지는 무릎을 구부려 다리를 세우고 발뒤꿈치나 무릎 뒤를 손으로 지지한 상태에서 발끝에서 허벅지 쪽으로, 고관절 부위나 무릎의 뒷면도 닦는다.

⑪ 목욕 시간은 20~30분 이내로 하여 지치지 않도록 하고 깨끗한 수건으로

다시 한번 전신을 닦은 후 깨끗한 옷으로 갈아입힌다.

⑫ 따뜻한 물이나 우유 등으로 수분을 보충하고 어지러움이나 피로감이 없는지 상태를 확인하며, 손발톱을 정리하고 휴식을 취하게 한다.

4) 등 마사지

(1) 경찰법(쓰다듬기)

① 손바닥을 위아래로 가볍고 부드럽게 쓰다듬는 마사지 기법이다.

② 피부가 건성일 경우 로션을, 지성일 경우 알코올이나 파우더를 사용한다.

③ 사지에서부터 심장 쪽으로 뒤로 밀어 정맥 및 림프 순환을 촉진한다.

④ 양 손바닥으로 피부를 밀착시켜 가볍게 누르고 허리에서 목을 향해 밀어올리며, 양옆으로 원을 그리면서 마사지한다.

⑤ 양쪽 둔부에서 안으로 원을 그리며, 5~20분 정도 마사지한다.

⑥ 몸의 긴장을 풀고 마음을 편안하게 하는 진정효과가 있으며, 혈액순환을 돕는다.

(2) 유날법(주무르기)

① 경찰법보다 더 깊은 조직을 자극하는 마사지 기법이다.

② 손가락, 손바닥으로 근육을 부드럽게 움켜쥐거나 주무른다.

③ 원형으로 문지를 때는 시계 반대 방향으로 하고 뼈의 돌출 부위를 피한다.

④ 척추 양옆을 따라 올라가면서 목 주위 근육을 손가락으로 피부를 집어 올려 반죽하듯이 5분 정도 마사지한다.

(3) 지압법(마찰법, 문지르기)

① 피부와 심부조직을 강하게 문질러 표면과 깊은 조직까지 자극한다.

② 엄지손가락이나 손가락 끝으로 원을 그리면서 강한 압력으로 깊게 문지른다.

③ 반흔(흉터 조직), 관절 주위나 근육이 뭉친 특정 부위를 집중적으로 마사지한다.

④ 긴장과 강직을 완화하고 뭉친 부위와 딱딱한 조직을 풀어 준다.

(4) 경타법(두드리기)

① 양손을 컵 모양으로 말아 번갈아 가면서 빠르게 두드리거나 손끝으로, 주먹으로, 손을 모로 세워 두드리는 마사지 기법이다.

② ① 중 1가지를 선택하여 2회 반복한 후 경찰법을 8회 시행한다.

③ 가래 제거에 효과적이고 호흡기 질환자, 혈액순환, 피로회복, 근육의 반사적 긴장 완화에 도움이 된다.

(5) 진동법(흔들기)

① 손바닥과 손가락을 피부 위에 올린 상태에서 강하게 흔들거나 떨리듯 빠르게 움직이는 마사지 기법이다.

② 진동을 통해 신체 깊숙한 조직에 자극을 준다.

③ 근육이 피로할 때나 깊은 이완이 필요할 때 사용한다.

④ 특정 부위의 통증을 줄이고 혈액순환을 돕는다.

6. 옷 갈아입기 케어

1) 목적

① 자외선이나 추위, 더위 등 외부 자극으로부터 몸을 보호한다.

② 옷을 갈아입는 동작은 관절운동의 기회가 된다.

③ 가족이나 이웃, 타인과의 대인관계에 자신감을 심어 준다.

④ 땀이나 분비물로 더러워진 옷을 갈아입어 청결을 유지하면 기분이 전환되고 삶의 의욕을 높일 수 있다.

2) 주의사항

① 안색, 기분, 통증, 어지러움, 체온을 확인한다.

② 실내온도는 22~26℃ 유지하고 겨울에는 케어자의 손, 의복은 보온한다.

③ 노출되는 부분을 적게 하여 수치심을 느끼지 않도록 한다.

④ 상하지의 마비 유무, 걷거나 서는 동작, 앉는 자세의 가능성 유무를 고려하여 옷 입고 벗기를 돕는다.

⑤ 편마비의 경우 옷을 벗을 때는 건강한 쪽부터 벗고 옷을 입을 때는 불편한 쪽부터 입는다.

⑥ 상의와 하의가 분리되고 앞 여밈이며, 단추가 있고 신축성 있는 옷이 좋다.

⑦ 와상의 경우 옷이 구겨지지 않도록 펴 준다.

3) 앉을 수 있는 편마비 대상자 옷 갈아입기

(1) 앞이 벌어지고 단추 있는 상의 갈아입기

① 바닥이나 의자에 앉아 단추를 풀고 건강한 쪽 소매를 당겨서 벗긴다.

② 마비된 쪽은 스스로 벗을 수 있게 돕는다.

③ 옷을 입을 때는 마비된 팔을 먼저 끼우고 건강한 팔을 마저 끼운다.

④ 단추를 잠그고 불편해하지 않도록 옷을 정돈한다.

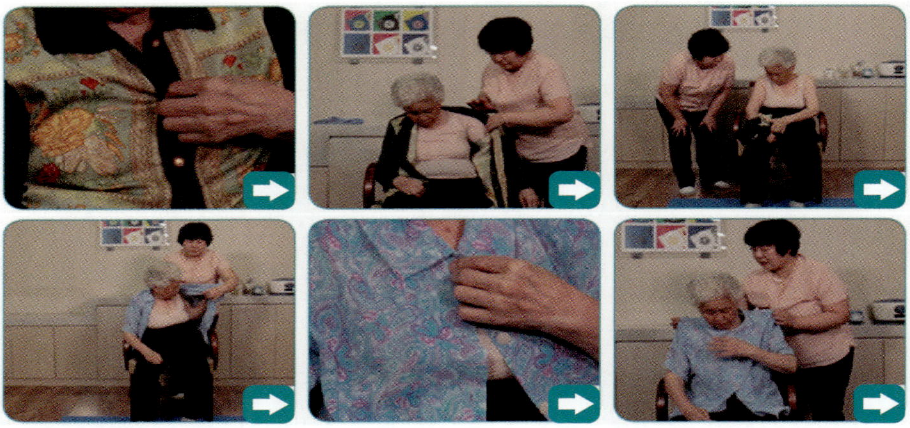

출처: 요양보호사양성표준교재.

(2) 앞이 막힌 상의 갈아입기

① 옷을 벗길 때는 가슴까지 옷을 걷어 올린다.

② 건강한 쪽 겨드랑이에 케어자의 손을 넣어 팔꿈치를 빼고 소매를 잡아당겨 옷을 벗긴다.

③ 건강한 손으로 옷을 잡아 머리를 빼면 마비된 손을 뺄 수 있게 소매를 당겨 준다.

④ 옷을 입을 때는 마비된 팔을 먼저 끼운 후 옷의 몸통과 목 부분을 움켜잡아 머리를 끼운다.

⑤ 건강한 팔을 소매에 끼울 때 팔을 쉽게 집어넣을 수 있도록 돕는다.

⑥ 불편해하지 않도록 옷을 정돈하고 상의를 갈아입은 후 머리를 정돈해 준다.

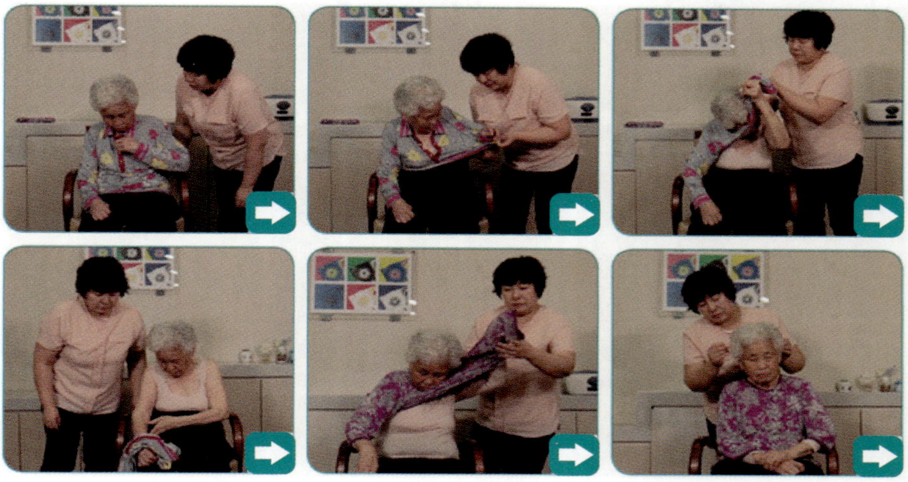

출처: 요양보호사양성표준교재.

(3) 하의 갈아입기

① 앉은 상태에서 몸을 좌우로 움직여 무릎까지 바지를 조금씩 내린다.

② 건강한 다리를 올려 바지를 벗고 건강한 손으로 마비된 다리를 당겨서 바지를 벗는다.

③ 바지를 입을 때는 고개를 앞으로 숙이고 엉덩이를 들면서 마비된 다리에 바지를 끼울 수 있게 도운 후 건강한 쪽은 스스로 입도록 바지를 한쪽씩 올린다.

④ 다리 사이에 케어자의 발을 집어넣고 팔을 목에 두르도록 한 후 허리를 잡고 천천히 일으켜 세운다.

⑤ 손을 떼지 않은 상태에서 바지를 완전히 올린다.

⑥ 의자에 다시 앉히고 옷을 정돈해 준다.

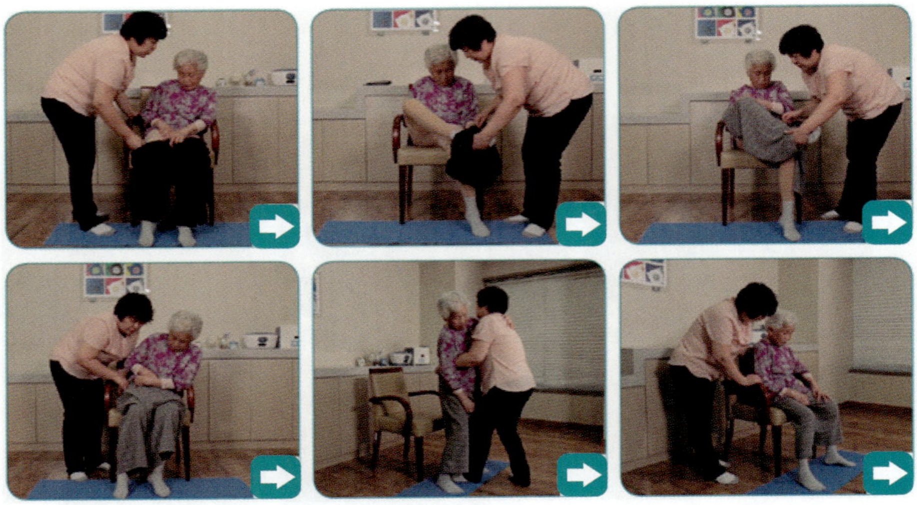

출처: 요양보호사양성표준교재.

4) 와상 대상자 옷 갈아입기

(1) 앞이 벌어진 단추 있는 상의 갈아입기

① 단추를 풀고 불편한 쪽 어깨의 옷을 조금 내린다.

② 건강한 쪽의 소매를 당겨 벗기고 불편한 쪽의 등 쪽으로 옷을 말아 넣는다.

③ 건강한 쪽이 아래로 가도록 측와위로 하고 최대한 스스로 하도록 한다.

④ 등 쪽으로 말아 넣은 옷을 뺀 다음 나머지 한쪽을 벗긴다.

⑤ 케어자는 마비된 쪽에 서서 상의의 한쪽 소매 끝에서 어깨선, 목선까지 모아 쥐고 악수하듯 마비 측의 손을 잡는다.

⑥ 마비된 쪽 손을 모아 쥐고 상의를 어깨 위까지 올려 입힌다.

⑦ 건강한 쪽으로 돌려 눕히고 등 뒤쪽에 펼쳐져 있는 상의의 소매 부분을 계단식으로 접어놓는다.

⑧ 마비된 쪽으로 대상자를 눕힌 후 등 아래쪽에 접혀 있는 상의를 펼친다.

⑨ 건강한 쪽 손을 잡아 팔을 넣을 수 있도록 돕고 옷소매의 단추를 잠근다.

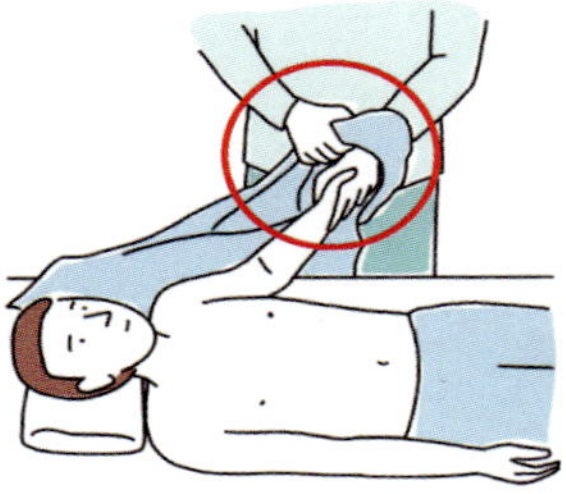

상의 모아 쥔 후 마비 쪽 손 잡기

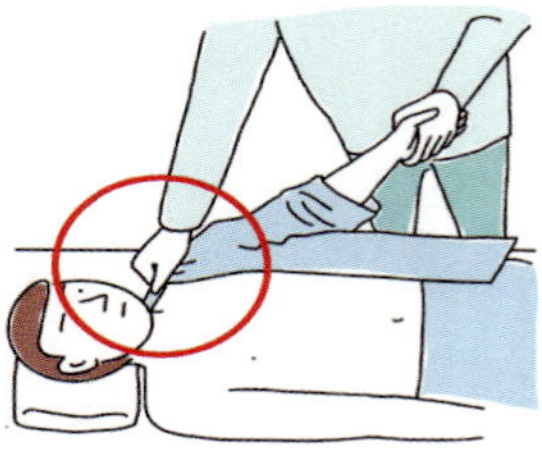

상의를 올려 입히기

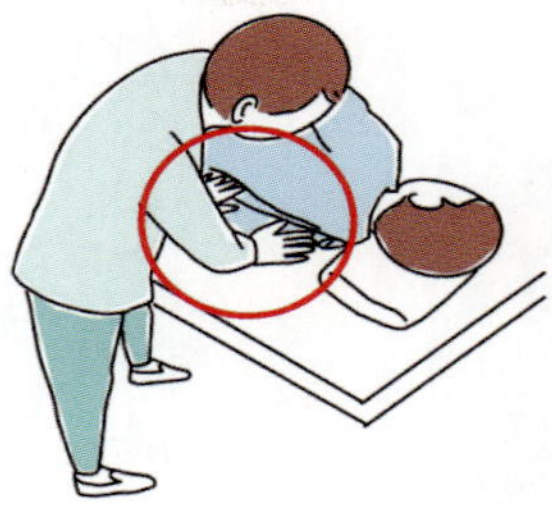

건강한 쪽으로 돌려 눕히기

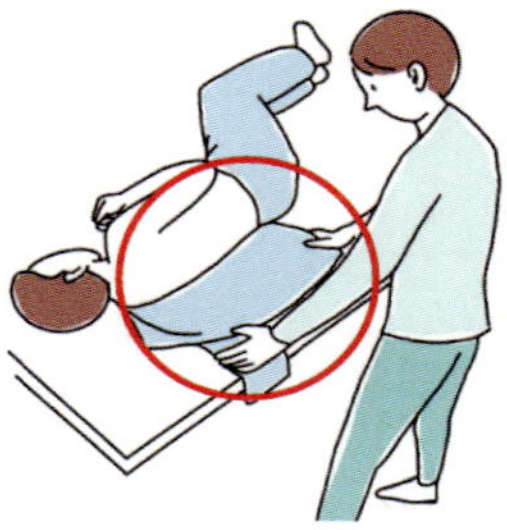

마비된 쪽으로 다시 돌려 눕히기

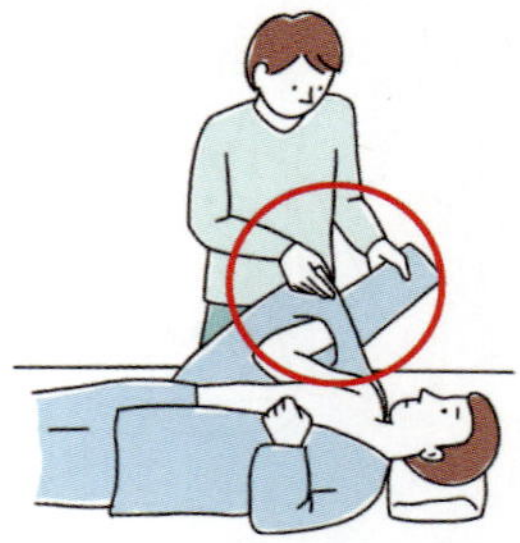

건강한 쪽 상의를 입도록 돕기

출처: 요양보호사양성표준교재.

(2) 앞이 막힌 상의 갈아입기

① 옷을 벗길 때 가슴까지 옷을 걷어 올린다.

② 케어자는 건강한 쪽 겨드랑이 밑으로 손을 넣어 팔꿈치를 빼고 소매를 잡아당겨 벗긴 후 머리 쪽을 벗긴다.

③ 마비된 쪽 어깨 → 팔꿈치 → 손목 순으로 옷을 벗긴다.

④ 옷을 입힐 때는 마비된 쪽 손을 잡고 팔을 끼운다.

⑤ 남은 한쪽 소매를 건강한 쪽 어깨 위에 놓는다.

⑥ 옷의 목 부분을 늘여 머리를 통과시킨다.

⑦ 앞섶을 잡아당겨 건강한 쪽 소매를 통과시킨다.

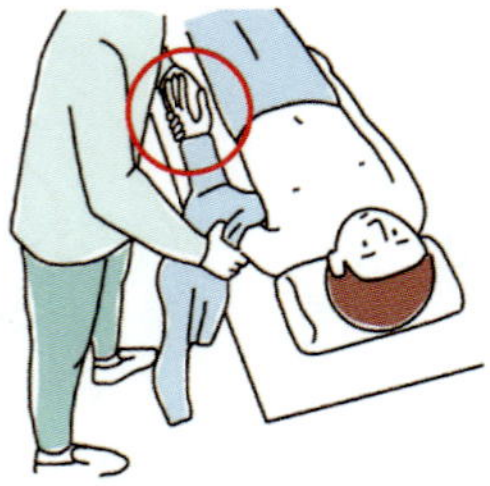

마비 쪽 손 잡아 팔 끼우기

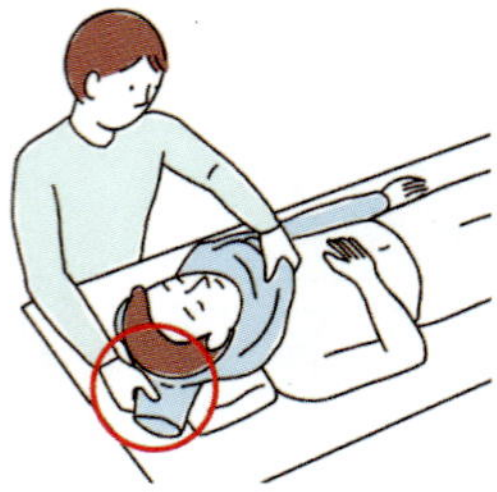

남은 소매를 건강한 쪽 어깨 위에

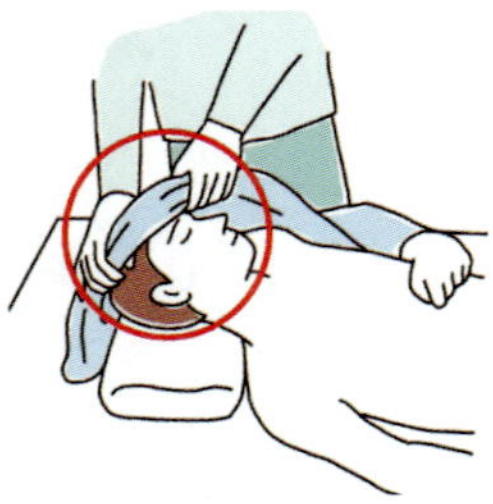

옷의 목 부분 늘려 입기

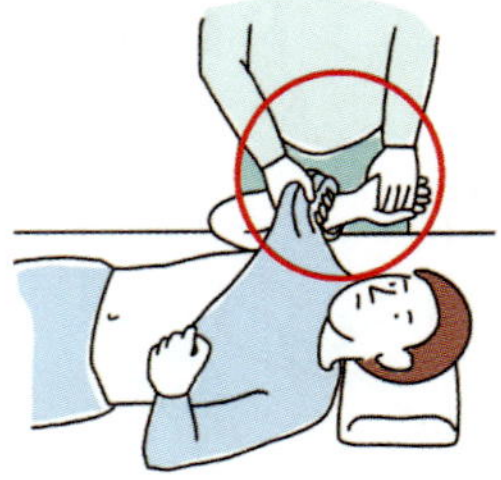

건강한 쪽 소매 통과시키기

출처: 요양보호사양성표준교재.

(3) 하의 갈아입기

① 바지를 벗길 때에는 무릎을 세워 바지의 허리 부분 양 끝을 잡고 대퇴부 아래로 내린다.

② 케어자의 무릎으로 발을 지지하여 한쪽씩 다리를 들면서 바지를 내린다.

③ 새 바지에 케어자의 손을 넣어 마비된 쪽부터 다리를 잡고 발에 하의를 끼운 후 건강한 쪽 하의를 끼워 올린다.

④ 무릎을 구부리고 둔부를 들어 바지의 허리 부분을 잡아 대퇴부까지 끌어 올린다. 스스로 둔부를 들 수 없다면 돌아눕게 하여 한쪽을 올린 후 다시 반대쪽으로 돌아눕게 하여 끌어올려 입힌다.

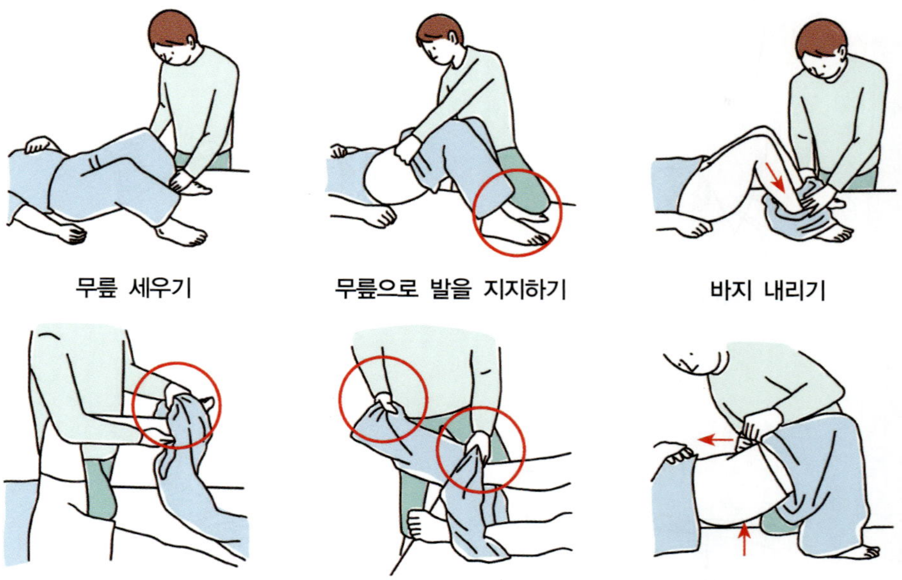

무릎 세우기 / 무릎으로 발을 지지하기 / 바지 내리기

마비 쪽 발에 하의 끼우기 / 건강한 쪽 발 바지에 넣기 / 엉덩이를 들어 바지 입기

출처: 요양보호사양성표준교재.

(4) 수액이 있는 경우 상의 입히기

① 단추 있는 옷을 입히는 경우 먼저 마비된 쪽의 팔을 낀다.

② 건강한 쪽으로 돌아눕게 하고 등 뒤쪽에 펼쳐져 있는 상의의 소매 부분을 계단식으로 접어놓는다.

③ 앙와위 자세에서 수액을 건강한 쪽 소매의 안에서 밖으로 빼내 걸은 후 건강한 쪽 팔을 끼우고 단추를 잠근다.

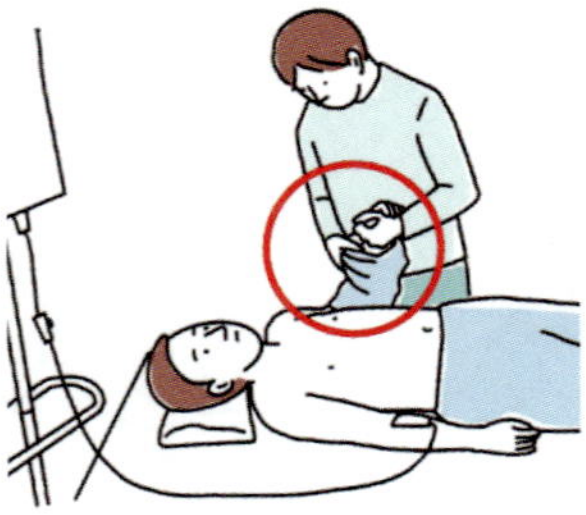

마비 쪽 팔 소매 끼움

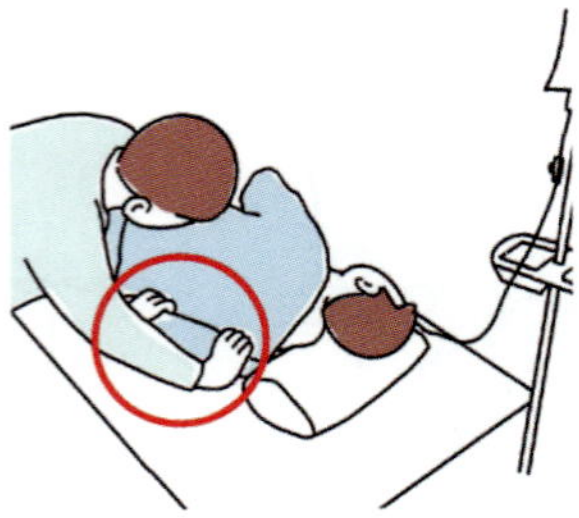

등 뒤의 소매 접어 놓음

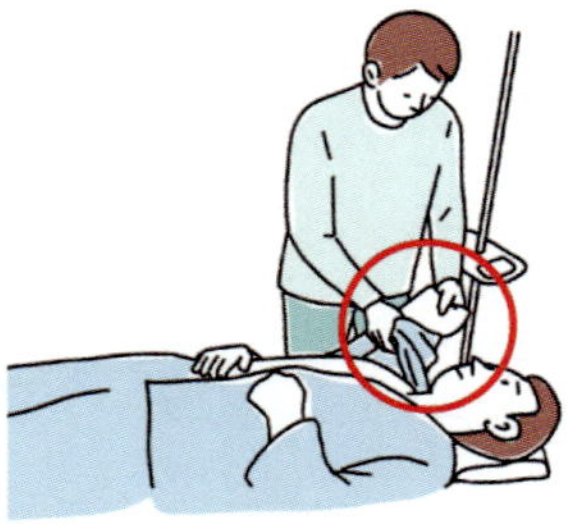

수액을 건강한 쪽 소매 안에서 밖

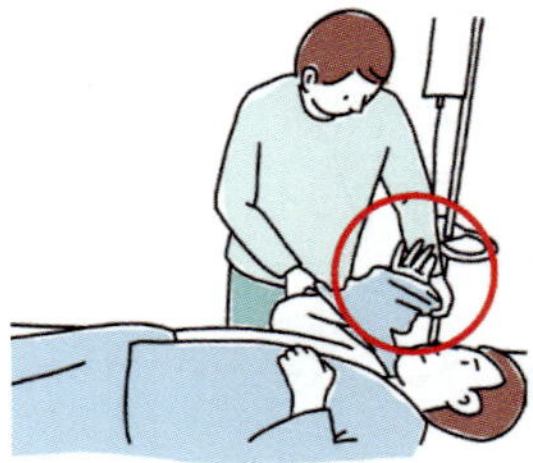

건강한 팔 소매 끼우기

출처: 요양보호사양성표준교재.

단추 있는 상의 입히기	불편한 팔 → 건강한 팔
단추 있는 상의 벗기기	건강한 팔 → 불편한 팔
단추 없는 상의 입히기	불편한 팔 → 머리 → 건강한 팔
단추 없는 상의 벗기기	건강한 팔 → 머리 → 불편한 팔
수액 있고 단추 있는 상의 입히기	불편한 팔 → 수액 → 건강한 팔
수액 있고 단추 있는 상의 벗기기	건강한 팔 → 수액 → 불편한 팔
수액 있고 단추 없는 상의 입히기	불편한 팔 → 머리 → 수액 → 건강한 팔
수액 있고 단추 없는 상의 벗기기	불편한 팔 → 수액 → 머리 → 건강한 팔
하의 입히기	불편한 다리 → 건강한 다리
하의 벗기기	건강한 다리 → 불편한 다리

Chapter
12

영양과 식사 및 배설 케어

1. 영양 관리
2. 식사 케어
3. 배설 케어

Chapter 12

영양과 식사 및 배설 케어

1. 영양 관리

1) 영양부족

① 영양부족의 위험 요인은 너무 적은 식사량, 영양적으로 불균형된 식사, 약물사용, 고령, 급성 또는 만성질환, 사회적 고립, 빈곤, 우울, 알코올 중독, 인지장애, 식욕부진, 오심, 연하 장애 등이 있다.

② 영양부족을 확인할 수 있는 지표는 체중 감소, 신체기능 저하, 마르고 약해 보임, 배변양상의 변화, 피로, 무감동, 인지수준 변화, 상처회복 지연, 탈수 등이 있다.

2) 섭취 제한

① 첨가당이란 설탕, 시럽, 꿀, 물엿 등이 들어간 가당 음료로 과량 섭취는 비만, 충치, 대사증후군을 일으키고 첨가당 섭취 상한 2,000kcal 기준으로

50g이며, 커피믹스 1잔(당 11g), 아이스크림 1개(당 17g), 탄산음료 1병(당 23g)을 섭취하면 1일 첨가당 섭취량을 초과하게 된다.

② 포화지방의 과량 섭취는 저밀도(LDL)-콜레스테롤 수치와 심혈관 질환의 위험이 증가하고 튀기지 않은 빵, 과자를 섭취하며, 유지방을 적게 먹고 포화지방 섭취는 1일 8g 미만 섭취하는 것을 권장하며, 2,000kcal 기준으로 15g 미만이다.

③ 작은 국그릇을 이용하고 싱겁게 조리하여 채소와 같이 먹으며, 만성질환 위험을 감소할 수 있는 1일 나트륨 섭취량은 2,100mg(65~74세), 1,700mg(75세 이상)이고 나트륨 섭취를 낮추려면 찌개, 국, 탕류의 국물 섭취를 적게 한다.

④ 가공식품은 가능하면 제한하고 구매할 때는 영양표시 성분을 확인하며, 나트륨과 포화지방 함량이 적은 제품을 선택한다.

3) 노인을 위한 식생활 지침

① 매일 6가지 식품군을 골고루 먹자

② 짠 음식을 피하고 싱겁게 먹자

③ 식사는 규칙적이고 안전하게 하자

④ 물을 많이 마시고 술은 적게 마시자

⑤ 많이 움직여서 건강한 체중을 유지하자

⑥ 음식은 먹을 만큼 준비하고 오래된 것은 먹지 말자

4) 6가지 식품군

(1) 곡류(제1군)

밥, 빵, 국수, 고구마, 감자, 옥수수, 밤 등의 탄수화물 섭취를 통해 에너지를 얻고 두뇌활동이 활발하며, 겨, 배유, 씨눈이 모두 그대로 남아 있는 곡물인 전곡은 식이섬유가 풍부하여 변비, 비만, 심장병, 당뇨병, 혈당조절에 도움이 된다.

(2) 고기, 생선, 달걀, 콩류(제2군)

소고기, 닭고기, 생선, 오징어, 달걀, 두부, 콩, 견과류 등의 단백질이며, 육류 대신에 콩을 섭취하면 퇴행성 혈관질환의 예방에 도움이 되고, 특히 연령이 증가함에 따라 단백질 부족은 근육량의 감소, 면역기능 저하, 상처회복의 지연 등이 나타난다.

(3) 채소류(제3군)

당근, 오이, 고추, 배추, 버섯, 시금치, 콩나물 등의 채소류는 비타민, 무기질, 식이섬유가 매우 풍부한 식품군으로 면역력 강화, 장 건강 개선, 질병 예방, 만성질환의 위험을 낮출 수 있다.

(4) 과일류(제4군)

사과, 포도, 수박, 귤, 참외, 딸기 등의 과일류는 여러 가지 비타민, 특히 비타민C, 무기질, 식이섬유, 천연 당분 등이 풍부하여 과당과 포도당은 빠르게 에너지원으로 사용되므로 과도하게 섭취하면 당 과잉이 될 수 있으니 다양한 색상의 생과일로 섭취하고 적절한 양 유지가 필요하다.

(5) 우유, 유제품류(제5군)

우유, 아이스크림, 치즈, 요거트 등의 단백질, 비타민B2 등은 치아 건강과 뼈의 약화속도를 늦추어 골절, 골다공증을 예방하고 장 건강과 정상 혈압을 유지하는 데 도움을 준다.

(6) 유지류와 당류(제6군)

참깨, 참기름, 들깨, 들기름, 콩기름, 올리브유, 해바라기유, 버터, 마가린, 커피크림 등의 유지류는 호르몬 생성을 돕지만, 포화지방(동물성 지방)과 트랜스지방(가공 식품 등)을 과다 섭취하면 심혈관계 질환 위험이 있고, 특히 설탕, 물엿, 꿀, 커피믹스 등의 당류는 빠르게 에너지를 공급하지만, 영양적 가치가 낮아 적절하게 활용한다.

5) 열량

일반적으로 노인은 기초 대사율과 활동량이 감소하여 지방 섭취량을 조절하고 비만을 예방하기 위하여 영양의 질이 좋은 식사를 하도록 권하고 젊은 성인보다 칼로리를 20% 줄여 남성은 2,000kcal, 여성은 1,600kcal 정도 섭취하여야 한다.

6) 영양소

(1) 탄수화물

총열량의 45~55%를 잡곡류로 섭취하는 것이 좋고 당근, 호박, 현미, 고구마, 시금치, 무청 등은 비만, 고지혈증, 당뇨병, 장운동과 장의 노폐물 제거에 도움을 준다.

(2) 단백질

단백질 섭취는 지방을 제거한 육류나 가자미, 조기 등의 흰살생선과 꽁치, 고등어, 정어리 등의 등푸른생선, 삶은 콩, 두부 등이 좋고 총열량의 10~15% 정도이며, 단백질 섭취가 부족하면 노화가 빨리 오거나 노인성 치매가 유발될 수 있다.

(3) 지방

총열량의 20~25% 정도 섭취하되, 음식 자체와 조리 중에 포함되어 있는 지방량도 많아 과잉 섭취하면 만성질환, 노화, 비만을 촉진시키고 동맥경화증, 관상동맥 질환, 유방암, 전립선암의 발생률이 높아진다.

(4) 비타민

비타민은 우유, 생선, 달걀, 신선한 음식에 많이 함유되어 있고 비타민D가 부족하면 골다공증을 유발하며, 비타민E는 노인의 면역기능과 알츠하이머병 증상을 늦추는 것으로 알려져 있다.

(5) 칼슘

대부분의 노인에게 발생되는 골다공증의 예방과 진행을 막을 수 있고 1일 권장량은 700mg이며, 멸치, 우유, 연녹색 채소, 콩류, 뼈째 먹는 생선 등에 함유되어 있다.

(6) 염분

염분의 1일 권장량은 10g 이하이지만, 노인은 미각이 감퇴되어 짜게 먹게 되어 고혈압, 심장 질환, 신장 질환에 나쁜 영향을 미친다.

(7) 물

인간의 몸은 70~80%가 수분으로 구성되어 1일 평균 1.5~2리터(6~8잔)를 권장하며, 물 대신 다른 음료를 마실 때는 당이 첨가되지 않은 음료를 선택하고 소량씩 여러 번 나누어 섭취하며, 체온조절, 영양소 운반, 노폐물 배출에 중요하다.

2. 식사 케어

1) 식사의 종류

(1) 일반식

음식의 종류에 관계없이 저작과 연하 능력에 문제가 없고 소화를 잘 시킬 수 있는 대상자에게 제공한다.

(2) 저작 도움식

저작능력이 떨어져 단단하고 질긴 음식을 먹기 어려운 대상자에게 부드럽게 조리하거나 잘게 썰어 저작하기 편한 형태로 제공한다.

(3) 연하 도움식

저작과 연하 능력이 떨어져 씹고 삼키기 어려운 대상자에게 음식을 부드럽게 갈아서 제공하거나 액체는 증점제를 첨가하여 점도를 높여 목 넘김을 좋게 하여 제공한다.

(4) 유동식

① 경구 유동식

너무 차거나 뜨겁지 않게 하여 입으로 먹는 미음 형태이고 연하 능력에 따라 유동식(액상)을 그대로이거나 증점제, 즉 수프를 넣어 걸쭉하게 만들어 제공한다.

② 경관 유동식

입으로 식사를 못 하면 비위관(L-tube)이나 위루관(G-tube)을 삽입하여 영양소와 약을 위장관으로 공급하고 비위관은 월 1회, 위루관은 6개월마다 교체한다.

위의 모양이 왼쪽으로 기울어져 있어서 오른쪽으로 눕혀 영양액이 잘 흘러 내려가도록 하며, 비위관이 빠지지 않도록 반창고 등으로 잘 고정하고 영양액은 체온 정도의 온도로 데워 주사기를 통해 1일 4회, 즉 7시, 12시, 17시, 21시경에 제공한 후 30분 정도 앉아 있도록 한다.

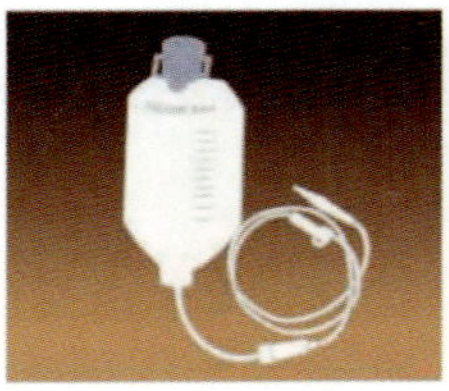
영양주머니

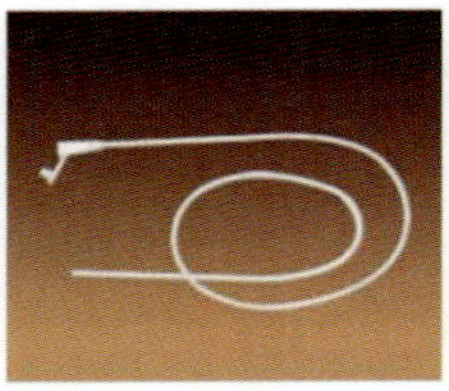
비위관

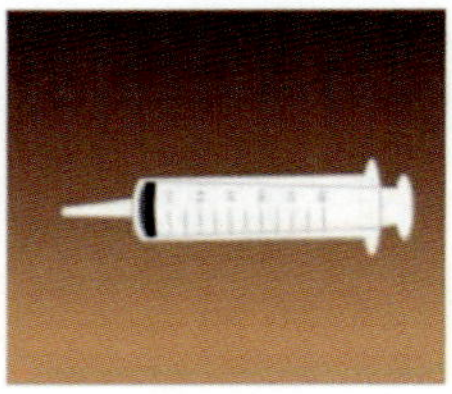
주사기

출처: 요양보호사양성표준교재.

2) 조리

① 치아 상태와 소화력에 따라 음식을 부드럽게 조리하거나 질긴 재료는 두드리거나 잘게 썰어 씹는 데 불편하지 않도록 조리한다.

② 추억을 상기할 수 있는 재료를 선택하여 과거를 회상하고 즐거움을 갖도록 한다.

③ 차가운 음식은 차갑게, 뜨거운 음식은 뜨겁게 준비하여 식욕을 돋운다.
④ 색깔 있는 재료를 선택하고 모양에 변화를 주어 식욕을 돋운다.
⑤ 적당한 크기로 썰어 한입에 넣을 수 있도록 만든다.
⑥ 국물은 사레가 들리지 않도록 조금 되게 조리하여 기도 흡인을 예방한다.

3) 식사 환경

① 규칙적인 생활과 쾌적한 식사 환경을 조성한다.
② 식사 장소와 침실을 가능한 한 구분한다.
③ 식사시간 전에 걷기 등 신체 활동을 활발하게 하여 식욕을 촉진시킨다.
④ 식사 중에는 올바른 자세를 유지하도록 한다.

4) 식사 자세

① 올바른 식사 자세

식탁의 높이는 대상자가 의자에 앉았을 때 식탁의 윗부분이 가슴과 배꼽 사이에 위치하고 의자의 안쪽 깊숙이 앉아 발이 바닥에 닿도록 한다.

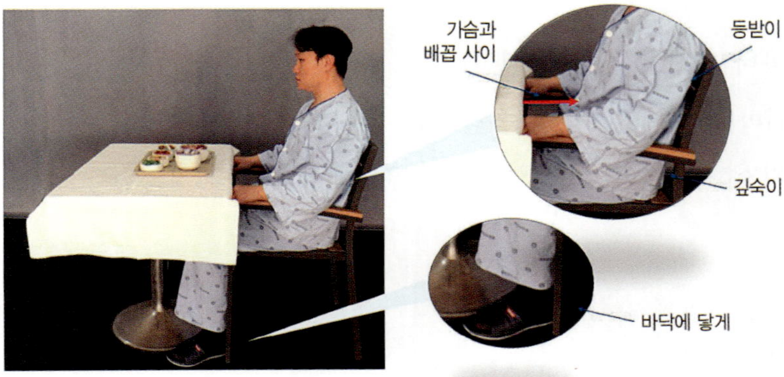

출처: 요양보호사양성표준교재.

② **앉은 자세**

의자를 당겨 깊숙이 앉고 식탁에 팔꿈치를 올리며, 휠체어에 앉을 때도 휠체어를 식탁 가까이 붙이고 팔을 올렸을 때 편안한 자세를 취하게 한다.

③ **침대에 걸터앉은 자세**

발이 바닥에 완전히 닿아야 안전하고 바닥에 닿지 않으면 받침대를 받치고 넘어지지 않도록 쿠션을 대 준다.

출처: 요양보호사양성표준교재.

④ **침대 머리를 올린 자세**

침대에서 일어나거나 앉을 수 없는 경우 침대를 약 30~60° 높이며, 머리를 앞으로 약간 숙이고 턱을 당기면 음식을 삼키기가 쉬워진다.

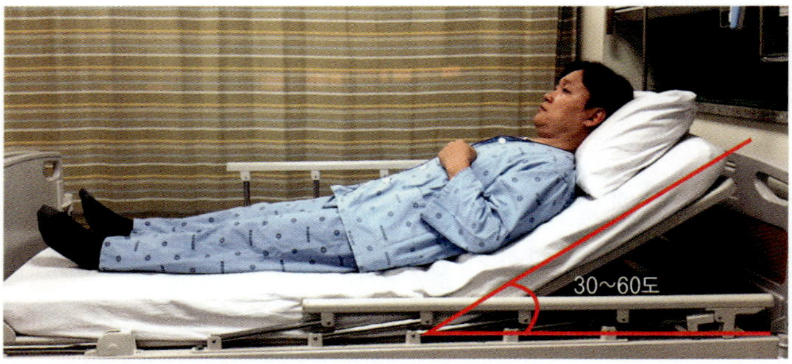

출처: 요양보호사양성표준교재.

⑤ **편마비 대상자 식사 자세**

좌측 편마비라면 우측이 약간 옆으로 누운 자세로 하고 마비 쪽에 베개나 쿠션으로 지지하여 안정된 자세가 되면 우측에서 음식을 제공한다.

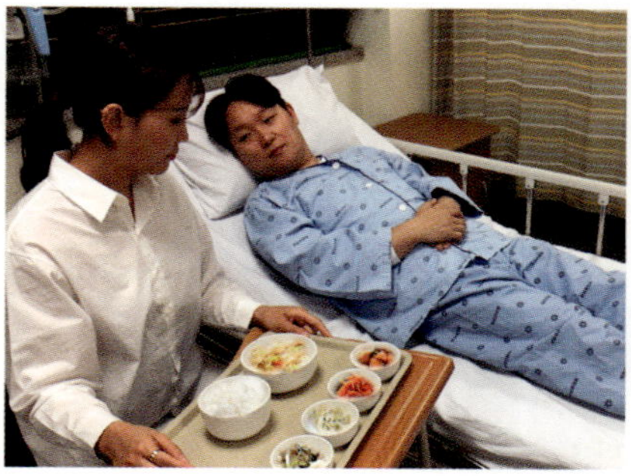
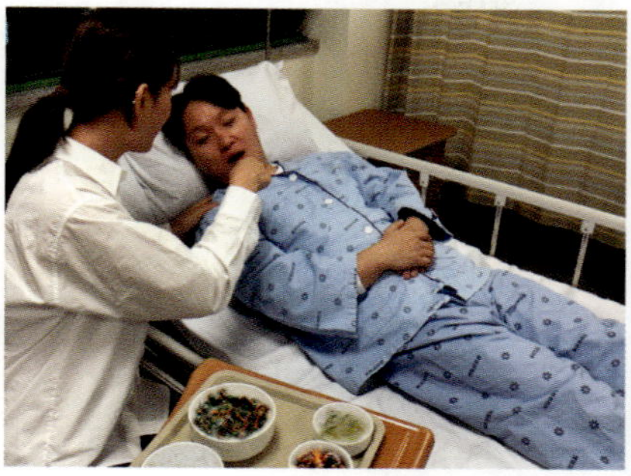

출처: 요양보호사양성표준교재.

5) 식사 케어의 목적

① 식사는 신체를 건강하게 유지하고 회복하는 데 필요한 영양소를 공급해 준다.
② 음식을 씹으면 의식 수준이 높아지고 생활 리듬을 되찾는 데 도움이 된다.
③ 먹는 즐거움을 통해 삶의 활력을 되찾을 수 있다.

6) 식사 케어의 원칙

① 대상자가 선호하는 음식과 식습관 및 소화 능력을 고려하여 음식을 선택한다.
② 식사 방법, 속도, 음식의 온도 등을 배려하여 즐겁고 편안한 식사가 되도록 한다.
③ 식사 전에 몸을 움직이거나 가벼운 산책을 통해 식욕을 증진시키고 TV를 끄며, 대상자와 케어자는 비누로 손을 씻고 주변 환경을 청결히 정리한다.
④ 반찬 색깔을 보기 좋게 담아내 식욕을 돋운다.
⑤ 저작, 연하, 사레, 기침, 구토, 청색증 등이 나타나는지 관찰하고 대처한다.
⑥ 스스로 할 수 있는 것은 최대한 스스로 하도록 한다.

⑦ 식사 시간, 섭취한 음식의 종류와 양을 기록하여 식사와 건강문제를 파악한다.

7) 식사 케어 방법

① 비누로 손을 씻어 청결하게 하고 식탁 주변을 깨끗하게 정리한다.
② 식사 전에 배설 여부를 확인하고 앞치마나 턱받이, 베개 등을 준비한 후 입안을 물로 헹구거나 구강을 청결히 하고 물을 한 모금 마시며, 음식물 온도를 확인한다.
③ 스스로 식사하도록 격려하고 집기가 편안한 식사 방법을 고안한다.
④ 와상은 침대 머리를 30~60° 올리고 베개를 받쳐 턱이 당겨지는 자세를 한다.
⑤ 앉을 수 있으면 허리를 곧게 펴고 똑바로 앉아 침대 머리를 최대한 올린다.
⑥ 마비의 경우 건강한 쪽을 아래로 측와위하며, 베개로 마비된 쪽을 지지한다.
⑦ 오른손잡이는 오른쪽, 편마비는 건강한 쪽에 서서 음식을 ⅓ 뜨고 한 손을 받쳐 숟가락 끝부분을 입술 옆쪽에 대고 손잡이를 머리 쪽으로 약간 올려 음식을 넣는다.
⑧ 숟가락 둥근 바닥을 혀 중앙에 놓고 가볍게 누르며, 숟가락을 뺄 때는 윗입술을 스치듯이 한다.
⑨ 밥과 반찬 등을 따로따로 주어 각각의 맛을 느끼도록 한다.
⑩ 음식물을 충분히 씹도록 기다리고 삼킨 것을 확인한 후 다시 준다.
⑪ 입가에 묻은 음식물은 자연스럽게 닦아 준다.
⑫ 국물은 구부러지는 굵은 빨대를 이용하여 마시도록 한다.
⑬ 안면 마비의 경우 식사 후 입안에 남아 있는 음식은 삼키든지 뱉도록 도와

준다.

⑭ 식사 후 입안을 헹구거나 양치질 등 구강 관리를 철저히 하고 의치는 깨끗이 닦아 정해진 위치에 보관한다.

⑮ 식사 후 30분 정도 앉아 있고 식사량과 식사내용, 식습관 등을 기록한다.

3. 배설 케어

1) 일반 원칙

① 배설하는 모습이 보이지 않게 가려 편안하게 하고 사생활을 존중한다.

② 배설물은 바로 깨끗이 치우며, 피부 상태도 반드시 살펴본다.

③ 도움이 필요한 부분만 도와 자존감을 높여 주고 자립심을 키워 준다.

④ 항문은 앞에서 뒤로 닦아야 요로계 감염을 예방할 수 있다.

2) 배설 상태 관찰

(1) 배설요구의 표현

화장실에 가고 싶다고 말하는 언어적 표현과 끙끙거림, 안절부절못함, 손으로 배 또는 엉덩이를 가리킴, 얼굴 표정이 일그러짐, 허리를 들썩임, 바지를 내리려고 하는 등의 비언어적인 표현을 한다.

(2) 배설 관찰내용

배설 전에는 요의나 변의 유무, 하복부 팽만, 이전 배설과의 간격 등을, 배설 중에는 통증, 불편함, 불안 정도, 배변 어려움, 배뇨 어려움 등을, 배설 후에는 색깔, 혼탁 여부, 배설시간, 잔뇨감, 잔변감, 배설량, 냄새 등을 관찰한다.

3) 배뇨 관리

(1) 자연 배뇨케어

① 수분섭취에 제한이 없는 경우 충분한 물을 제공한다.
② 손발을 따뜻한 물에 씻어 주어 긴장을 완화시켜 준다.
③ 사생활을 존중하기 위해 커튼을 치거나 문을 닫아 안전하고 편안하게 한다.
④ 배뇨 소리가 타인에게 들리지 않도록 흐르는 물소리나 음악을 틀어 준다.
⑤ 하루 1,000~1,500ml 정도의 소변을 배설하며, 배뇨 시간을 충분히 준다.
⑥ 따뜻한 물을 소량씩 회음부에 대어 주거나 방광 부위를 가볍게 누른 후 대상자가 힘을 주도록 하며, 더운 물을 넣은 주머니를 하복부에 대어 준다.
⑦ 배뇨가 끝나면 소변의 색깔, 양, 냄새, 부유물의 여부 등을 관찰하여 기록한다.

(2) 이상 배뇨

배뇨 시의 통증이나 어려움이 있는 것은 배뇨 곤란이고 소변에 혈액이 섞여 배출되는 것은 혈뇨이며, 야간에 잦은 배뇨는 야뇨이고 1일 소변량이 500ml 이하로 적은 것은 핍뇨이며, 소변량이 비정상적으로 많은 것은 다뇨이고, 배뇨 간격이 짧고 횟수가 매우 잦은 것은 빈뇨이며, 자신의 의지와 상관없이 원하지 않는 장소와 시간에 소변이 나오는 것은 요실금이다. 요실금의 종류는 방광에 소변이 찬 상태에서 기침, 재채기, 줄넘기, 달리기 등으로 소변이 나오는 복압성(긴장성)요실금, 소변이 마려운 느낌이 드는 순간 화장실에 가는 도중에 소변을 참지 못하고 나오는 절박성 요실금, 화장실을 제시간에 가지 못하거나 가려고 하지 않는 기능성 요실금이 있으며, 여성 요실금의 치료는 약물치료와 골반근육 운동(Kegel 운동)이 있다.

(3) 유치 도뇨관

① 대상자

소변을 못 보거나 요실금, 수술이나 검사, 하반신 마비로 배뇨에 문제가 있거나 소변으로 상처 부위에 오염, 욕창이 있는 경우이며, 금기 사항이 없는 한 수분 섭취를 권장한다.

② 멸균 관리

- 삽입된 도뇨관이 밖으로 나와 있는 경우 관을 안으로 밀어 넣지 않는다.
- 도뇨관이나 연결관이 침대의 난간이나 대상자의 몸에 눌리지 않도록 한다.
- 연결관이 꺾이거나 꼬이지 않도록 한다.
- 도뇨관에 대변 등의 오물이 묻었을 경우 소독액으로 닦고 건조시킨다.
- 도뇨관이 당겨져 빠지지 않도록 하고 강제로 빼면 요도 점막이 손상된다.

③ 소변 상태와 소변 주머니 관리

- 소변의 색, 양, 냄새, 혼탁도를 살피고 소변 주머니의 훼손 여부와 소변 주머니나 줄에 결정체 등이 있는지 2~3시간마다 확인한다.
- 소변 주머니의 위치는 도뇨관의 위치보다 항상 낮아야 하고 소변 주머니는 침대를 사용하면 침대 고리에 걸고 침대를 사용하지 않으면 발치에 놓이도록 한다.
- 거동이 가능하면 소형 소변 주머니를 대퇴 부위에 고정하면 편리하다.
- 소변 주머니는 ½ 이상 차지 않도록 하고 비울 때는 주머니의 배수관 끝이 바닥이나 오염된 곳에 닿지 않도록 주의한다.

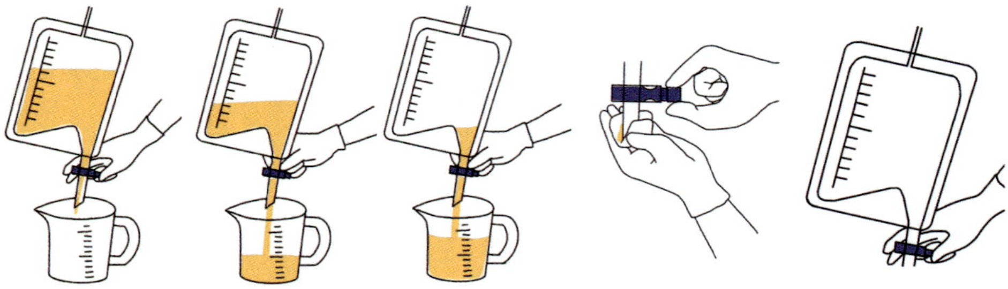

배출구 열기　　소변기에 소변 받기　　배출구를 잠그고 알코올 솜으로 닦기　　소변배출구를 제자리에 꽂기

출처: 요양보호사양성표준교재.

4) 배변 관리

(1) 자연 배변케어

① 아침 식후에 규칙적으로 화장실에 가도록 돕거나 변기를 제공한다.

② 배변이 원활하도록 복식호흡을 하고 장에 힘을 주며, 상체 운동을 한다.

③ 복부에 더운 물 주머니를 대고 시계방향으로 배를 문지르는 등 마사지 한다.

④ 성인 1일 배변량은 약 200g이며, 고섬유식이, 충분한 수분섭취, 적절한 운동, 정신적 스트레스 완화 등으로 배변 활동이 원활하게 한다.

⑤ 배변이 끝나면 변의 색깔, 양, 냄새 등을 관찰하여 기록한다.

(2) 이상 배변

기침을 하거나 방귀를 뀌거나 변이 마려운 느낌이 들지만, 참지 못하고 나오는 변실금은 고령의 여성 ⅔에서 발생하며, 배변 횟수가 1일 4회 이상 또는 250g 이상의 묽은 변을 보는 것은 설사이다. 변비는 주 3회 미만 변을 보거나 딱딱하며, 대상자를 좌측으로 눕혀 관장액(글리세린)을 넣고 용기 끝부분에 윤활제를 바른 후 항문에 용기의 ½을 삽입하여 천천히 주입하고 5~10분 막아도 효과가 없으면 손가락 관장을 한다.

5) 화장실 이용

① 편마비의 건강한 쪽 침상 가까이에 휠체어를 두고 침대 난간에 30~45°나 빈틈없이 붙이며, 침대 난간을 내리고 두 팔과 두 발을 안전하도록 모아 준다.

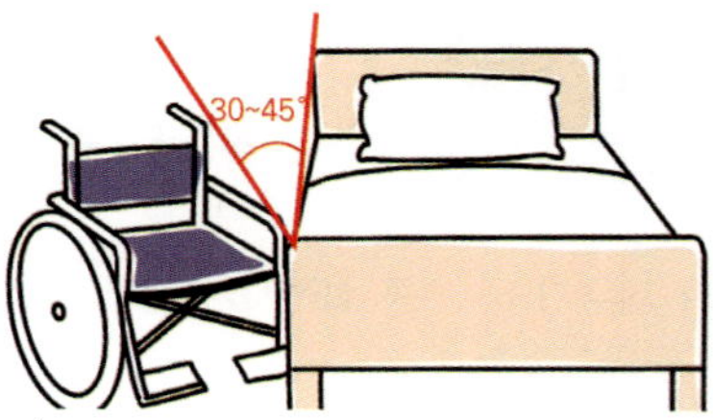

침상 옆에 비스듬히 붙이기

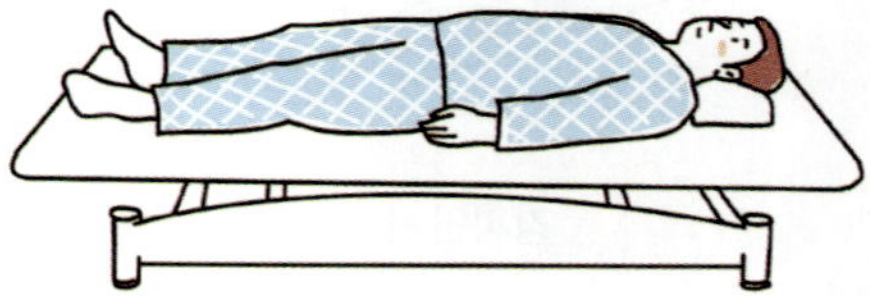

마비 대상자의 팔다리 모으기

출처: 요양보호사양성표준교재.

② 케어자의 한쪽 팔은 어깨를 지지하고 다른 한쪽은 모은 두 발의 무릎 쪽을 감싸 침대 끝으로 두 다리를 이동한다.

③ 허리와 엉덩이 사이에 케어자의 두 손을 지지하여 침대 가장자리로 옮겨 앉혀 두 발이 바닥에 닿게 한다.

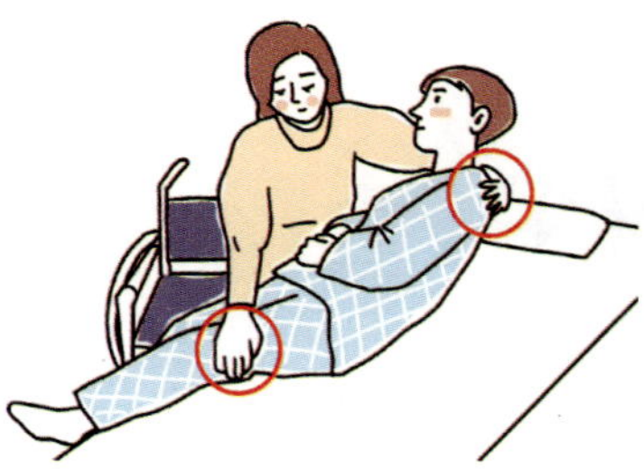

침상 끝으로 이동시키기

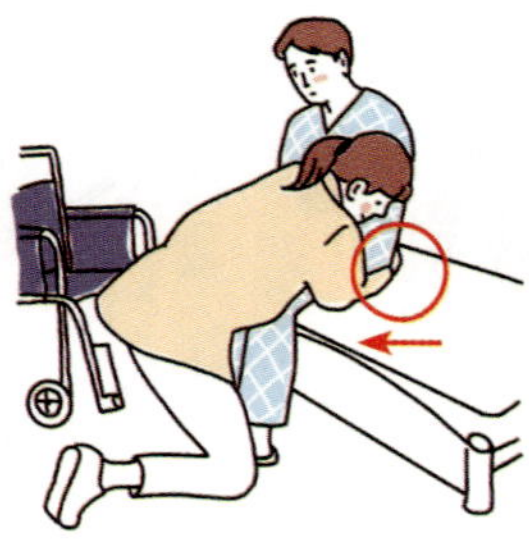

침상 가장자리 걸터앉히기

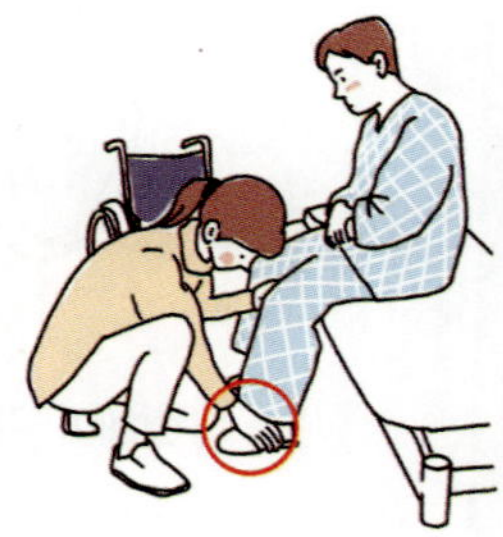

두 발이 바닥에 닿게 하기

출처: 요양보호사양성표준교재.

④ 건강한 손으로 휠체어 팔걸이를 잡고 케어자는 무릎을 다리 사이에 넣어 지지면을 확보한다.

⑤ 케어자의 양팔로 겨드랑이 밑과 등 뒤를 감싸 안아 반동을 이용하여 일으켜 세운 후 몸을 회전시켜 휠체어에 앉힌다.

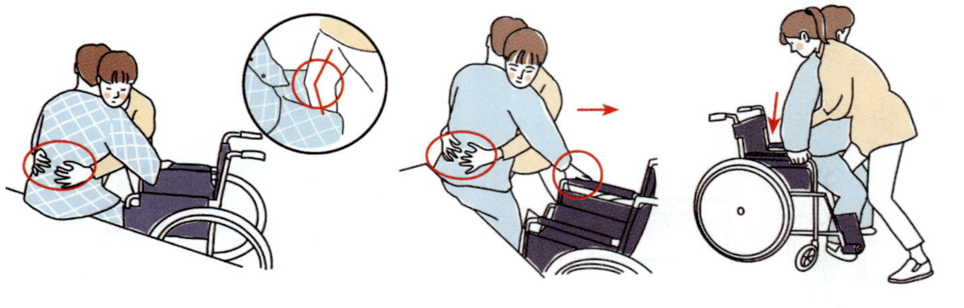

감싸안기 일으켜 세우기 몸 회전시켜 휠체어에 앉히기

출처: 요양보호사양성표준교재.

⑥ 케어자는 휠체어 뒤쪽에 서서 겨드랑이 사이로 두 팔을 넣고 포개진 두 팔을 양손으로 감싸 휠체어 깊숙이 앉힌다.

⑦ 편마비라면 건강한 쪽 손으로 불편한 쪽 손과 발을 자세 잡고 발 받침대 위에 발을 올려놓는다.

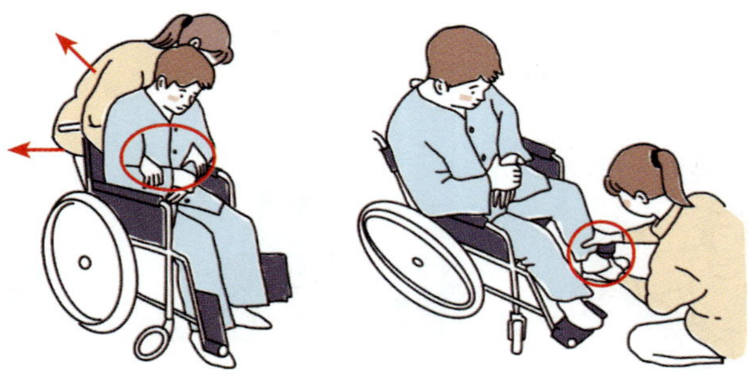

휠체어 깊숙이 앉히기 발 받침대에 발 올리기

출처: 요양보호사양성표준교재.

⑧ 케어자의 양팔로 겨드랑이 밑으로 등 뒤를 감싸 안아 일으켜 세운 후 몸을 90도 회전시켜 변기 앞에 세우고 바지를 내린 후 변기에 앉힌다.

⑨ 밖에서 기다려 주기를 원하면 호출기를 두고 요청하도록 알린다.
⑩ 배설을 마치면 여성의 음부는 앞에서 뒤로 닦아 준 뒤 휠체어에 앉힌다.
⑪ 세면대에서 손을 씻고 휠체어에서 침상으로 안전하게 이동하도록 보조한다(침상에서 휠체어로 이동하는 것의 역순으로 시행).
⑫ 배설물에 특이사항이 있는 경우 시설장이나 간호사에게 직접 보여 주거나 색깔, 냄새, 특성 등을 정확히 기록하여 보고한다.

6) 이동변기

① 커튼이나 스크린 등으로 가리고 침대와 이동변기의 높이가 같게 한다.
② 변기에 앉을 때 흔들리지 않게 변기 밑에 미끄럼방지 매트를 깐다.
③ 변기가 차지 않도록 따뜻한 물이나 수건으로 미리 데워 둔다.
④ 침대의 한쪽 난간을 내리고 다리를 내려 두 발이 바닥에 닿게 한다.
⑤ 편마비의 건강한 쪽 침대 난간에 30~45°나 빈틈없이 붙인다.
⑥ 화장지를 변기 안에 깔거나 음악을 틀어 배설 소리가 들리지 않게 한다.
⑦ 케어자의 발을 대상자의 발 사이에 넣고 일으켜 대상자의 무릎을 이동변기 쪽으로 밀면서 몸을 회전시켜 변기 앞에 세운다.
⑧ 배설 중에는 하반신을 수건이나 무릎 덮개로 덮어 준다.
⑨ 밖에서 기다려 주기를 원하면 호출기를 두고 요청하도록 알린다.
⑩ 배설을 마치면 여성의 음부는 앞에서 뒤로 닦아 준 뒤 손을 씻게 한다.
⑪ 이동변기에서 침상으로 안전하게 이동하도록 보조한다(침상에서 이동변기로 이동하는 것의 역순으로 시행).
⑫ 배설물에 특이사항이 있는 경우 시설장이나 간호사에게 직접 보여 주거나 색깔, 냄새, 특성 등을 정확히 기록하여 보고한다.
⑬ 이동변기의 배설물을 즉시 처리하고 환기한다.

7) 침상 배설(간이 변기)

① 커튼이나 스크린 등으로 가리고 변기는 따뜻한 물로 데워 놓는다.
② 화장지를 변기 안에 깔거나 음악을 틀어 배설 소리가 들리지 않게 한다.
③ 건강한 쪽이 아래로 가도록 측와위로 돌려 눕힌 후 방수포를 반 정도 말아서 깔고 다른 쪽으로 돌려 눕힌 후 말아진 방수포를 펼쳐서 깐다.
④ 허리 아래 부분을 무릎 덮개로 늘어뜨려 덮은 후 바지를 내리고 변기를 대 주며, 여성은 회음부 앞부분에 화장지를 대어 주어 소변이 튀지 않고 소리가 작게 한다.
⑤ 침대를 올려 주어 대상자가 배에 힘을 주기 쉬운 자세를 취하게 한다.
⑥ 밖에서 기다려 주기를 원하면 호출기를 두고 요청하도록 알린다.
⑦ 배설을 마치면 침대 머리를 낮추고 무릎덮개를 걷어 낸다.
⑧ 케어자의 한 손으로 허리를 들어 올리고 변기를 뺀다.
⑨ 회음부와 둔부를 앞에서 뒤로 닦아 주면서 피부 상태를 확인한다.
⑩ 방수포를 걷어 낸 후 손을 씻게 한다.
⑪ 옷과 이불을 정리하고 커튼이나 스크린 등을 제거한다.
⑫ 소변이 뿌옇거나 탁할 때, 거품이 많거나 색이 진할 때, 냄새가 심하거나 피가 섞여 나올 때, 대변에 피가 섞여 선홍빛이거나 검붉을 때, 심하게 묽거나 점액질이 섞여 나올 경우 시설장이나 간호사에게 직접 보여 주고 색깔, 냄새, 특성 등을 정확히 기록하여 보고한다.
⑬ 간이 변기 내에 있는 배설물을 즉시 처리하고 환기한다.

8) 기저귀 이용

① 커튼, 스크린으로 가리고 손 소독제로 깨끗이 한 후 일회용 장갑을 착용한다.
② 방수포를 깐 후 윗옷을 허리까지 올리고 바지를 내린다.

③ 허리를 들 수 없거나 협조가 불가능한 경우 대상자를 옆으로 돌려 눕혀 배설물이 보이지 않도록 말아 넣어 더러워진 기저귀를 뺀다.

④ 둔부 및 항문 부위, 회음부에 희석한 포타딘으로 앞에서 뒤로 닦는다.

⑤ 피부의 발적, 욕창, 상처 등이 있는지 확인하고 가볍게 마사지한다.

⑥ 측와위에서 새 기저귀를 반으로 접어 둔부 밑에 대고 바로 눕힌 후 다시 반대편 측와위에서 접힌 기저귀를 펼친다.

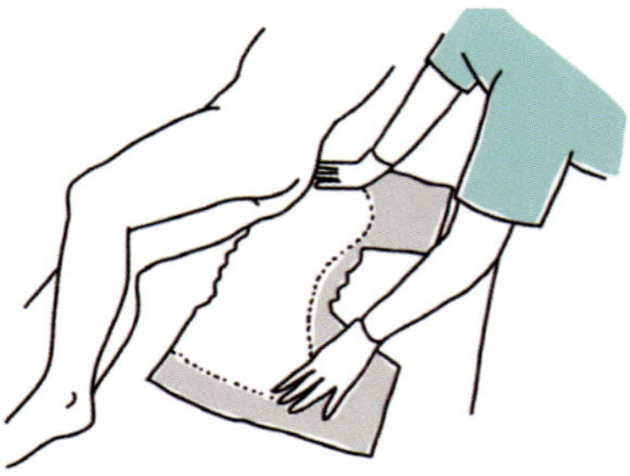

새 기저귀를 반으로 접어 대기

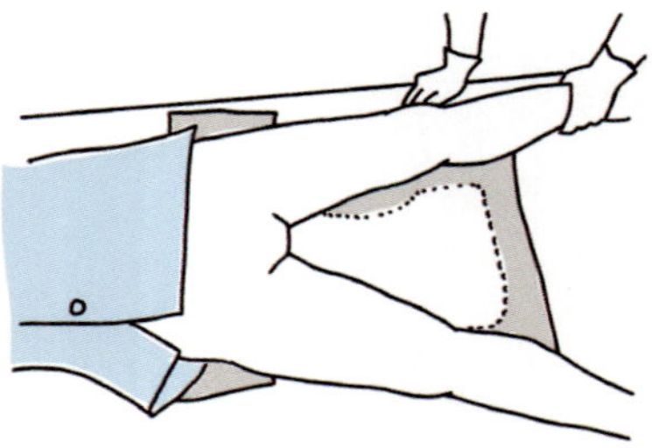

접힌 기저귀 펼치기

출처: 요양보호사양성표준교재.

⑦ 앙와위로 눕히고 기저귀로 엉덩이를 감싼후 테이프를 붙인다.

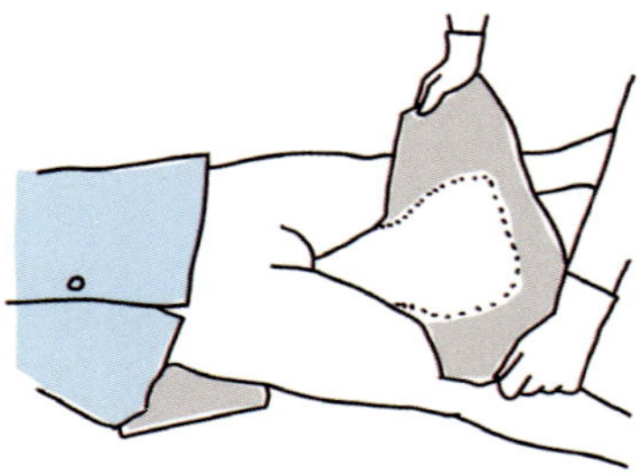

엉덩이 감싸기

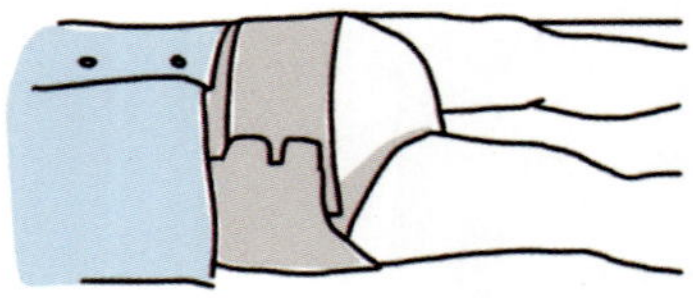

테이프 붙이기

출처: 요양보호사양성표준교재.

⑧ 기저귀가 안 뭉치도록 펴서 마무리한 후 바지를 입히고 윗옷은 내려 준다.

⑨ 침상 주름을 펴서 정리하고 이불을 덮어 준다.

⑩ 사용한 물품을 정리하고 물과 비누로 손을 씻는다.

⑪ 배설물에 특이사항이 있는 경우 시설장이나 간호사에게 직접 보여 주거나 색깔, 냄새, 특성 등을 정확히 기록하여 보고한다.

⑫ 창문을 열어 환기하고 필요시 탈취제나 방향제를 사용한다.

Chapter 13

체위 변경과 이동 케어

1. 체위 관리
2. 체위 변경
3. 휠체어에서의 자세
4. 케어자의 건강 및 안전 관리
5. 이동 케어

Chapter 13

체위 변경과 이동 케어

1. 체위 관리

1) 목적

장시간 누워 있는 대상자를 편안하게 하고 근육 수축을 방지하여 압박으로부터 생길 수 있는 욕창을 예방하며, 관절의 굳어짐과 변형을 예방하고 배액 촉진의 효과를 도와 편안함과 안락함을 제공하기 위하여 모든 과정을 상황에 알맞은 적당한 방법과 속도로 안전하게 체위를 관리해야 한다.

2) 기본원칙

① 특별한 이유로 금기인 경우를 제외한 모든 대상자에게 매일 적당한 양의 관절운동과 근육 운동은 필요하지만, 신체적 상태, 안정도 및 운동능력, 통증, 장애의 정도, 질병 상황, 심리적인 측면 등을 고려하여 수행한다.

② 체위는 2~3시간마다 변경하고 감각 상실, 혼수, 마비, 부종이 있을 경우

욕창의 위험이 높아지므로 더욱 주의를 기울여야 한다.

③ 장시간 관절을 늘여서 펼치면 긴장이 오므로 약간 구부린 상태가 좋다.

④ 체위의 종류에 따라 쿠션, 베개, 수건, 발 지지대 등을 이용하여 근육 및 관절의 긴장을 방지하고 필요 부위를 지지해 준다.

⑤ 신체의 상태와 상황에 따라 돕는 속도와 빈도를 적절하게 하여 편안하게 실시한다.

⑥ 돌아눕거나 앉고 일어서는 동작은 머리, 팔꿈치, 손과 발, 몸 등 자연스럽고 정상적인 움직임에서 안전하다(김춘환 외, 2023).

3) 신체정렬 방법

① 신체정렬이란, 신체를 움직일 때 뼈대 및 관절의 배열이나 각도 등이 자연스럽고 편안한 위치에 있도록 하는 것이며, 케어자의 허리와 가슴 사이의 높이, 몸 가까이에서 잡고 보조해야 한다.

② 발을 적당히 벌리고 서서 한 발은 다른 발보다 약간 앞에 놓아 지지면을 넓힌다.

③ 양다리에 체중을 지지한 후 무릎을 굽히고 중심을 낮게 하여 골반을 안정시킨다.

④ 대상자 이동 시 다리와 몸통의 큰 근육을 사용하여 척추의 안정성을 유지한다.

⑤ 갑작스러운 동작은 피하고 보조 후 적절한 휴식을 취한다.

2. 체위 변경

1) 침대에서의 체위 변경

(1) 목적

① 호흡 기능이 원활해지고 폐 확장이 촉진된다.

② 관절의 움직임을 돕고 변형을 방지한다.

③ 몸이 붓고 혈관 내에 혈전이 생기는 것을 예방한다.

④ 혈액 순환을 도와 욕창을 예방하고 피부 괴사를 방지한다.

⑤ 허리와 다리의 통증 등 고정된 자세로 인한 불편감을 줄인다.

(2) 주의 사항

① 대상자의 몸을 잡고 체위 변경을 할 경우 관절 밑 부분을 지지한다.

② 체위에 따라 들어간 부분이나 다리 사이를 베개나 수건으로 지지한다.

③ 2시간마다 체위 변경하고 욕창이 이미 발생한 경우 더 자주 변경한다.

2) 체위의 종류

(1) 앙와위(바로 누운 자세): 휴식하거나 잠을 잘 때

① 천장을 보며 누운 상태에서 머리 밑에 작은 베개를 받쳐 준다.

② 편안함을 위하여 무릎과 발목 밑에 동그랗게 말은 수건이나 작은 베개를 받쳐 줄 수 있으나, 고관절(엉덩이 관절)과 무릎관절의 구축이 발생할 수 있으므로 장시간의 사용은 주의한다.

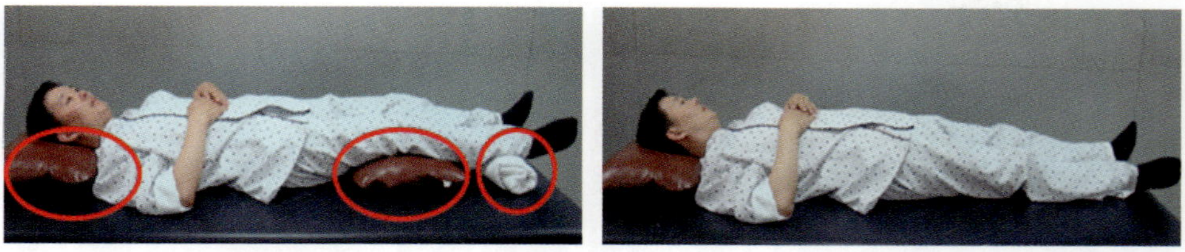

출처: 요양보호사양성표준교재.

(2) 반좌위(상지 거상): 숨이 참, 세면, 식사 시나 위관 영양

① 천장을 보며 누운 상태에서 침상 머리를 45° 정도 올린 자세이다.

② 등 뒤에 베개 두세 개를 사용하여 A자 형태로 받쳐 자세를 유지하거나 베개 하나를 사용하여 목과 어깨 밑에 받쳐 바른 자세를 만들어 준다.

③ 다리 쪽의 침대를 살짝 올려 주면 대상자가 미끄러져 내려가지 않고 편안하다.

출처: 요양보호사양성표준교재.

(3) 복와위(엎드린 자세): 등의 상처나 등 근육을 쉬게 할 때

① 엎드린 상태에서 머리를 옆으로 돌린 자세를 하거나 작은 베개 또는 수건 두 개를 말아서 얼굴 부위에 홈을 만들어 준다.

② 아랫배에 낮은 베개를 놓아 허리 앞굽음을 감소시켜 편안한 자세가 된다.

③ 아랫배와 발목 밑에 베개를 받치면 허리와 넙다리의 긴장이 완화된다.

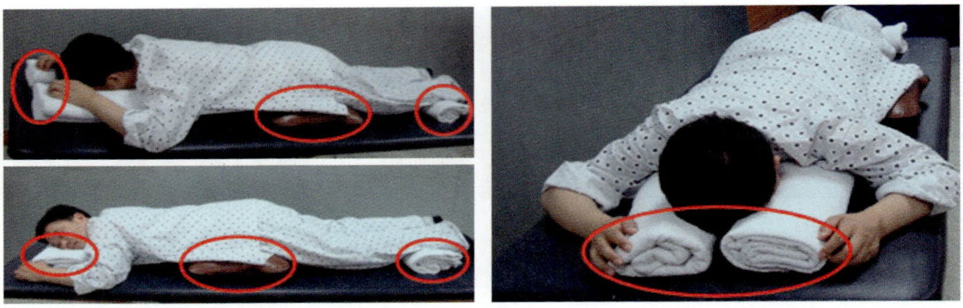

출처: 요양보호사양성표준교재.

(4) 측와위(옆으로 누운 자세): 둔부의 압력을 피하거나 관장할 때

① 머리, 몸통, 엉덩이를 바르게 정렬한 자세로 침대 가운데에 눕힌다.

② 엉덩관절과 무릎관절은 굽힘 자세가 되어야 한다.

③ 엉덩이를 뒤로 많이 이동시켜 주면 자세는 더욱 편안해진다.

④ 가슴 앞에 베개를 놓아 위에 있는 팔이 지지되게 한다.

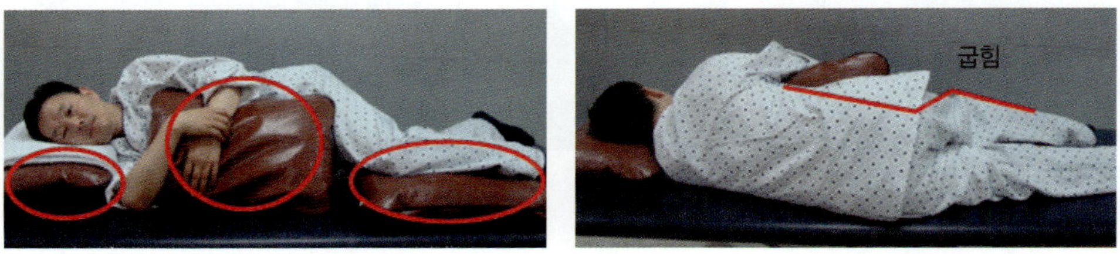

출처: 요양보호사양성표준교재.

(5) 반복와위(심스): 복와위와 측와위의 중간, 관장과 대장 검사

① 측와위로 하여 아래쪽 팔은 등 뒤로 놓는다.

② 위쪽 팔의 팔꿈치를 굴곡시킨 후 베개를 팔 밑에 댄다.

③ 아래 다리는 뒤로 뻗고 위쪽 다리는 무릎을 살짝 구부린 뒤 베개를 댄다.

(6) 트렌델렌버그식 체위(하지 거상)

① 침상 발치를 베개나 쿠션으로 머리와 둔부가 다리보다 낮게 한다.

② 앙와위에서 머리와 가슴은 평행되고 둔부부터 발목을 45° 높인다.

3. 휠체어에서의 자세

1) 휠체어에 앉은 자세

① 머리와 상체를 똑바로 하고 앉는다.

② 허리를 바로 세우고 엉덩이를 의자 끝까지 밀착시켜 등받이에 허리와 엉덩이가 닿아야 한다. 이때 허리에 자연스럽게 C자 곡선이 생겨야 한다.

③ 무릎관절을 직각이 되도록 하고 발바닥이 바닥에 닿도록 하며, 손을 가볍게 무릎 위에 놓는다.

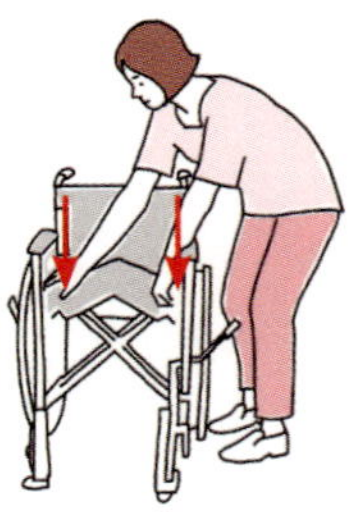

휠체어 펴기

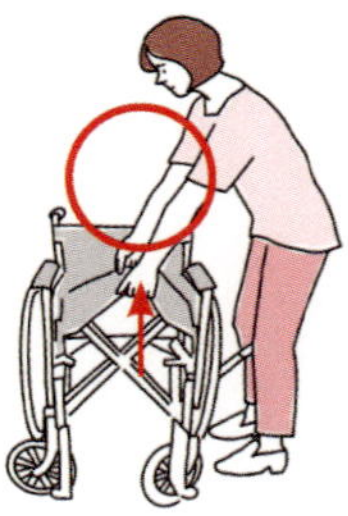

휠체어 접기

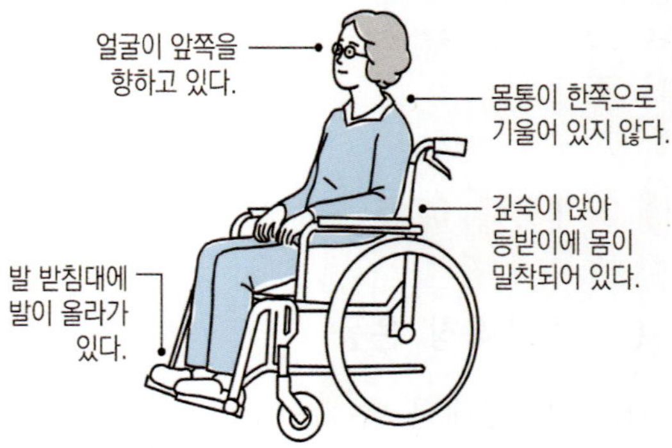

올바른 자세

출처: 요양보호사양성표준교재.

2) 편마비 대상자의 자세

① 의자와 허리 사이에 공간이 생기면 작은 베개나 쿠션을 놓아 허리를 지지한다.

② 마비된 팔을 베개 위에 놓고 손을 약간 위로 가게 한다.

③ 발을 발판이나 바닥에 닿도록 평평하게 놓는다.

④ 자세 유지를 위해 대상자에 따라 안전한 방법으로 보호대를 시행한다.

4. 케어자의 건강 및 안전 관리

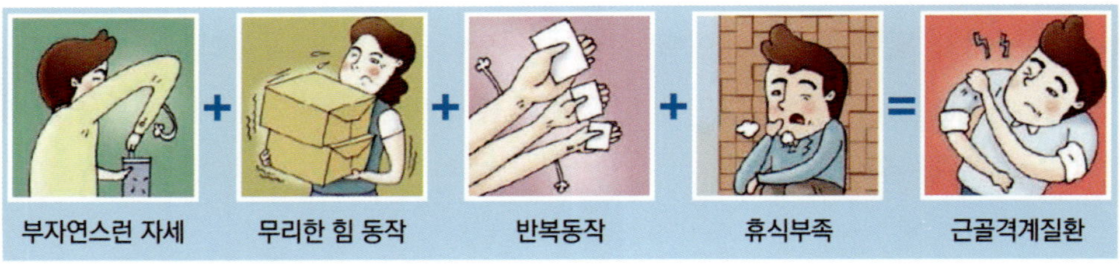

출처: 요양보호사양성표준교재.

1) 어깨통증 예방

(1) 스트레칭 운동

① 팔을 반대편 어깨 쪽으로 쭉 펴고 반대편 손으로 팔꿈치를 지그시 눌러준다.

② 팔꿈치가 머리끝에 닿도록 들어 올리고 반대 손으로 팔꿈치를 잡고 몸통 쪽으로 지그시 당겨 준다.

③ 팔 올린 상태에서 반대편 손으로 팔꿈치를 잡고 등 뒤쪽으로 지그시 눌러 준다.

④ 등 뒤쪽에서 양팔로 수건의 양 끝을 잡고 수건을 지그시 잡아당겨서 유지한다.

⑤ 모든 동작은 10~15초간 유지하고 5~10회 반복하는 것이 좋다.

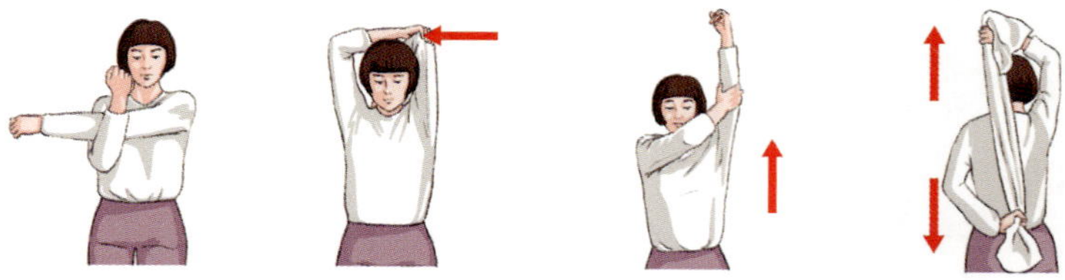

출처: 요양보호사양성표준교재.

(2) 근육 운동

① 몸을 일자로 엎드린 자세에서 양 무릎을 살짝 굽혀 바닥에 닿게 하고 팔을 뻗어 자세를 유지한다.

② 살짝 팔꿈치를 구부려 몸을 아래로 내린다(①과 ②의 동작을 10회 반복함).

③ 앉은 자세에서 어깨를 살짝 위로 올린다.

④ 손을 뒤로 한 자세에서 어깨를 뒤로 젖혀서 날개뼈를 서로 모은다.

⑤ 엎드려 누운 자세에서 손을 편안하게 뻗어 어깨를 수직 방향으로 위로 올린다.

⑥ 엎드려 누운 자세에서 손을 뒤로 수직 방향으로 올린다.

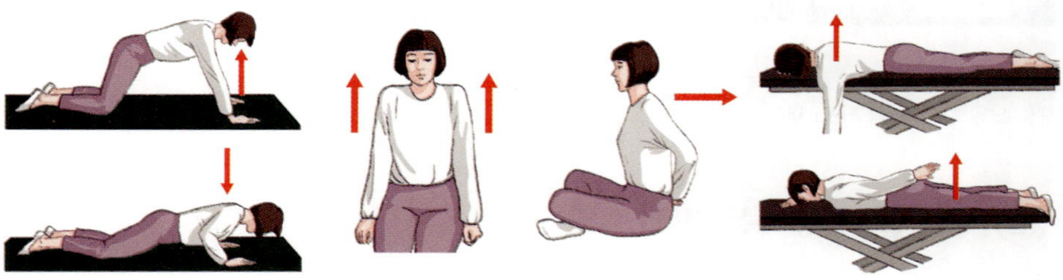

출처: 요양보호사양성표준교재.

2) 손목 통증(수근관증후군, 손목터널증후군) 예방 스트레칭 운동

① 손을 앞으로 향하게 하고 팔을 전방으로 쭉 편 다음 부드럽게 잡아당긴다.

② 손끝이 바닥을 향하고 팔을 전방으로 쭉 편 다음 부드럽게 잡아당긴다.

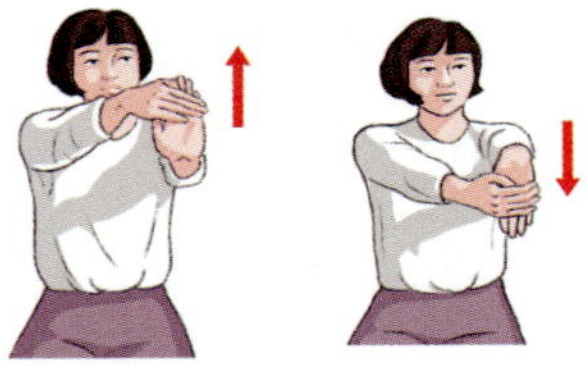

출처: 요양보호사양성표준교재.

3) 요통 예방

(1) 요추 안정화 운동

① 바로 누워 무릎을 굽힌 상태에서 엉덩이 들어 올린다.

② 바로 누워 무릎을 굽힌 상태에서 옆으로 허리 천천히 돌린다.

③ 옆으로 누워 다리를 벌린 상태에서 아랫다리 들어 올려 두 다리를 붙인다.

④ 엎드려 누운 자세에서 다리를 위로 들어 올린다.

⑤ 엎드려 누운 자세에서 머리와 다리를 동시에 위로 들어 올린다.

⑥ 네발 엎드린 자세에서 엉덩이를 발 쪽으로 보내어 쪼그려 앉는다.

⑦ 양반다리로 앉은 자세에서 팔을 앞으로 뻗어 허리를 굽힌다.

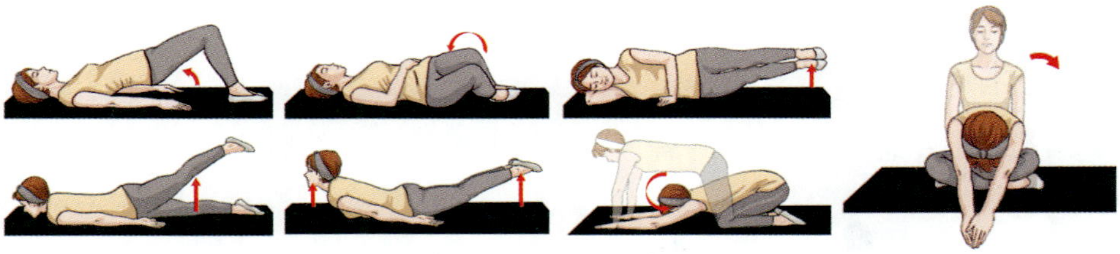

출처: 요양보호사양성표준교재.

(2) 물건을 이동하는 방법

① 양다리를 벌리고 서면 지지면이 넓어지므로 균형 잡힌 자세를 취할 수 있다.

② 물건을 들어 올릴 때나 옮길 때는 최대한 신체 가까이 위치하도록 한다.

③ 침대 또는 높고 넓은 바닥에 있는 물체를 움직일 때는 한쪽 무릎을 위에 올리고 자세를 낮추어 움직인다.

④ 바닥에서 무거운 물건을 들어 올릴 때는 무릎과 엉덩이를 굽혀 물건이 허벅지 근처에 오면 등을 곧게 편다.

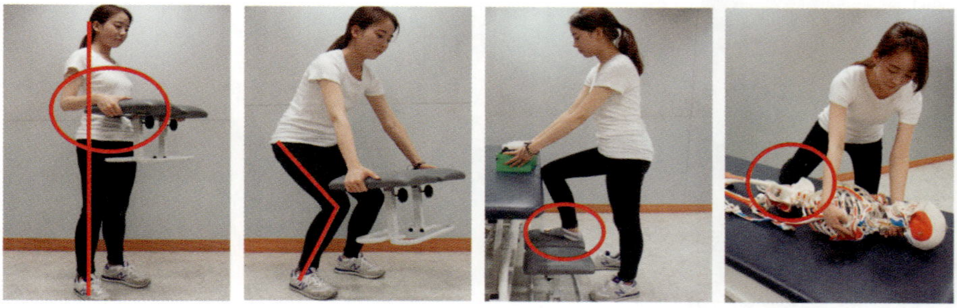

출처: 요양보호사양성표준교재.

4) 목 통증 예방

(1) 스트레칭 운동

① 턱을 살짝 목 쪽으로 당긴다.

② 머리를 지그시 뒤로 젖힌다.

③ 머리를 앞으로 숙인 후 양손으로 머리를 지그시 눌러 준다.

④ 머리를 옆으로 기울이고 기울인 쪽 손으로 지그시 눌러 준다.

⑤ 머리를 옆으로 천천히 돌린다.

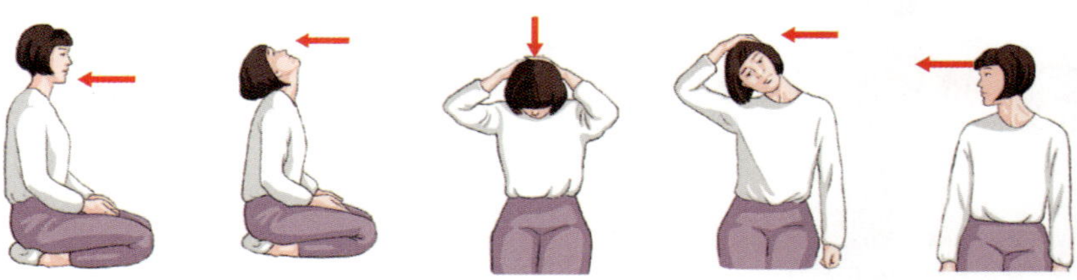

출처: 요양보호사양성표준교재.

(2) 근육 운동

① 머리를 앞으로 밀 때 손으로는 뒤로 밀어 저항을 준다.

② 머리를 옆으로 밀 때 손으로는 반대쪽을 밀어 저항을 준다.

③ 머리를 뒤로 밀 때 양손을 앞으로 밀어 저항을 준다.

출처: 요양보호사양성표준교재.

5) 팔꿈치 통증 예방 스트레칭 운동

반복적으로 무거운 물건을 들어 올리고 주먹을 쥐거나 손목을 뒤로 젖히는 동작을 많이 할 경우 팔꿈치 관절에서 시작하여 손목 관절까지 통증이 나타나기도 한다.

① 깍지를 끼고 손바닥을 바깥으로 향하도록 팔꿈치를 천천히 편다.

② 손가락이 배꼽 쪽을 향하도록 바닥을 짚고 네발 엎드린 자세를 취한다.

③ 손바닥을 배꼽 쪽으로 향하도록 한 후 손등을 잡고 몸쪽으로 천천히 당긴다.

④ 팔을 안쪽으로 회전하고 반대쪽 손으로 감싸 잡고 당겨 준다.

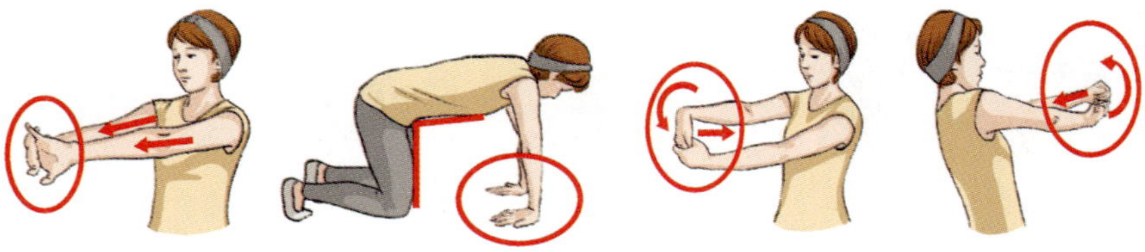

출처: 요양보호사양성표준교재.

6) 근골격계질환 예방 전신 스트레칭

① 깍지를 끼고 손바닥이 앞을 향하도록 팔을 편다.

② 한팔을 올려 머리 뒤에서 구부린 다음 다른 손으로 팔꿈치를 잡고 비스듬히 아래로 천천히 잡아당긴다.

③ 깍지를 낀 양팔을 위로 펴고 몸을 곧게 편 후 옆으로 구부린다.

④ 양팔을 벌리고 허리를 굽히면서 몸통을 비튼다.

⑤ 발을 앞으로 크게 벌리고 양손을 앞쪽 무릎 위에 올린 다음 허리를 천천히 내린다.

⑥ 체중을 앞쪽 다리에 실은 다음 양손으로 허리 쪽을 받치면서 상체를 뒤쪽으로 밀어 뒤쪽 다리를 편다.

⑦ 상체에 힘을 빼고 무릎을 살짝 구부리면서 몸을 천천히 숙인다.

⑧ 상체에 힘을 빼고 양손으로 허리 쪽을 받치면서 천천히 허리를 편다.

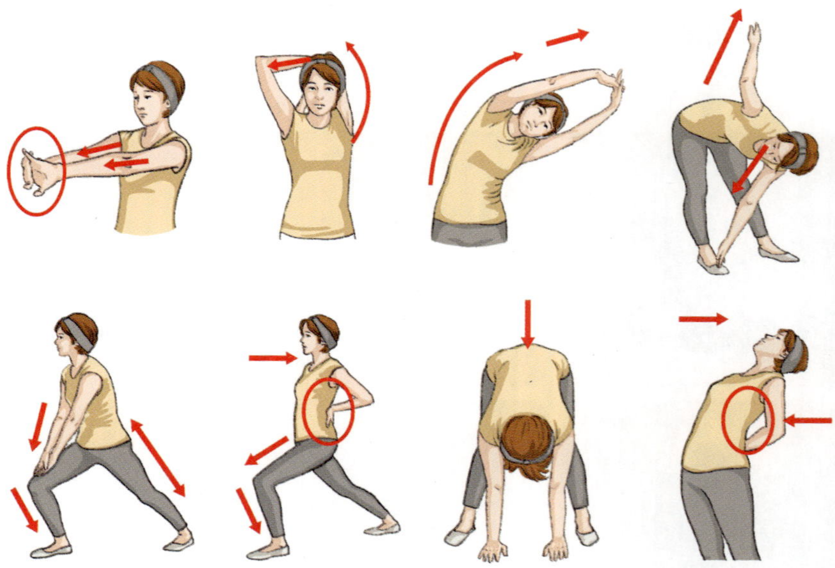

출처: 요양보호사양성표준교재.

5. 이동 케어

1) 부축하기

① 마비된 다리를 건강한 다리와 같은 방향으로 구부려 준다.

② 건강한 손으로 바닥을 짚도록 하고 다리를 세워 준다.

③ 한 손은 겨드랑이 아래에, 다른 손은 허리를 잡고 대상자를 지지한다.

④ 손을 앞으로 내밀면서 엉덩이를 들어 준다.

⑤ 바닥에서 손을 떼고 건강한 쪽 무릎을 펴면 천천히 상체를 일으켜 준다.

⑥ 상체를 완전히 펴고 바르게 서도록 해 준다.

⑦ 마비된 발을 끌어당겨 어깨 넓이 정도가 되도록 한다.

⑧ 수급자의 팔을 어깨에 두르도록 한다.

⑨ 허리를 지지해 주고 어깨에 걸쳐진 손을 잡는다.

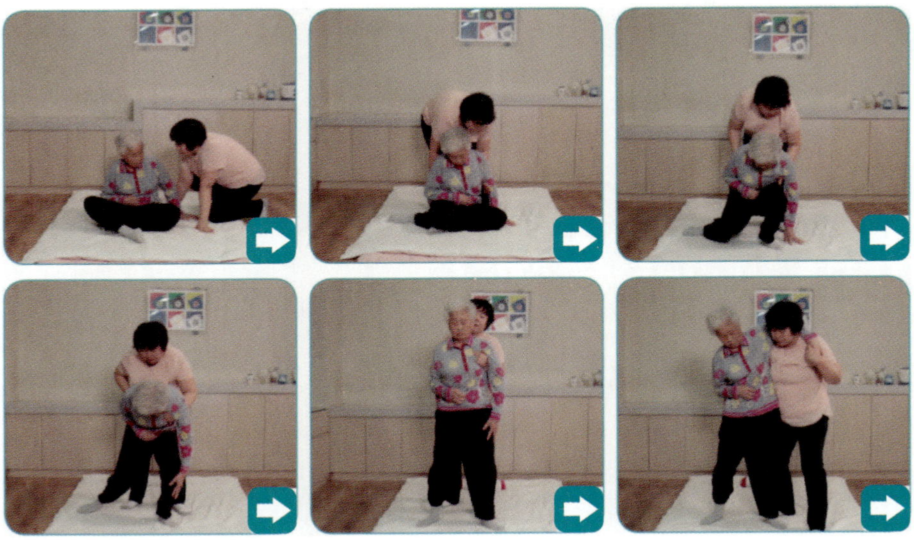

출처: 요양보호사양성표준교재.

⑩ 케어자가 먼저 발을 내딛고 마비된 다리를 내밀도록 한다.

⑪ 건강한 다리를 내딛을 때 반대편 발을 내밀어 보조를 맞춘다.

2) 복지용구를 이용한 이동

(1) 보행 벨트

① 보행을 시작하기 전에 보행 시간, 거리 등을 미리 알려 준다.

② 편안한 옷과 신발, 보행 벨트를 준비하여 위험으로부터 보호한다.

③ 허리에 보행 벨트를 매어 위험 발생 시 쉽게 잡도록 준비한다.

④ 대상자의 불편한 쪽 약간 뒤편에 서서 보행 벨트 손잡이를 가볍게 잡고 다른 한 손으로 반대편 보행 벨트 손잡이를 잡는다.

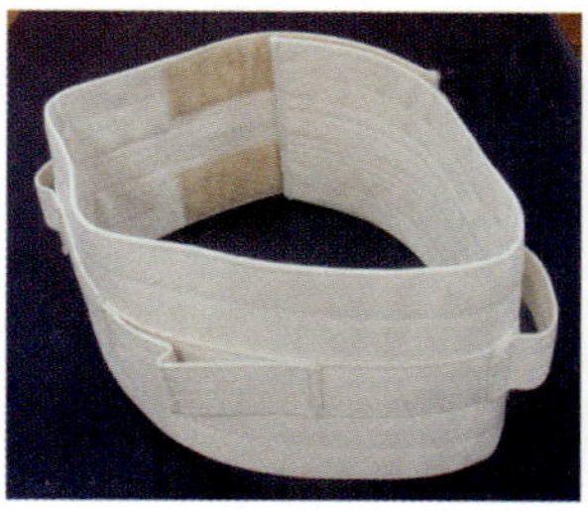

보행 벨트

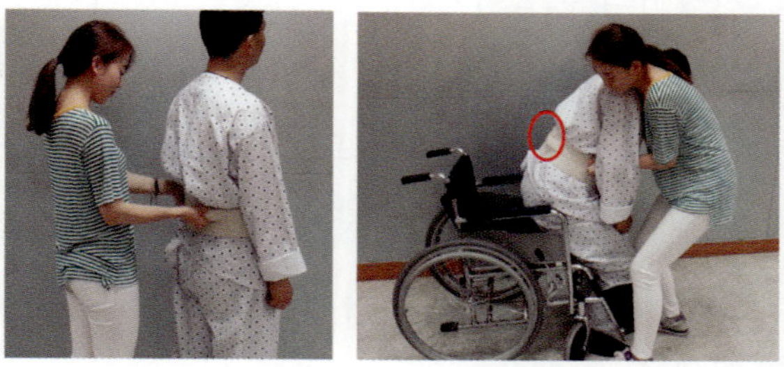

보행 벨트 착용과 사용법

출처: 요양보호사양성표준교재.

(2) 보행기

① 케어자는 대상자의 뒤쪽에 서서 보행 벨트를 잡고 걷는다.

② 보행기 중앙에 바로 서서 보행기를 앞으로 한 걸음 정도 옮기고 보행기 쪽으로 한쪽 발을 옮긴 후 나머지 한쪽 발을 먼저 옮긴 발이 나간 지점까지 옮긴다.

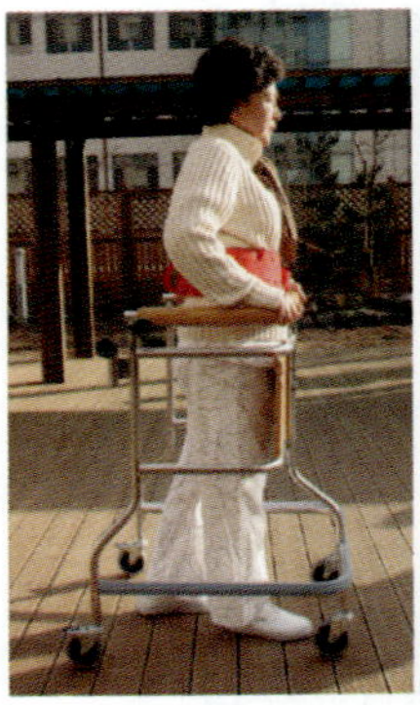
바른 자세

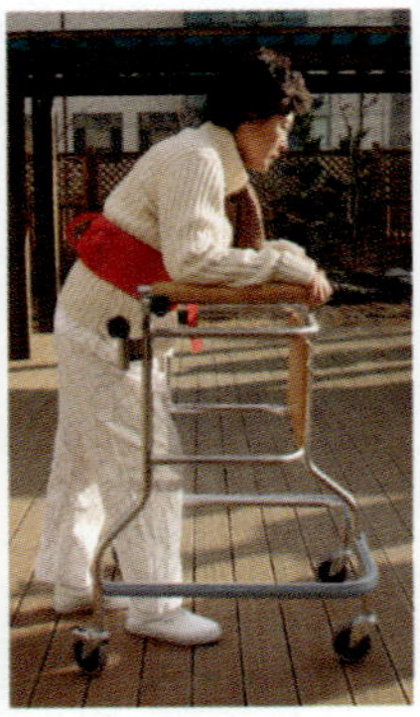
나쁜 자세

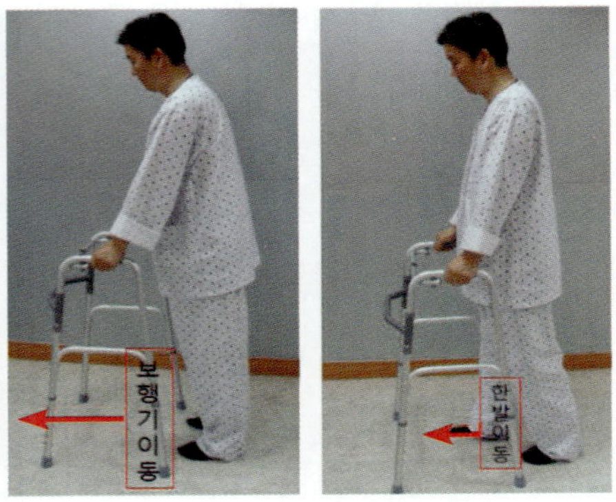

보행기 이동 방법

출처: 요양보호사양성표준교재.

(3) 지팡이

① 지팡이의 손잡이는 대상자의 손목 높이이고 지팡이를 한 걸음 앞에 놓았을 때 팔꿈치가 약 30° 구부러지는 정도가 좋다.

② 지팡이는 건강한 쪽 손으로 잡고 발의 앞과 옆 15㎝ 위치에 둔다.

③ 옆에서 케어할 경우 대상자의 불편한 쪽 옆에서 겨드랑이에 손을 넣어 대상자가 넘어지지 않도록 잡고 호흡을 맞춰 보행한다.

④ 뒤에서 케어할 경우 대상자의 뒤쪽에서 한 손은 대상자의 허리를 지지하고 다른 한 손은 대상자의 어깨를 지지하면서 대상자와 호흡을 맞춰 보행한다.

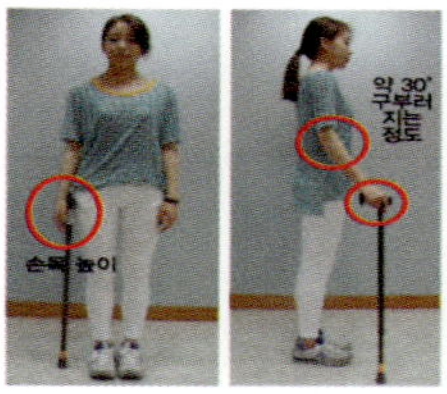

지팡이 길이

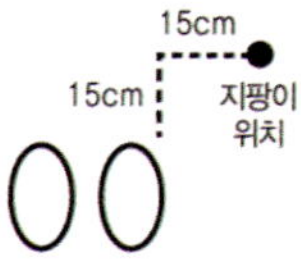

지팡이 위치

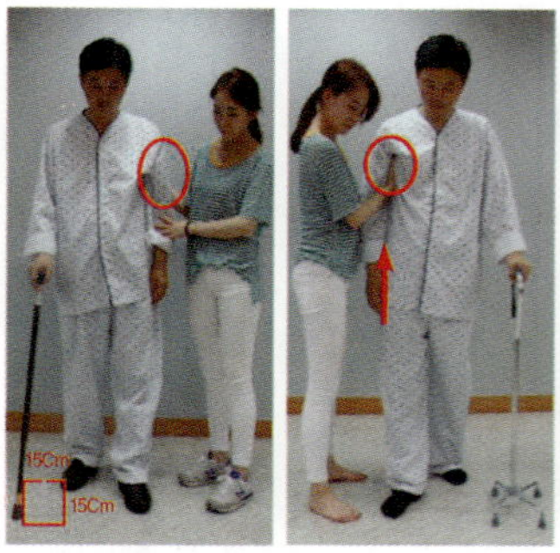

겨드랑이 보조하기 / 허리와 겨드랑이 보조하기

지팡이 이용한 옆에서 케어

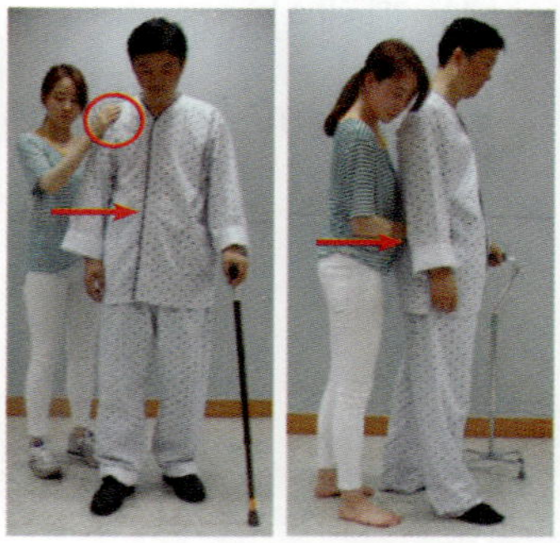

허리와 어깨 지지 / 양쪽 허리 지지

지팡이 이용한 뒤에서 케어

출처: 요양보호사양성표준교재.

⑤ 계단을 올라갈 때 건강한 손(지팡이) → 건강한 다리 → 불편한 다리로 이동한다.

⑥ 계단을 내려갈 때 건강한 손(지팡이) → 불편한 다리 → 건강한 다리로 이동한다.

계단을 올라갈 경우

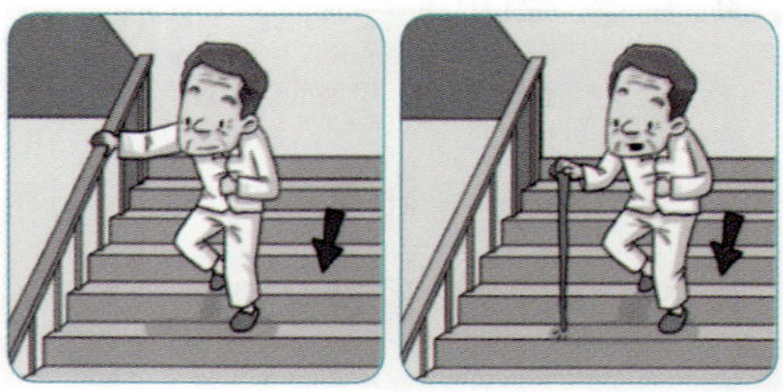

계단을 내려갈 경우

출처: 요양보호사양성표준교재.

(4) 휠체어

■ **엘리베이터를 타고 내릴 때**

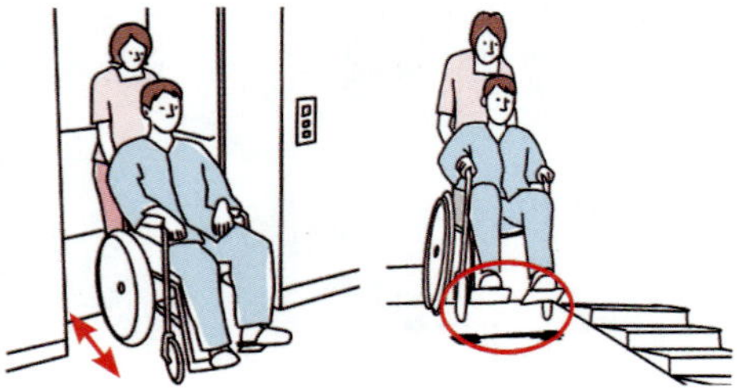

① 뒤로 들어가서 앞으로 밀고 나온다.

② 엘리베이터와 복도 틈새에 작은 바퀴가 끼지 않도록 주의한다.

출처: 요양보호사양성표준교재.

■ **울퉁불퉁한 길을 갈 때**

① 앞바퀴를 살짝 들어 올린다.

② 휠체어를 약간 뒤로 젖힌 상태에서 이동한다.

■ **도로 턱이나 문턱을 오를 때**

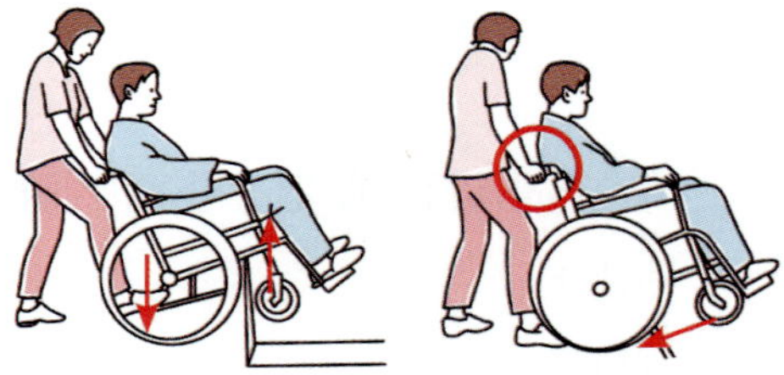

① 양팔에 힘을 주고 휠체어 뒤쪽을 발로 살짝 눌러 조심스럽게 휠체어를 뒤쪽으로 기울인다.

② 앞바퀴를 들어 도로 턱이나 문턱을 오른다.

출처: 요양보호사양성표준교재.

■ **도로 턱이나 문턱을 내려갈 때**

① 도로 턱이나 문턱을 먼저 내려와 뒤에 서서 뒷바퀴를 내려놓는다.

② 앞바퀴를 들어 올려 뒤로 천천히 이동하면서 앞바퀴를 조심히 내려놓는다.

■ **오르막길을 올라갈 때**

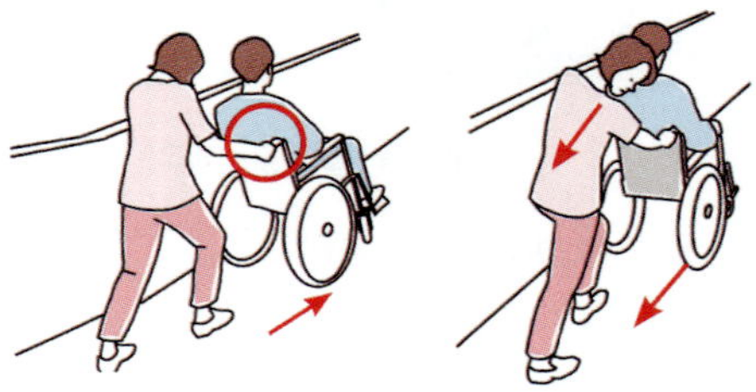

① 자세를 가급적 낮춘다.

② 다리에 힘을 주어 지그재그로 밀고 올라간다.

출처: 요양보호사양성표준교재.

■ **내리막길을 내려갈 때**

① 몸으로 휠체어를 지지하면서 고개를 뒤로 돌려 방향을 살핀다.

② 뒷걸음질로 방향을 확인하며 지그재그로 내려간다.

3) 침대 위쪽 또는 아래쪽으로 이동

① 침대를 수평으로 하고 침대 높이를 케어자의 허리 높이로 올린다.

② 무릎을 세워 발바닥을 침대에 닿게 한다.

③ 협조할 수 있는 경우 침대 머리 쪽 난간을 잡게 한 후 케어자는 대퇴 아래에 한쪽 팔을 넣고 한쪽 팔은 침상면을 밀면서 '하나, 둘, 셋' 신호를 하여 이동하고자 하는 방향으로 같이 이동한다.

④ 협조할 수 없는 경우 침대 양쪽에 한 사람씩 마주 서서 한쪽 팔은 머리 밑에 넣어 어깨와 등 밑을, 다른 팔은 둔부와 대퇴부 밑에 넣어 반대편 사람과 손을 잡고 신호에 맞춰 두 사람이 동시에 이동하고자 하는 방향으로 옮긴다.

⑤ 몸의 자세를 바르게 유지하고 기호에 맞게 침대 높이를 조절한 후 편안하도록 베개 및 쿠션을 정리하고 침대 난간을 올린다.

4) 침대 우측 또는 좌측으로 이동

① 침대 높이를 허리까지 올린 후 케어자 쪽 침대 난간은 내리고 반대쪽 난간은 올린다.

② 케어자는 이동하고자 하는 쪽에 서서 대상자의 두 팔을 가슴 위로 포갠다.

③ 한 손은 대상자의 목에서 겨드랑이를 향해 넣어 받치며, 다른 한 손은 허리 아래에 넣어 상반신을 이동시킨다.

④ 하반신은 허리와 엉덩이 아래에 손을 깊숙이 넣고 이동시킨다.

⑤ 머리에 베개를 받쳐 편안한 자세를 취하게 한다.

⑥ 침대의 위치와 높이를 다시 조정하고 침대 난간을 올린다.

5) 옆으로 눕히기

① 케어자는 돌려 눕히려는 쪽에서 손을 위로 올리거나 대상자의 양손을 가슴에 포개 놓고 무릎을 굽히거나 돌려 눕는 방향의 반대쪽 발을 다른 쪽 발 위에 올려놓는다.

② 돌려 눕히려는 반대쪽 어깨와 엉덩이에 손을 대고 옆으로 돌려 눕힌다.

③ 앞에서 엉덩이를 뒤로 이동하고 아래쪽 어깨를 뒤로 움직여 편안하게 하여 준다.

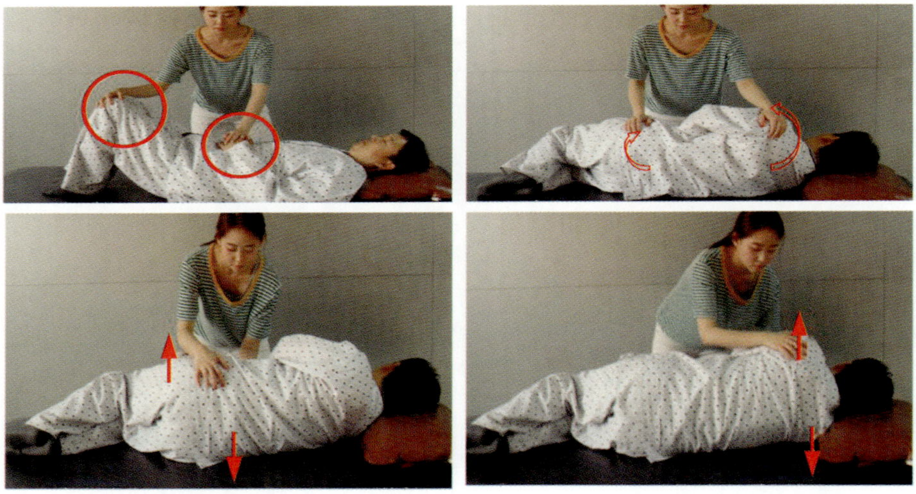

출처: 요양보호사양성표준교재.

6) 상체 일으켜 앉히기

(1) 일반 대상자

① 침대 높이를 허리까지 올리고 케어자 쪽 침대 난간은 내리고 반대쪽은 올린다.

② 무릎을 세우고 양손으로 케어자의 어깨를 잡도록 한다.

③ 케어자는 한쪽 손을 대상자의 겨드랑이에서 반대쪽 팔꿈치까지 깊숙이 넣

으며, 다른 쪽 손으로 고개를 지지한 상태로 신호를 하면서 천천히 일으킨다.

(2) 하반신 마비 대상자

① 케어자는 대상자를 향하여 가까이 선다.

② 대상자의 양쪽 무릎을 굽혀 주거나 편안하게 놓아둔다.

③ 대상자가 일어나고자 하는 방향으로 상체를 돌려 손으로 짚고 일어날 수 있도록 어깨를 지지하여 준다.

④ 필요할 경우 케어자는 한쪽 팔로 대상자의 어깨 밑을 받쳐 준다.

⑤ 적당히 일어났을 때 무릎이 자연스럽게 굽혀질 수 있도록 해 준다.

⑥ 이완성마비이므로 갑자기 무릎이 꺾여 넘어지는 것을 주의한다.

(3) 편마비 대상자

① 건강한 쪽에 서서 마비된 손을 가슴 위에 올려 놓는다.

② 대상자의 양쪽 무릎을 굽혀 세운 후 어깨와 엉덩이 또는 넙다리를 지지하여 케어자 쪽으로 마비 측이 위로 오게 돌려 눕힌다.

③ 케어자의 팔을 대상자의 목 밑에 깊숙하게 넣어 손바닥으로 등과 어깨를 지지하고 반대 손은 엉덩이 또는 넙다리를 지지하여 일으켜 앉힌다.

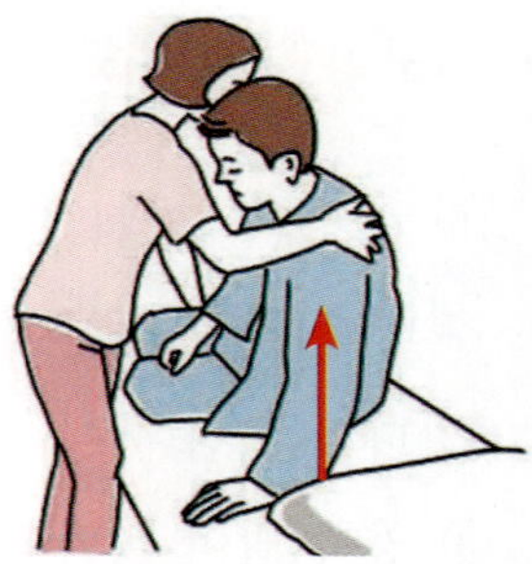

대상자의 건강한 손 사용

출처: 요양보호사양성표준교재.

④ 대상자가 건강한 손으로 짚고 일어날 수 있게 한다.

(4) 사지마비 대상자

① 대상자를 향하여 가까이 서서 마비된 양손은 가슴 위에 올려놓는다.

② 한쪽 팔을 대상자 목과 어깨를 받쳐 깊숙하게 넣고 손바닥으로 반대쪽 어깨 밑을 받쳐 주며, 한 손은 대상자의 가슴 위에 올려진 손을 지지한다.

③ 어깨 밑의 손바닥으로 대상자 상체를 밀어 올리면서 케어자 쪽으로 몸통을 돌려 일으켜 앉힌다.

④ 두 다리를 편 상태에서 무리하게 똑바로 앉히면 넙다리뼈가 골절되므로 주의한다.

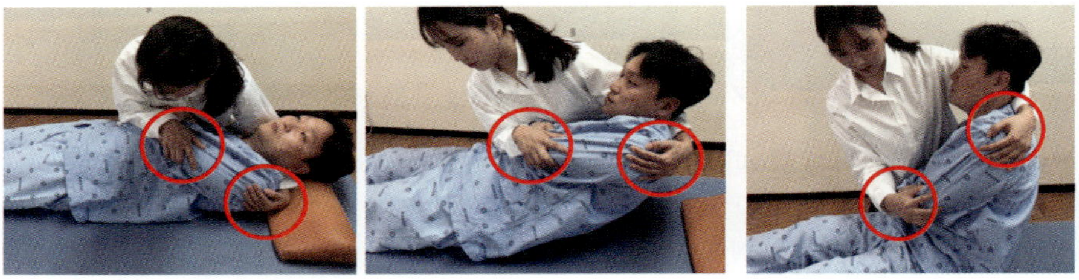

출처: 요양보호사양성표준교재.

7) 침대에 걸터앉기

① 케어자는 앉히고자 하는 쪽에서 대상자를 향해 서서 돌려 눕히는 방법에 따라 돌려 눕힌 후 목과 어깨, 무릎을 지지한다.

② 다리를 침대 아래로 내리면서 어깨를 들어 올린다.

③ 양쪽 발이 바닥에 닿도록 지지하여 자세가 안정되게 한다.

돌려 눕힌 자세에서 목과 어깨, 무릎을 지지한다. / 다리를 침대 아래로 내리면서 어깨를 들어 올린다. / 양쪽 발이 바닥에 닿도록 지지하여 자세가 안정되게 한다.

출처: 요양보호사양성표준교재.

8) 일으켜 세우기

(1) 앞에서 보조

① 침대에 걸터앉아 발을 무릎보다 살짝 안쪽으로 옮겨 준다.

② 케어자의 무릎으로 대상자의 마비쪽 무릎 앞쪽에 대고 지지한다.

③ 양손은 허리를 잡아 지지하고 대상자의 상체를 앞으로 숙이면서 천천히 일으켜 세운다.

④ 좀 더 많은 보조가 필요하면 어깨로 대상자의 가슴(어깨 앞쪽)을 지지하여 상체를 펴는 데 도움을 준다.

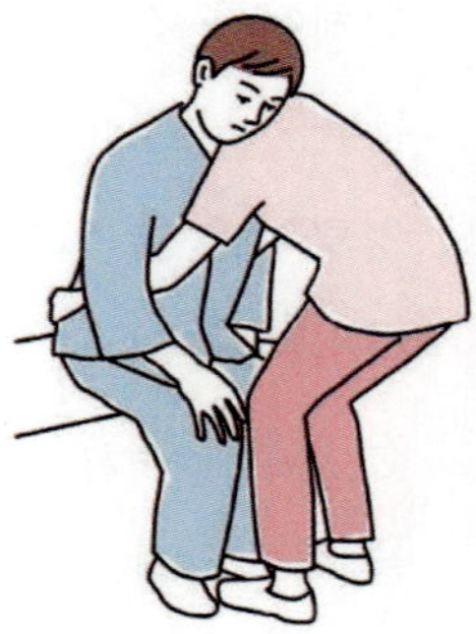

출처: 요양보호사양성표준교재.

⑤ 완전하게 양 무릎을 펴고 선 자세를 취하면 선 자세에서 균형을 잡을 수 있을 때까지 잡아 준다.

(2) 옆에서 보조

① 침대 끝에 앉혀 발을 무릎보다 조금 뒤쪽에 놓는다.

② 대상자의 마비된 쪽 가까이에 서고 발을 대상자 마비된 발 바로 뒤에 놓는다.

③ 한 손은 대상자의 마비 대퇴부를 지지하고 한 손은 대상자의 반대쪽 허리를 부축하여 천천히 일으켜 세운다.

출처: 요양보호사양성표준교재.

④ 양쪽 무릎을 펴서 일어서면 대퇴부에 있던 손을 대상자 가슴 부위로 옮겨 대상자가 상체를 펴서 자세가 안정되게 한다.

9) 휠체어 이동

(1) 바닥에서 휠체어로 이동

① 휠체어를 건강한 쪽에 비스듬히 놓고 바닥에 꿇어앉아 건강한 손으로 잡는다.

② 엉덩이를 들어 허리를 편 대상자 뒤에서 한 손은 허리, 한 손은 어깨를 지지한다.

③ 건강한 무릎을 세우고 손으로 휠체어 팔걸이를 잡고 천천히 일어나 균형을 유지한다.

④ 다리를 완전히 펴고 건강한 다리를 축으로 몸을 돌려 휠체어 안쪽 깊숙이 앉힌다.

어깨와 허리 받치기 | 엉덩이 들어 허리폄 | 건강한 무릎 세우기 | 천천히 휠체어 앉기

출처: 요양보호사양성표준교재.

(2) 휠체어에서 바닥으로 이동

① 잠금장치를 잠그고 발 받침대를 올려 발을 바닥에 내려놓는다.

② 마비된 쪽 옆에서 어깨와 몸통을 지지하고 대상자는 건강한 쪽 팔을 뻗어 바닥을 짚게 한다.

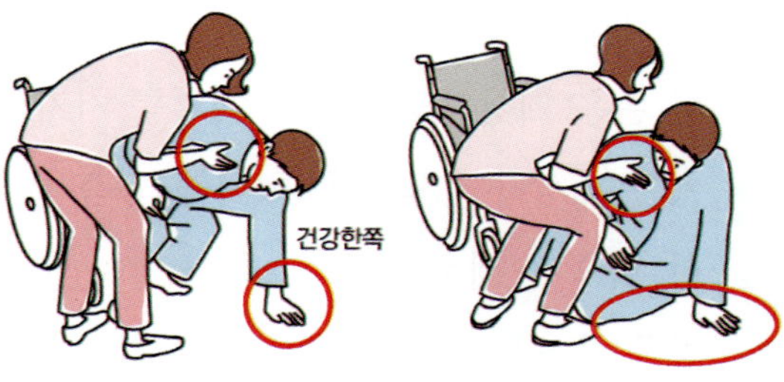

건강한 쪽 팔을 뻗어 바닥을 짚게 하기 | 건강한 쪽 다리에 힘을 주어 바닥에 앉기

출처: 요양보호사양성표준교재.

③ 건강한 쪽 다리에 힘을 주어 바닥에 앉는다.

(3) 침대에서 휠체어로 이동

① 건강한 쪽에 휠체어를 붙이거나 30~45° 비스듬히 놓고 휠체어 앞쪽 바닥을 지지한다.

② 다리 사이에 발을 집어넣고 무릎으로 대상자 마비 측 무릎을 지지하며, 바지 뒤춤을 잡고 대상자는 건강한 손으로 휠체어 팔걸이를 잡는다.

③ 케어자 쪽으로 허리를 굽히면서 건강한 다리를 축으로 삼아 "일어섭니다. 하나, 둘, 셋" 구호에 맞추어 몸을 90° 회전하여 휠체어에 앉힌다.

④ 뒤에서 겨드랑이 밑으로 손을 넣어 의자 깊숙이 앉힌 후 발 받침대를 펴고 발을 받침대에 올려놓는다.

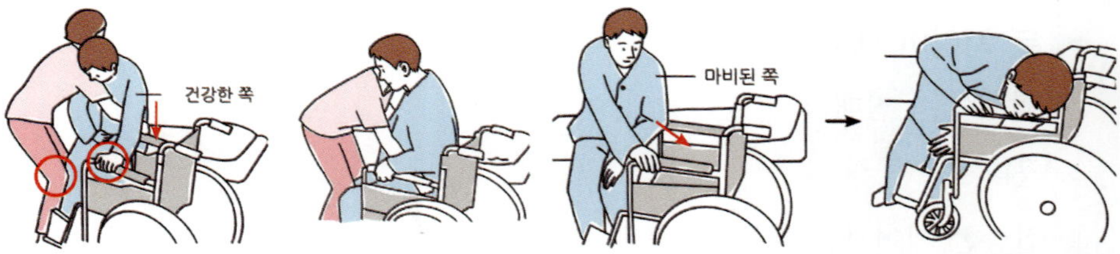

건강한 손으로 휠체어 팔걸이 잡기 몸을 회전하면서 앉히기 마비된 쪽에 휠체어를 놓으면 넘어져서 부상

출처: 요양보호사양성표준교재.

(4) 휠체어에서 침대로 이동: 침대에서 휠체어로 이동과 반대로 수행

■ **한 사람이 대상자를 이동**

① 휠체어를 건강한 쪽의 침대와 붙이거나 30~45° 비스듬히 두고 잠금장치를 잠근다.

② 휠체어 발 받침대를 올리고 발을 바닥에 내려놓아 양발을 바닥에 붙인 후 둔부를 휠체어 의자 앞쪽으로 이동시킨다.

③ 케어자의 무릎으로 마비 측 무릎을 누르고 겨드랑이 밑으로 손을 넣어 허

리와 등을 지지하고 “일어서세요. 하나, 둘, 셋” 구호에 맞추어 일으켜 세운다.

④ 방향을 돌려 건강한 쪽 손으로 침대를 잡고 무릎을 구부려 침대에 걸터앉게 한 후 다리를 들어 올려 침대에 눕힌다.

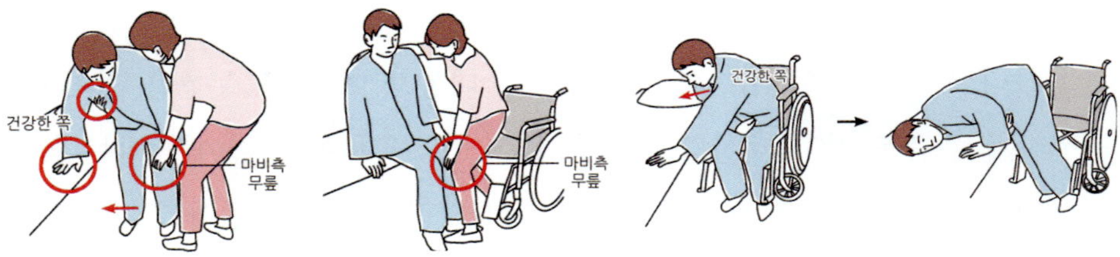

허리와 등을 지지하기　　침상에 앉히기　　마비된 쪽을 침상에 붙이면 넘어져 부상을 입거나 침상으로 올라가기 힘들어진다.

출처: 요양보호사양성표준교재.

■ **두 사람이 대상자를 이동**

① 휠체어는 침대와 평행하게 붙이고 잠근다.

② 건장한 케어자는 뒤쪽(머리)에 서고 한 사람은 대상자 다리 바깥쪽에 선다.

③ 두 팔을 가슴 앞에 모으고 뒤쪽 케어자는 대상자 양쪽 겨드랑이 아래로 팔을 넣어 대상자의 팔을 안쪽에서 바깥쪽으로 붙든다.

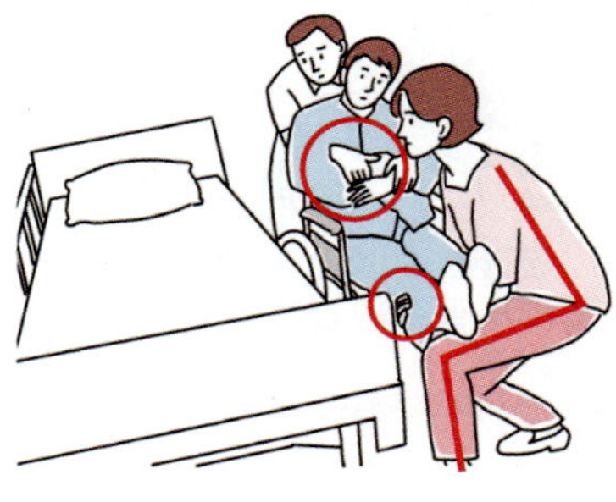

1인은 뒤, 1인은 앞에서 지원

출처: 요양보호사양성표준교재.

④ 다리 쪽 케어자의 한 손은 대상자 종아리 아래, 한 손은 넙다리 밑에 넣고 하나, 둘, 셋 구령과 함께 들어 올린다.

(5) 휠체어에서 이동변기로 이동

① 건강한 쪽에 이동변기를 휠체어와 30~45°로 비스듬히 놓는다.

② 발 받침대를 올리고 두 발이 바닥을 지지한다.

③ 대상자 앞에 서서 무릎과 허리를 지지한다.

④ 건강한 쪽 손으로 변기의 먼 쪽 손잡이를 잡는다.

⑤ 상체를 일으킨 다음 건강한 다리에 힘을 주게 하여 엉덩이를 이동시켜 앉힌다.

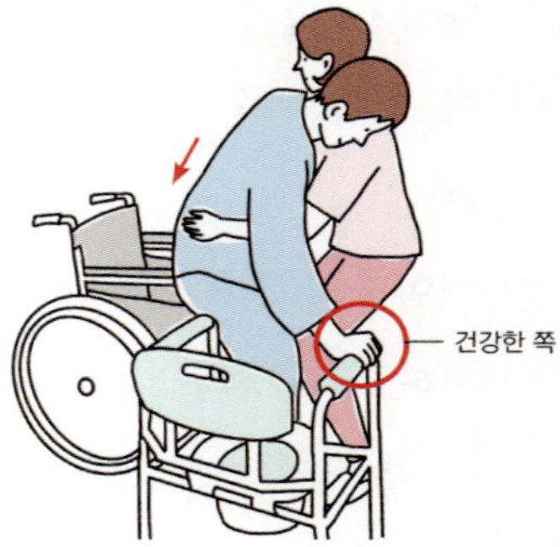

건강한 손으로 변기 손잡이 잡기

출처: 요양보호사양성표준교재.

(6) 휠체어에서 자동차로 이동

① 자동차 뒷문을 열고 공간을 약간 확보하여 휠체어를 평행하거나 비스듬히 놓는다.

② 잠금장치를 잠그고 발판을 올린 후 대상자 두 발이 바닥을 지지한다.

③ 케어자의 무릎으로 마비 측 무릎을 지지하고 건강한 쪽 손으로 자동차 손잡이를 잡는다.

④ 케어자의 허리를 살짝 굽혀 두 발을 중심축으로 하여 대상자를 일으킨 다음 대상자의 엉덩이부터 자동차 시트에 앉힌다.

⑤ 다리를 한쪽씩 올려놓고 엉덩이나 상체를 좌우로 이동시켜 시트 깊숙이 앉힌다.

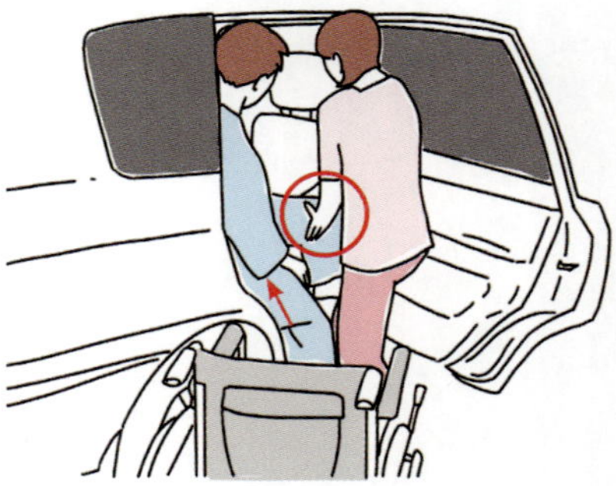

엉덩이부터 자동차 시트에 앉기

출처: 요양보호사양성표준교재.

(7) 자동차에서 휠체어로 이동

① 대상자 쪽 문에서 공간을 약간 확보하여 자동차와 평행하거나 비스듬히 놓는다.

② 케어자의 한쪽 팔로 대상자 어깨를 지지하고 대상자의 다리부터 밖으로 내린 후 양쪽 발이 바닥을 지지한다.

③ 케어자의 무릎으로 마비 쪽 무릎을 지지하면서 일으켜 휠체어로 돌려 앉힌다.

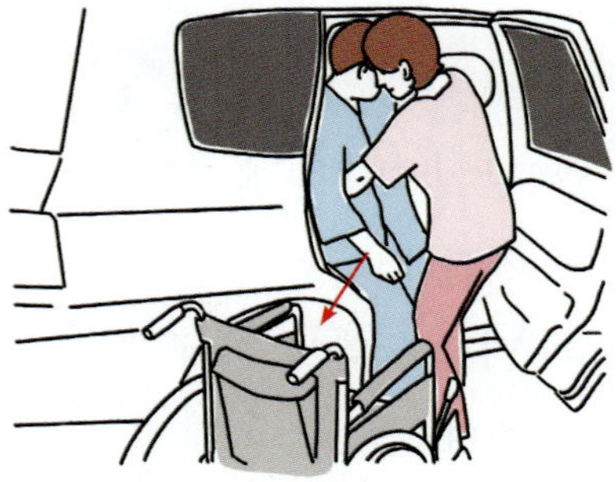

다리부터 자동차 밖으로 내리기

출처: 요양보호사양성표준교재.

Chapter

14

욕창 케어와 안전 관리

1. 욕창 케어
2. 안전 관리

Chapter 14

욕창 케어와 안전 관리

1. 욕창 케어

1) 욕창의 개념

욕창 또는 압박 궤양이란, 침상에 오래 누워 있을 때 지속적 또는 반복적으로 긴 시간의 압력이나 잦은 마찰이 가해져 압박받은 신체 부위에 혈액순환 장애가 일어나서 산소와 영양 공급이 부족해짐에 따라 피부, 피하지방, 근육의 허혈로 인해 발생하는 피부 및 연부조직(물렁조직)의 손상, 즉 궤양을 말한다.

2) 욕창의 원인

욕창 발생의 가장 중요한 원인은 직접적인 압박에 의한 압력 및 지지면과 평행한 방향으로 조직에 가해지는 마찰력과 전단력이고 요실금 또는 변실금으로 인한 장기간의 습기 노출, 연령, 성별, 와상 상태, 탈수, 감각의 저하, 조직 관류의 변화, 영양 불량, 빈혈, 심혈관 질환 및 당뇨와 같은 기저 질환, 주요 수술 등이다.

노인, 특히 요양시설의 노인은 만성질환이 있으면서 신체 활동량이 적거나 오랫동안 침상에 누워 있어서 움직임이 없거나 뼈가 튀어나온 부위에 혈액순환이 되지 않아 산소 부족이거나 감각기능 및 인지기능의 장애와 같은 신경학적 문제를 동반한 경우 욕창 발생의 위험이 더욱 높다.

3) 욕창 관리 대상자

욕창 관리가 필요한 대상자는 ① 의식이 없는 대상자 ② 뇌 신경이나 척수신경 손상이 있는 대상자 ③ 만성질환을 앓고 있는 대상자 ④ 만성적으로 쇠약해 있는 환자 ⑤ 침대에 누워지는 대상자 ⑥ 기동성 장애로 인해 장기간 침상 안정이 필요한 위중한 대상자 ⑦ 순환 장애 및 감각 소실 장애가 있는 대상자 ⑧ 빈혈, 비타민 결핍 등의 저단백증으로 인하여 영양 상태가 불량한 대상자 ⑨ 대상자를 옮기거나 끌어올 때 생긴 과다 마찰로 피부 마찰이 심한 대상자 ⑩ 너무 마른 대상자 ⑪ 당뇨병 등으로 인하여 피부 저항력이 떨어진 대상자 ⑫ 노인 대상자 등이다.

4) 욕창의 증상

(1) 피부의 구조

피부의 구조는 각질층, 표피층, 진피층, 피하지방층, 근육층, 피지샘, 땀샘, 모근 등으로 되어 있다.

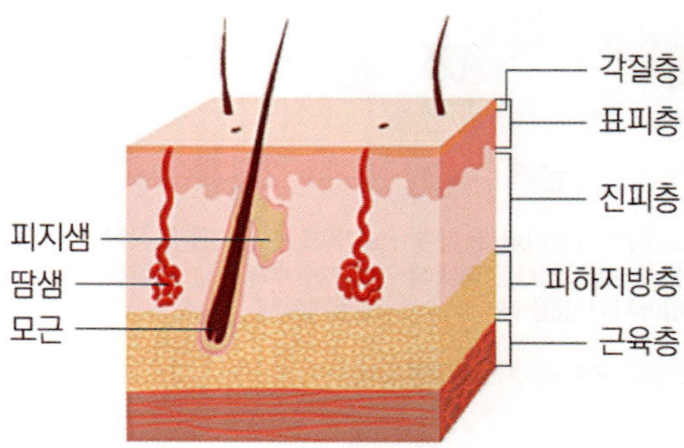

출처: 요양보호사양성표준교재.

(2) 욕창의 단계

욕창은 4단계로 구분하며, 2단계까지는 외과적 치료 없이 자세를 변경하는 등의 보존적 치료로 자연 치유할 수 있지만, 3단계 이상 진행되었다면 괴사 조직을 제거하고 감염의 위험을 막아야 한다. 욕창이 생기면 피부가 패여 들어가고 심해지면 근육, 뼈까지도 드러나 이 부분을 통해 감염되면 패혈증 등 심한 부작용이 나타나고 심지어는 사망에 이를 수도 있으므로 욕창이 생기지 않도록 예방하는 것이 매우 중요하며, 욕창이 생겼을 경우 빨리 피부가 재생되도록 도와주고 더 커지지 않도록 해야 한다.

단계	증상	피부색	회복
1단계	표피에 홍반이 30분 이내 없어지지 않고 부종	Red	체위 변경
2단계	표피나 진피에 딱지는 없고 찰과상, 물집, 부종, 통증	Red	1~2주 내
3단계	피부 전체 괴사, 악취, 삼출물, 부종 심하고 통증 없음	Yellow	수 개월
4단계	피하조직, 근막, 근육, 뼈, 건(힘줄), 관절 괴사로 딱딱	Black	피부 이식

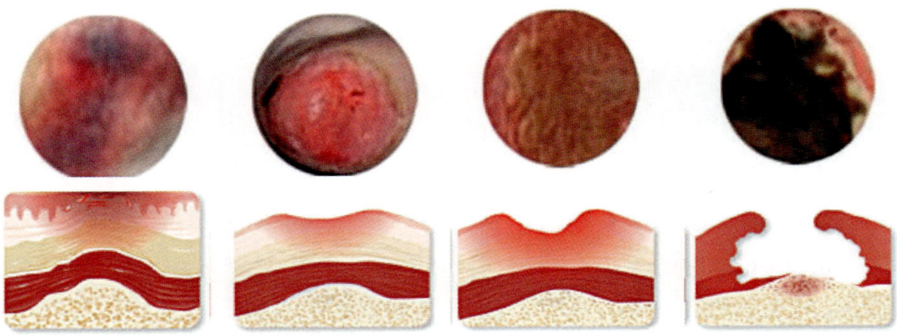

1단계
표피는 정상이나 표피에 생긴 홍반이 30분 이내에 없어지지 않을 때

2단계
표피 또는 진피를 포함한 피부에 부분적인 손상이 있을 때

3단계
진피와 피하조직을 포함한 피부 전체에 손상이 있을 때

4단계
피하조직과 근막, 근육, 뼈나 관절을 포함한 심부 조직에 손상이 있을 때

출처: 요양보호사양성표준교재.

5) 욕창의 호발 부위

욕창은 어느 부위에서나 발생할 수 있지만, 천골부(엉치뼈), 대전자부(대퇴골), 좌골부의 순으로 많이 나타나며, 발뒤꿈치, 발의 복사뼈, 귀, 머리 후면(후두골)과 엉치뼈, 넓적다리뼈의 큰 돌기, 궁둥뼈 결절, 무릎뼈, 정강이뼈 등 뼈의 돌출부, 즉 압박이 많이 가해지는 부위나 대상자가 자주 취하는 자세에 따라 발생 부위가 달라진다.

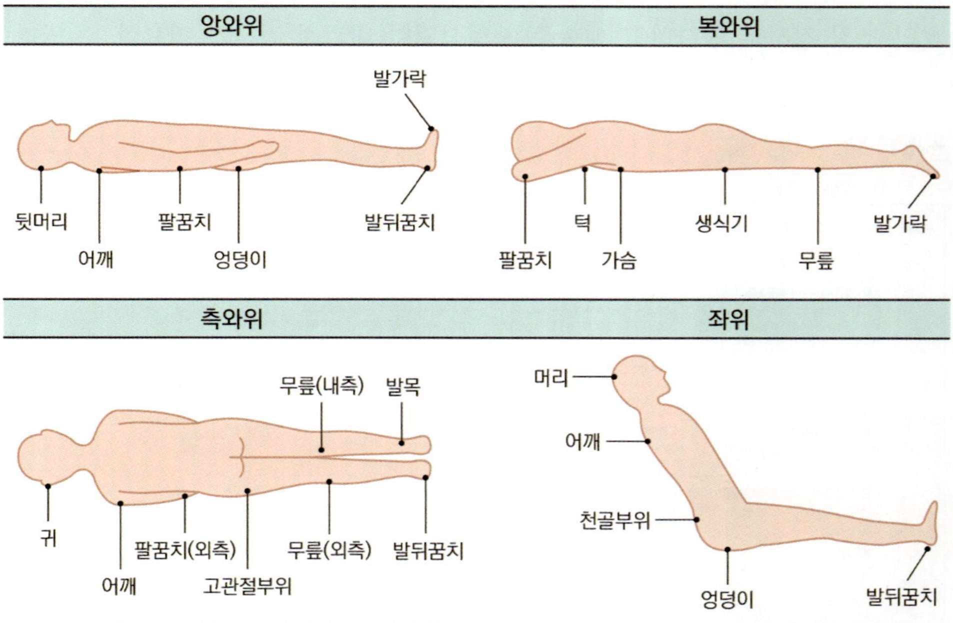

출처: 요양보호사양성표준교재.

6) 욕창의 검사와 진단

욕창 위험도 평가는 감각인지 정도, 습기 여부, 활동상태, 움직임, 영양 상태, 마찰력과 전단력의 6개 항목이고 각 항목은 4점 척도(마찰과 전단력 영역은 3점 척도)로 총 23점이며, 점수가 낮을수록 위험함을 의미, 즉 위험의 정도가 9점

이하는 매우 높고 13~14점은 중간 정도이며, 15~18점은 약간이고 19점 이상이면 없다고 판단한다.

압박이 가해지는 부위에 피부가 벌겋게 부어오르거나 물집이 생기고 벗겨지거나 괴사된 피부가 있으며, 궤양 부위에서 심한 냄새가 나거나 고름이 나오면 감염이 동반되었을 가능성이 있으므로 잘 관찰하는 것이 중요하다. 궤양은 일반적으로 의사가 눈으로 보거나 손으로 만져 진단할 수 있고 감염이 의심될 경우 고름이나 조직의 균배양 검사를 하여 감염의 원인이 되는 세균을 알아볼 수 있으며, 뼈가 감염되어 만성 골수염의 가능성이 있으면 자기공명영상(MRI)이나 뼈의 조직 검사로 진단하고 패혈증이 의심되면 내과적 검사가 필요할 수 있다.

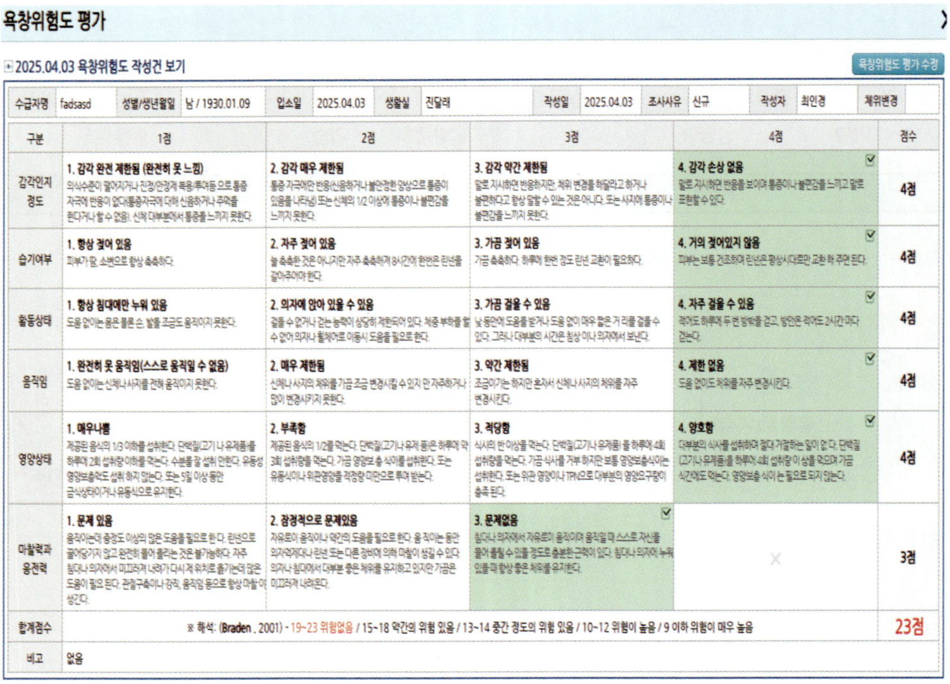

욕창위험도 평가

2025.04.03 욕창위험도 작성건 보기 　 욕창위험도 평가 수정

수급자명	fadsasd	성별/생년월일	남 / 1930.01.09	입소일	2025.04.03	생활실	진달래	작성일	2025.04.03	조사사유	신규	작성자	최인경	체위변경	

구분	1점	2점	3점	4점	점수
감각인지 정도	**1. 감각 완전 제한됨 (완전히 못 느낌)** 의식수준이 떨어지거나 진정/안정제 복용/투여등 으로 통증 자극에 반응이 없다(통증자극에 대해 신음하거나 주먹을 쥔다거나 할 수 없음). 신체 대부분에서 통증을 느끼지 못한다.	**2. 감각 매우 제한됨** 통증 자극에만 반응(신음하거나 불안정한 양상으로 통증이 있음을 나타냄) 또는 신체의 1/2 이상에 통증이나 불편감을 느끼지 못한다.	**3. 감각 약간 제한됨** 말로 지시하면 반응하지만, 체위 변경을 해달라고 하거나 불편하다고 항상 말할 수 있는 것은 아니다. 또는 사지에 통증이나 불편감을 느끼지 못한다.	**4. 감각 손상 없음** ☑ 말로 지시하면 반응을 보이며 통증이나 불편감을 느끼고 말로 표현할 수 있다.	4점
습기여부	**1. 항상 젖어 있음** 피부가 땀, 소변으로 항상 축축하다.	**2. 자주 젖어 있음** 늘 축축한 것은 아니지만 자주 축축해져 8시간에 한번은 린넨을 갈아주어야 한다.	**3. 가끔 젖어 있음** 가끔 축축하다. 하루에 한번 정도 린넨 교환이 필요하다.	**4. 거의 젖어있지 않음** ☑ 피부는 보통 건조하며 린넨은 평상시대로만 교환 해 주면 된다.	4점
활동상태	**1. 항상 침대에만 누워 있음** 도움 없이는 몸은 물론 손, 발을 조금도 움직이지 못한다.	**2. 의자에 앉아 있을 수 있음** 걸을 수 없거나 걷는 능력이 상당히 제한되어 있다. 체중 부하를 할 수 없어 의자나 휠체어로 이동시 도움을 필요로 한다.	**3. 가끔 걸을 수 있음** 낮 동안에 도움을 받거나 도움 없이 매우 짧은 거리를 걸을 수 있다. 그러나 대부분의 시간은 침상 이나 의자에서 보낸다.	**4. 자주 걸을 수 있음** ☑ 적어도 하루에 두 번 방밖을 걷고, 방안은 적어도 2시간 마다 걷는다.	4점
움직임	**1. 완전히 못 움직임(스스로 움직일 수 없음)** 도움 없이는 신체나 사지를 전혀 움직이지 못한다.	**2. 매우 제한됨** 신체나 사지의 체위를 가끔 조금 변경시킬 수 있지 만 자주하거나 많이 변경시키지 못한다.	**3. 약간 제한됨** 조금이기는 하지만 혼자서 신체나 사지의 체위를 자주 변경시킨다.	**4. 제한 없음** ☑ 도움 없이도 체위를 자주 변경시킨다.	4점
영양상태	**1. 매우나쁨** 제공된 음식의 1/3 이하를 섭취한다. 단백질(고기 나 유제품)을 하루에 2회 섭취량 이하를 먹는다. 수분을 잘 섭취 안한다. 유동성 영양보충액도 섭취 하지 않는다. 또는 5일 이상 동안 금식상태이거나 유동식으로 유지한다.	**2. 부족함** 제공된 음식의 1/2를 먹는다. 단백질(고기나 유제 품)은 하루에 약 3회 섭취량을 먹는다. 가끔 영양보충 식이를 섭취한다. 또는 유동식이나 위관영양을 적정량 미만으로 투여 받는다.	**3. 적당함** 식사의 반 이상을 먹는다. 단백질(고기나 유제품) 을 하루에 4회 섭취량을 먹는다. 가끔 식사를 거부 하지만 보통 영양보충식이는 섭취한다. 또는 위관 영양이나 TPN으로 대부분의 영양요구량이 충족 된다.	**4. 양호함** ☑ 대부분의 식사를 섭취하며 절대 거절하는 일이 없다. 단백질(고기나 유제품)을 하루에 4회 섭취량 이 상을 먹으며 가끔 식간에도 먹는다. 영양보충 식이 는 필요로 되지 않는다.	4점
마찰력과 응전력	**1. 문제 있음** 움직이는데 중정도 이상의 많은 도움을 필요로 한다. 린넨으로 끌어당기지 않고 완전히 들어 올리는 것은 불가능하다. 자주 침대나 의자에서 미끄러져 내려가 다시 제 위치로 옮기는데 많은 도움이 필요 된다. 관절구축이나 강직, 움직임 등으로 항상 마찰이 생긴다.	**2. 잠정적으로 문제있음** 자유로이 움직이나 약간의 도움을 필요로 한다. 움 직이는 동안 의자억제대나 린넨 또는 다른 장비에 의해 마찰이 생길 수 있다. 의자나 침대에서 대부분 좋은 체위를 유지하고 있지만 가끔은 미끄러져 내려온다.	**3. 문제없음** ☑ 침대나 의자에서 자유로이 움직이며 움직일 때 스스로 자신을 들어 올릴 수 있을 정도로 충분한 근력이 있다. 침대나 의자에 누워 있을 때 항상 좋은 체위를 유지한다.	×	3점
합계점수	※ 해석: (Braden , 2001) - 19~23 위험없음 / 15~18 약간의 위험 있음 / 13~14 중간 정도의 위험 있음 / 10~12 위험이 높음 / 9 이하 위험이 매우 높음				23점
비고	없음				

출처: 케어포 프로그램.

7) 욕창의 예방

(1) 체위 변경

압력, 마찰과 전단력의 경감을 위해 휠체어에 앉아 있을 때는 30분마다 의자에서 스스로 1~5초간 몸을 치켜들며, 일반적으로 2시간마다, 앉은 자세는 1시간마다, 반좌위는 누워 있을 때보다 자주 체위 변경을 하고, 특히 고위험 대상자는 30° 기울어진 자세가 좋다. 뼈가 튀어나온 몸의 부위는 바닥에 눌리지 않도록 공기 또는 물 매트리스(M), 방석(F), 쿠션(C)을 사용하면 좋다. 침대 머리 부분은 가장 낮은 각도로 충분한 환기를 유지하지만, 요실금 팬티는 환기를 저하시키고 도넛형 쿠션은 혈류를 방해하여 부종을 일으키므로 사용을 피하며, 침대 시트 위에서 잡아끌지 않도록 한다.

복와위 출처: 질병관리청 국가건강정보포털.

측와위 출처: 질병관리청 국가건강정보포털.

앙와위 출처: 질병관리청 국가건강정보포털.

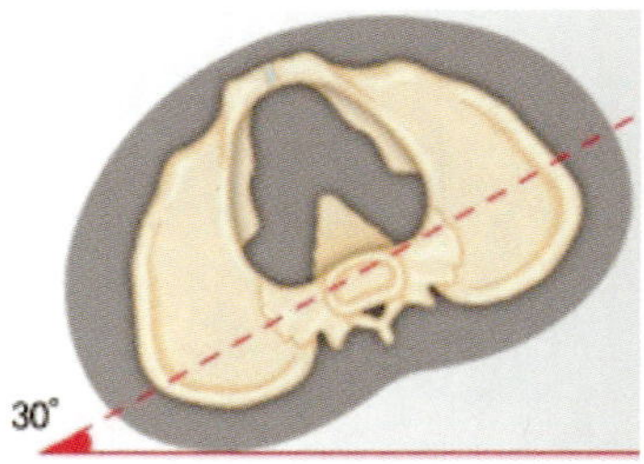

옆으로 30° 기울인 자세 출처: 질병관리청 국가건강정보포털.

(2) 영양

대상자의 영양 상태가 욕창의 예방과 치료에 있어서 중요하므로 고단백질, 고칼로리, 철분, 비타민B · C · K, 아연 등의 영양소가 풍부한 생선, 치즈, 우유 등 고단백 음식과 적당한 수분을 섭취하고 체중이 15% 이상 감소한 경우 심각한 영양부족을 암시하므로 추가적인 영양 공급이 필요하다.

심한 상처가 있는 대상자는 건강한 성인의 3~4배에 달하는 단백질 135g/일이 필요하고 고칼로리 음식을 섭취하며, 광범위한 궤양을 가진 대상자는 하루에 비타민C 1,000mg이 필요하므로 영양 관리에 각별히 신경을 써야 할 뿐만 아니라 수술에 적합한 영양 상태를 위해서는 전신 상태가 양호하고 빈혈과 저단백증이 없어야 한다.

(3) 피부관리

욕창이 생길 수 있는 모든 대상자는 매일 전체적으로 피부, 특히 뼈가 튀어나온 부위를 주의 깊게 관찰하고 자극과 건조를 최소화하기 위해 따뜻한 물과 부드러운 세정제로 깨끗이 씻고 감염관리를 위하여 욕창 드레싱을 적절히 실시하는 것이 좋다.

피부를 건조하고 청결하게 유지하기 위하여 땀과 분비물, 요실금으로 인해 천골부나 미골부에 묻어 있는 배설물을 빨리 제거하고 깨끗이 닦아 주며, 더러워지거나 젖은 옷과 속옷 그리고 시트는 즉시 교환하여 주고 혈액순환을 원활하게 하기 위해 금연하는 습관이 필요하다. 피부가 건조하여 손상될 가능성이 있는 부위는 자극이 적은 로션이나 오일을 사용하여 피부 보습을 유지하고 목욕할 때 심하게 마찰하는 것을 금하며, 실내 습도를 40~60%로 유지하고 붉은색을 띠는 피부나 뼈 돌출 부위는 마사지를 피한다.

(4) 활동상태 증진

움직일 수 있는 대상자의 경우 근력과 유연성을 유지시키고 장시간 거동이 어려운 대상자는 관절운동을 시행하여 관절구축을 예방하고 혈액 순환을 촉진시킨다.

(5) 교육

욕창 발생의 위험 요인이 있는 대상자나 가족에게 욕창 예방의 필요성과 영양 관리 및 피부관리에 대해 교육하고 욕창 예방에 필요한 이용 도구로 공기

매트리스, 욕창 방지용 방석, 쿠션, 베개 등에 대한 정보도 제공한다.

8) 욕창의 치료

(1) 초기

① 약간 미지근한 물수건으로 찜질한 후 마른 수건으로 물기를 닦는다.
② 주위를 나선형을 그리듯 마사지하고 가볍게 두드려 혈액 순환을 촉진한다.
③ 미지근한 바람으로 건조시키고 춥지 않을 경우 30분 정도 햇볕을 쪼인다.

(2) 상처 관리

① 스크린을 치고 욕창 부위의 상태 및 손상의 정도를 파악하되, 육안으로 상처가 깊어 보이지 않더라도 조직 내부의 염증이 심할 수 있으므로 주의 관찰이 필요하다.
② 드레싱은 오염이 적은 부위에서 오염이 많은 순으로 가능한 한 생리식염수를 사용하여 소독하되, 필요할 경우 욕창 부위에 포비돈 소독액으로 외과적 무균을 적용한다.
③ 항생제가 포함되어 있는 상처 감염 예방의 에스로반 연고를 도포하거나 새살이 올라오는 성장인자의 이지에프 연고를 도포하기도 하지만, 연고는 습할 수도 있으므로 포비돈(베타딘)을 적셨다가 짠 거즈를 상처의 깊은 공간에 가볍게 채워 팩킹을 한다. 이 때 적셨다가 짠 거즈가 점점 말라 가면서 상처 내부의 지저분한 것들을 머금고 흡수해서 마른 거즈로 이동되므로 팩킹 위에 마른 거즈로 상처를 마무리하기도 하지만, 일반적으로 듀오덤 연고를 도포하고 메디폼을 부착한 후 픽스롤로 고정하기도 한다.
④ 욕창이 피하조직까지 침범한 경우에는 외과적 치료인 괴사 조직의 제거, 피부 이식 및 피판술 등의 수술을 해야 한다.

(3) 상처치유

욕창의 표준화된 치유 속도는 없지만, 1단계는 1일~1주일, 2단계는 5일~3개월, 3단계는 1개월~6개월, 4단계는 6개월~1년의 치료 기간이 소요된다.

① 염증기(방어기)

손상 직후부터 3일까지 지속되며, 삼출물, 홍반, 열감, 부종, 통증, 상처부위의 백혈구 수가 증가하고 약간의 체온이 상승하며, 전신 권태 등의 증상이 나타난다.

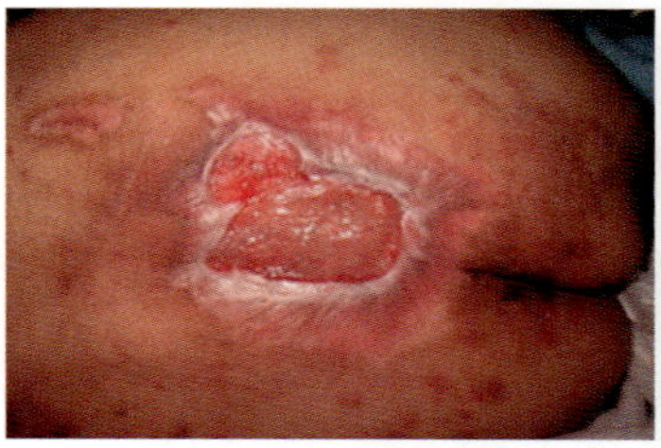

수축 과정

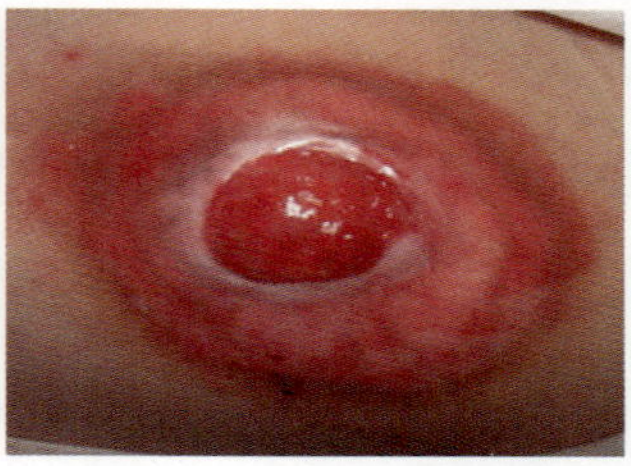

상피세포화 과정

출처: 영진전문대학교 평생교육원.

② 증식기

손상 후 3일부터 약 3주간 지속되며, 상처 가장자리로부터 상피세포가 재생 손상 부위를 덮는데 상피세포의 재생은 3cm 정도가 가능하므로 상처 크기가 너무 클 경우 피부 이식이 요구된다.

③ 성숙기(재형성기)

손상 후 3~6개월 후부터 점차 회복되고 3주부터 1~2년까지 지속되며, 탄력 있고 강력한 콜라겐을 생산하고 상처에 침전된 교원질이 다시 모양을 갖추어 손상되기 이전의 형태로 된다.

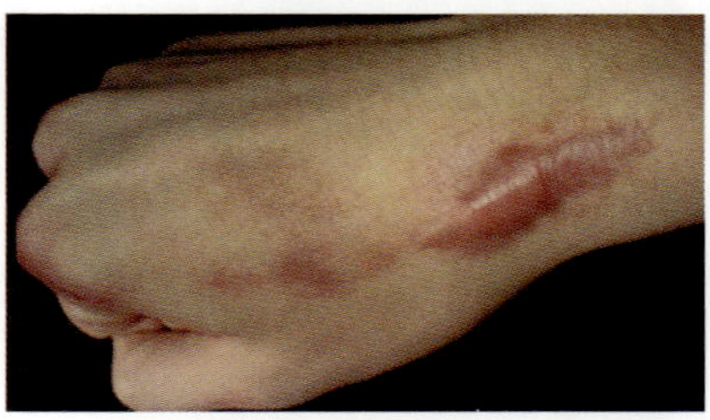

출처: 영진전문대학교 평생교육원.

9) 경과 및 합병증

욕창의 자연치유과정은 궤양의 밑바닥에서 새로 살아 있는 육아조직이 자라 올라오며, 궤양의 가장자리의 정상 피부에서는 상피세포가 이동하여 궤양에서 생긴 육아조직이 상피세포로 덮이는 과정을 밟는다. 궤양이 작고 전신 상태가 양호한 경우에는 이 과정으로 상처가 치유되나, 궤양이 크고 전신 상태가 불량한 경우에는 상처가 치유되지 않고 오히려 상처를 통해서 혈색소와 영양분을 잃어 빈혈과 저단백증이 되어 악순환을 거듭하면서 상처치유가 지연된다.

궤양 부위가 감염되면 조직 괴사가 광범위하게 되고 근막이나 관절주머니가 감염되면 근막염이나 화농 관절염이 발생하며, 근육과 뼈에 파괴가 심하여 만성 골수염이 될 수 있고 전신으로 퍼질 경우 패혈증으로 사망할 수도 있으며, 욕창은 기존 질환의 회복을 지연시킬 뿐만 아니라 욕창이 없는 경우보다 사망률이 4.5배 높아진다.

욕창의 가장 많은 합병증은 욕창을 초래하는 만성적인 문제가 개선되지 않고 존재하고 있는 재발이고 혈종, 장액종, 창상 감염, 피판(궤양을 재건하기 위해 피부조직을 한 덩이로 만들어 옮긴 것)의 일부가 죽는 피판 괴사 그리고 만성 궤양에서는 악성 변화가 올 수 있다(서울대학교병원 의학정보).

2. 안전 관리

1) 안전의 개념

안전이란, 대상자의 주변 환경보호를 포함하여 개인의 주변 환경에 대한 느낌과 지각을 의미하는 것으로 사고의 예방과 사고로부터 생길 수 있는 손상이나 재물상의 손해를 경감시키는 것을 말한다. 이처럼 안전보장은 인간의 기본적인 욕구이고 인간은 사고나 위험 등 어느 상황에서도 안전하기를 원하지만, 실제로 사고로 인한 손상은 가정, 요양시설, 의료기관 등 어느 곳에서나 발생할 수 있다. 노인은 노화와 관련하여 생리적, 심리적으로 취약함으로써 모든 기능이 쇠퇴하고 행동능력이 저하되므로 노인에게 안전한 환경을 제공하여 질병이나 손상의 위험을 경감시키고 사고를 예방하기 위한 안전 관리에 세심한 주의가 필요하다.

2) 안전에 영향을 미치는 요인

(1) 노화

노화가 되면 신체적인 변화로 인하여 움직임이 느려지고 둔해져 안정감이 감소하고 인지능력이 저하되어 위험에 대비를 못할 뿐만 아니라 인지를 한 후에도 신속한 움직임 등을 하지 못하여 손상을 입기도 하고 열감과 냉감이 둔해지며, 시력, 청력, 후각이 감소하여 위험에 대한 인지가 어려워 낙상이나 기타 사고의 위험 발생이 높아진다.

(2) 인지장애

인간은 손상으로부터 스스로를 보호하기 위해 주변 환경을 인지해야 하지만, 혼돈이나 지남력 상실, 치매 등으로 인하여 주변 상황에 대한 인지가 감소되어 본인뿐만 아니라 주변 사람들까지 위험한 상황을 만들 수도 있고 사람, 장소, 사물에 대해 적절한 대처를 하지 못하여 타인에게 의존할 수밖에 없다.

(3) 시력의 저하

시력이 저하되면 장난감, 가구, 카펫, 전기 코드 등에 걸려 넘어지거나 계단, 옥상 등에서 낙상의 위험이 있고 약물, 세제, 음료수 등의 표지를 읽는 데 어려움을 갖게 되어 정확한 내용물이 아닌 것을 복용하거나 용량을 다르게 복용할 위험이 높다.

(4) 청력의 약화

청력이 약화되면 화재경보, 자동차의 경보음, 날씨에 대한 경고 등을 듣지 못하여 응급상황에 대처하지 못하고 이동 중에 차량을 피하지 못하여 사고의 위험이 높아질 뿐만 아니라 안전한 장소로 대피도 어렵다.

(5) 촉각과 후각의 저하

후각과 촉각은 연령과 질병에 영향을 받는데 후각의 감소는 가스나 유해물질의 냄새를 맡지 못하여 위험의 인지가 어렵고 촉각의 감소는 열감과 냉감이 둔해져 화상이나 동상의 위험이 높아진다.

3) 낙상

(1) 낙상의 정의

낙상이란, 외적인 충격 없이 일상생활을 수행하는 동안 균형이나 안정성을 잃으면서 신체의 일부분이 바닥에 닿는 것으로 단순한 넘어짐을 의미하며, 노인에게 일어나는 낙상은 손상, 기능장애, 사망의 주요 원인, 특히 우리나라 65세 이상 노인의 15.9%가 낙상을 경험하고 낙상으로 병원치료를 받는 경우는 64.9%이다(2024년 노인실태조사).

낙상 이후에 대부분은 골절이나 찰과상 등의 신체적 손상을 입는 경우도 있고 신체적 손상이 없더라도 낙상에 대한 두려움을 갖게 되어 활동의 제약을 받을 수도 있으므로 안전한 환경제공과 세심한 관찰을 통해 낙상을 예방할 수 있도록 한다.

(2) 낙상 요인

① 신체적 요인

시력저하, 청력약화, 근골격계 변화, 균형감각 감퇴, 보행장애, 운동장애, 야뇨증, 빈뇨, 저혈당, 부정맥, 기립성저혈압, 심장 질환, 빈혈, 그리고 진정제, 이뇨제, 혈압강하제 등의 약물 복용 등이다.

② 환경적 요인

부적절한 조명, 고정되지 않은 매트, 물기가 있거나 평평하지 않은 바닥, 문턱이나 바닥에 어질러진 물건이나 전깃줄, 경사, 난간이 없는 계단, 부적절한 가구 배치, 바퀴 달린 보조기구나 탁자, 침대 난간을 올리지 않은 경우 등이다.

③ 행동적 요인

지나친 음주나 개인의 활동량 저하 등이다.

(3) 낙상 예방방법

① 약물 복용에 대해 의사에게 확인받고 과음을 삼간다.

② 시력이 나빠지면 자신에게 알맞는 안경을 착용한다.

③ 집 안 환경을 안전하게 조성한다.

④ 하지 근력 강화를 위해 꾸준히 운동한다.

수급자명			성별/생년월일				입소일				생활실				
낙상위험도평가: 고위험군(　　), 저위험군(　　)															
작 성 일															
작성시간	D	E	N	D	E	N	D	E	N	D	E	N	D	E	N
낙상주의 표지판이 부착되어 있는가?															
낙상 고위험군 팔찌를 착용하고 있는가?															
응급 콜벨은 제 위치에 있는가?															
침대 난간은 올려져 있는가?															
바닥이 미끄럽지는 않는가?															
안전을 위협하는 장애물은 없는가?															
적절한 밝기의 조명이 되어 있는가?															
작 성 자															

출처: 다사랑효마을요양원.

(4) 낙상 대처방법

① 119에 전화한다.

② 절대로 뼈를 맞추거나 이동시키거나 움직이지 않고 의료진이 올 때까지 대상자를 지킨다.

(5) 낙상위험도 평가

낙상위험도 평가

2025.04.03 낙상위험도 작성건 보기 | 낙상위험도 평가 수정

수급자명	fadsasd	성별/생년월일	남 / 1930.01.09	입소일	2025.04.03	생활실	진달래	작성일	2025.04.03	조사사유	신규	작성자	최인경

구분	4점	3점	2점	1점	0점	점수
연령	X	80세 이상	70-79세 ☑	60-69세	해당없음	2점
정신상태	혼란스러움/방향감각장애	X	때때로 혼란스러움/방향감각장애 ☑	X	해당없음	2점
배변	소변, 대변실금	조절능력 있지만 도움 필요	X	유치도뇨관/인공항루	해당없음 ☑	0점
낙상경험	이미 세번 이상 넘어짐	X	이미 한번 또는 두번 넘어짐 ☑	X	해당없음	2점
활동	전적으로 도움을 받음	자리에서 일어나 앉기 도움	X	자립/세면대 화장실이용	해당없음 ☑	0점
걸음걸이 및 균형	불규칙/불안정, 서 있을 때와 걸을 때 균형을 거의 유지 못함	일어서기/걸을 때 기립성 빈혈/혈액순환문제	보행장애/보조도구나 도움으로 걷기 ☑	X	해당없음	2점
지난 7일간 약복용이나 계획된 약물	3개 또는 그 이상의 약 복용	두가지 약 복용	한가지 약복용	X	해당없음 ☑	0점
합계점수	※ Huhn의 낙상위험도 척도 : 4점이하 - 낙상위험 낮음 / 5~10점 - 낙상위험 높음 / 11점 이상 - 낙상위험 아주 높음					8점 위험
비고						

출처: 케어포 프로그램.

4) 침상

① 침대는 일반 침대보다 낮은 침대를 사용하고 가장자리에 앉았을 때 발이 바닥에 닿는 것이 안전하다.

② 침대는 낙상을 예방하기 위해 난간(side rail)이 있어야 하며, 케어하는 경우를 제외하고는 침대 난간을 항상 올려놓는다.

③ 푹신한 매트는 허리에 통증이 유발될 수 있으므로 단단한 매트를 사용한다.

④ 침대 난간 틈새에 걸릴 위험이 발생할 수 있으므로 세심한 관찰이 필요하다.

⑤ 도움이 필요할 때 부를 수 있도록 응급콜 벨을 준비하고 사용방법을 설명한다.

⑥ 침대에서 일어나지 않고 침대 난간 사이로 내려오지 않으며, 자주 사용하는 물건은 가까운 곳에 둔다.
⑦ 야간에는 미등을 켜 두고 잠들기 전에 반드시 화장실을 다녀온다.

5) 식사

① 식사는 편안하고 즐거운 분위기에서 한다.
② 음식물을 입안에 가득 넣거나 급하게 식사하지 않도록 한다.
③ 연하곤란 대상자는 잘게 썰어서 제공하고 천천히, 충분히 잘 씹어 삼키도록 한다.
④ 운동감각이 둔화된 대상자의 수저 손잡이는 약간 두껍거나 넓은 것이 좋고 숟가락이나 젓가락이 손에서 빠져나가지 않는 것을 사용하도록 하며, 수전증이나 떨림 증상이 있는 대상자는 뜨거운 음식물을 제공하지 않는다.
⑤ 식탁의 물기를 제거하고 미끄럼 방지용 받침대를 사용하여 뜨거운 음식이 엎질러져 화상을 입지 않도록 한다.
⑥ 뜨거운 음료는 빨대 사용을 금지한다.
⑦ 경장영양을 공급하는 대상자는 구강으로 음식이나 물을 공급하지 않는다.
⑧ 식사시간 1시간 전후에는 과격한 활동을 피한다.

6) 욕실

① 욕실 문은 가능한 한 잠그지 않고 노인 혼자 목욕하는 것은 되도록 피한다.
② 노인은 열감과 냉감에 둔하므로 대상자가 직접 물을 조절하는 것은 위험하고 물의 온도는 37~42℃ 정도가 적절하다.

③ 신발바닥이 거친 욕실용 실내화를 사용하고 바닥에 미끄럼 방지용 타일을 설치하거나 매트를 깔아 놓는다.
④ 욕실의 벽면 및 욕조에 직경 32~36cm 지지대를 설치한다.
⑤ 욕실 문은 폭을 넓게 확보하고 조명은 어둡지 않게 하며, 온도는 실내온도와 비슷하도록 한다.
⑥ 욕실을 사용한 후에는 깨끗이 청소하고 환기를 하여 욕조 안을 건조시킨다.

7) 이동

① 적당한 간격의 보폭으로 보행한다.
② 계단이나 복도를 보행할 경우 난간을 잡고 이동한다.
③ 계단을 오르내릴 경우 몇 걸음에 한 번씩 또는 매번 두 다리를 모아서 쉰 후 이동한다.
④ 에스컬레이터를 이용할 때 가운데에서 타고 내리며, 케어자의 도움을 받는다.
⑤ 실내에 있는 물건을 정리정돈하여 물건이 발에 걸리지 않도록 한다.
⑥ 지팡이, 보행기, 휠체어 등의 보조기구는 수시로 안전상태를 점검한다.
⑦ 가급적이면 겨울철 외출은 삼간다.

8) 감각 소실

① 시력이 저하되면 안경과 돋보기를 사용하고 건망증이 심한 경우 보조끈을 부착하며, 밝은 곳에서 어두운 곳이나 어두운 곳에서 밝은 곳으로의 갑작스러운 이동은 대상자가 적응되는 동안 동작을 멈추고 천천히 움직인다.
② 청력이 약화되면 보청기를 사용하고 이동 중에는 교통사고에 대비하여 교

육한다.

③ 노인은 단맛과 짠맛의 감각이 저하되므로 식탁 위에 소금, 간장, 설탕 등을 올려놓지 않는다.

④ 음식이 타는 냄새를 맡지 못하여 화재의 염려가 되므로 미리 음식을 준비해 둔다.

9) 공격적인 행동

(1) 대처방법

① 대상자와 상호 신뢰가 원만한 케어자가 안정을 취하도록 대화를 권유한다.

② 주위에 있는 위험한 물건을 치운다.

③ 대상자 본인이나 다른 사람이 손상 받을 우려가 있을 경우 억제대를 사용하거나 안전 관리 요원의 도움을 받는다.

(2) 억제대 종류

손목, 발목 등의 사지 | 영아, 무의식 팔꿈치 | 의자, 와상 조끼 | 장갑 긁음 예방 | 영아 채혈 전신

출처: 요양보호사양성표준교재.

(3) 억제대(신체보호대) 적용

① 최후의 수단으로 의사의 지시를 반드시 받아 사용한다.

② 대상자의 움직임을 제한하여 치료나 검사에 지장을 주지 않도록 하거나

자해 및 타해, 낙상의 위험을 방지한다.

③ 억제대의 적용은 대상자를 돕기 위함이라는 것을 인식하도록 충분히 설명하고 보호자에게 대상자의 상태에 대해 안내하고 동의를 받는다.

④ 법적인 문제가 발생하지 않도록 인권을 존중한다.

⑤ 억제대는 침상 틀에 고정하고 뼈가 돌출된 부위나 민감한 피부에 적용할 경우 패드를 사용한다.

⑥ 억제대를 적용한 부위에 손가락 2개 정도 들어가도록 여유 있게 한다.

⑦ 2시간마다 억제대를 제거하여 체위 변경을 하고 피부 상태를 점검하여 기록하며, 30분 정도 관절운동과 혈액순환의 증진을 돕는다.

⑧ 억제대로 인한 자세, 식사, 수분섭취 등에 문제점이 없는지 확인한다.

⑨ 억제대를 제거할 경우 발적이나 혈액순환 상태를 확인하고 기록한다.

10) 화재

(1) 화재 감지방법

① **눈**: 연기가 보이고 따가우므로 사용하지 않는 전열기구 코드가 빠져 있는지, 가스레인지 중간 벨브가 잠겨 있는지 확인한다.

② **귀**: 사람들의 아우성소리, 비상벨소리, 평소에 나지 않던 소리가 난다.

③ **코**: 무엇인가 타는 냄새가 난다.

④ **손**: 열기를 느끼기 위해 가까이에서 온도를 느껴 본다.

(2) 화재 대처방법

① 연기나 불이 난 것을 보면 '불이야' 소리치거나 비상벨을 눌러 주변에 알린다.

② 불을 끌 것인지 대피할 것인지 판단하고 실내에서 소화기를 사용할 때는

문을 등지고 소화기 분말을 쏜다.

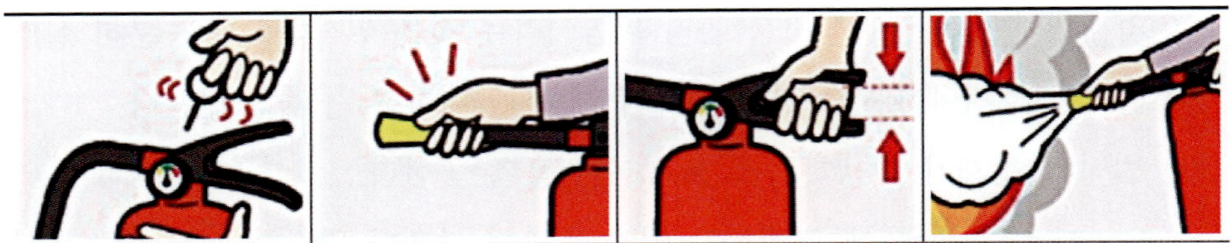

안전핀을 뽑는다.	노즐을 잡고 불쪽을 향한다.	손잡이를 움켜쥔다.	분말을 고루 쏜다.

출처: 요양보호사양성표준교재.

③ 옷에 불이 붙으면 눈, 코, 입을 가리고 바닥을 뒹굴며 불을 끈다.

멈춘다.	눈과 코와 입 보호	엎드린다.	뒹군다.

출처: 요양보호사양성표준교재.

④ 불 속을 통과할 경우 한 손은 젖은 수건으로 코와 입을 감싸고 자세를 낮추며, 나머지 한 손은 벽을 짚으면서 한 방향으로 이동하여 밖으로 대피한다.

손수건, 옷 등을 이용하여 호흡기(코와 입)를 보호한다.	자세를 낮춘다.	다른 손으로는 벽을 짚는다.	한 방향으로 신속하게 이동하여 밖으로 대피한다.

출처: 요양보호사양성표준교재.

⑤ 불을 끄기 어려운 경우 비상구, 완강기, 실내 대피공간으로 피하였다가 세대 밖으로 대피할 경우 엘리베이터를 사용하지 않고 계단을 이용하여 옥상으로 대피한다.

비상구 활용 | 완강기 활용 | 경량칸막이 활용 | 실내대피공간 활용

출처: 요양보호사양성표준교재.

⑥ 대피한 경우 바람이 불어오는 쪽에서 구조를 기다린다.

11) 감염예방

(1) 감염예방의 정의

감염예방이란, 감염성 질병의 전파를 통제하기 위한 일련의 방법들을 뜻하며, 한 사람(케어자)으로부터 다른 사람(대상자)에게 감염성 질병은 옮겨질 수 있다. 이때 이 한 사람은 케어자가 될 수도 있고 함께 거주하는 다른 가족일 수도 있다. 물론 대상자의 감염성 질환이 반대로 케어자에게 전파될 수도 있다. 따라서 케어자는 대상자와 자신의 건강을 지키기 위해 감염예방을 위한 일반적 원칙들을 준수하기 위해 감염의 6가지 연결고리를 이해하는 것이 중요하다.

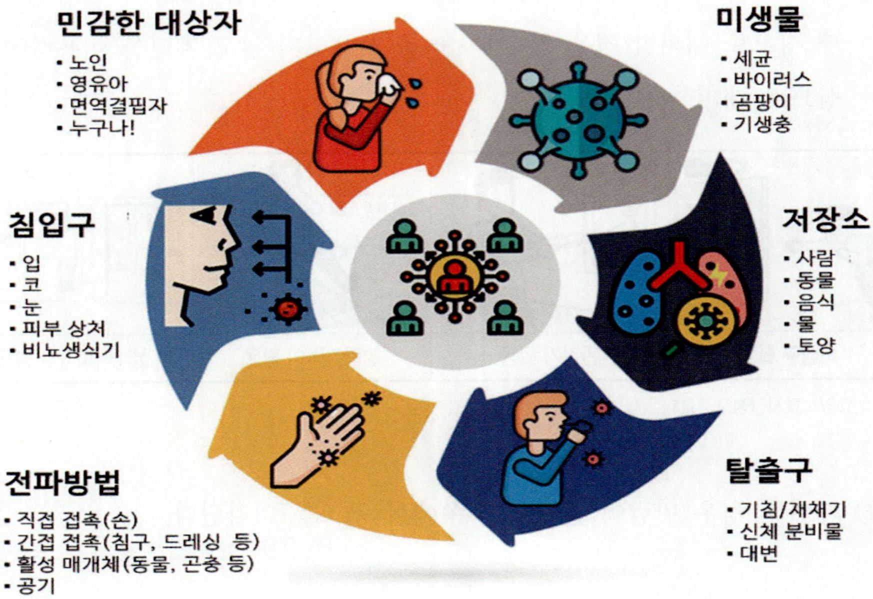

출처: Texas Health and Human Services(https://apps.hhs.texas.gov/).

(2) 감염예방의 일반적인 원칙

① 질병관리청의 감염예방과 방역지침에 성실히 따른다(미생물).

② 기침, 콧물, 인후통, 충혈된 눈, 피부발진, 복통, 설사 등의 증상이 있을 경우 최대한 민감한 대상자와의 접촉을 삼간다(저장소).

③ 평소 코, 입, 눈, 피부, 비뇨생식기, 항문 등을 청결하게 관리한다(탈출구).

④ 대상자와 접촉 전후 흐르는 물에 비누로 30초 이상 구석구석 꼼꼼하게 손을 씻고 마스크 착용을 생활화하고 감염이 의심된 물건을 소독하는 등의 위생적 환경 관리를 철저히 실시한다(전파방법).

⑤ 대상자의 눈, 코, 구강, 피부, 회음부 등을 항상 청결하게 관리한다(침입구).

⑥ 적절한 영양 관리와 예방접종을 통해 대상자의 면역기능을 향상시키기 위해 노력한다(민감한 대상자).

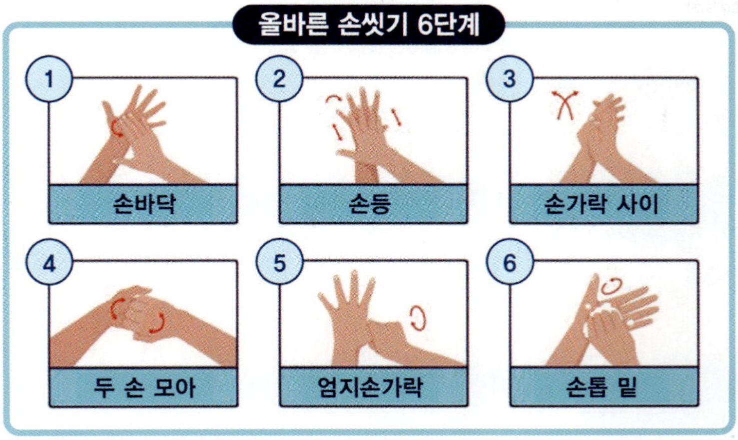

출처: 질병관리청.

Chapter

15

응급처치 케어

Chapter 15

응급처치 케어

1. 응급처치

1) 응급처치의 개념

응급처치란, 응급상황에서 다친 사람이나 급성질환자에게 사고 현장에서, 특히 급성 심장마비는 발생 후 4분 이내에 구조자가 즉시 조치하여 병원 치료를 받을 때까지 일시적으로 도와줄 뿐만 아니라 적절히 조치하여 회복상태에 이르도록 하는 것을 포함한다.

응급처치의 목적은 응급상황에서 행해지는 기도확보, 심장박동의 회복, 기타 생명의 위험이나 증상의 악화방지를 위해 긴급히 수행되는 즉각적이고 임시적인 처치로서 인명구조, 고통경감, 상처나 질병의 악화방지, 심리적인 안정을 도모한다.

2) 응급상황의 행동원칙

(1) 현장의 안정성(위험요소)을 파악한다.

현장의 안전을 확인하는 것은 어떠한 응급상황에서도 가장 중요한 첫 번째 단계이므로 당황하지 말고 침착하게 행동한다.

(2) 대상자의 반응을 확인한다.

대상자의 어깨를 가볍게 두드리며 큰 소리로 불러 반응을 확인한다.

(3) 도움을 요청한다.

반응이 없는 대상자, 특히 심장마비, 호흡곤란 및 호흡 정지, 척추손상, 사지마비, 질식, 의식상태의 변화가 없는 대상자는 119에 신속하게 전화하여 정확한 위치를 알리고 전화번호와 성명, 어떤 상황이 발생되었는지, 대상자의 수, 주변의 위험요소 등을 구체적으로 설명한다.

(4) 대상자의 상태를 파악한다.

생명이 위급한 상황인지 먼저 파악하고 필요한 조치를 즉시 결정한다.

(5) 응급처치를 실시한다.

가장 가까이에 있는 주위 사람이 조치하는 것이 가장 효과가 높다.

2. 질식

1) 질식의 개념

질식이란, 신체 조직에 정상적으로 산소가 공급되지 않는 상태를 뜻하며, 주로 코와 입이 막히거나 기도 안에 이물질이 들어가서 기도가 막히거나 가슴이 눌리는 경우 발생하고 성행위 도중 의도적으로 질식을 유도하여 성적 쾌감을 얻으려 하는 경우를 성적 질식이라고 하며, 질식이 일정 시간 이상 지속될 경우 질식사하게 된다.

기도에서 폐에 이르는 길이 무언가로 막혔을 때를 기도폐색 또는 기도폐쇄라고 말하며, 자신의 목을 조르는 자세를 취하고 괴로운 표정을 지을 뿐만 아니라 갑작스러운 기침을 할 수도 있고 때때로 숨을 쉴 때 목에서 이상한 소리가 들릴 수도 있다.

2) 기도폐쇄의 응급처치 방법

(1) 기도확보

① 기도확보를 하면서 구강 내 이물질이나 음식물을 확인하고 머리를 옆으로 돌린다.

② 거즈나 작은 손수건으로 검지, 중지를 감아 목 안에 깊이 넣어 구토를 유도한다.

③ 만약, 대상자가 입을 다물고 있을 경우 엄지와 중지로 입을 벌리고 양 볼을 잡고 입 안쪽으로 힘을 주어 틈이 생기도록 한 후 다른 손의 엄지와 검지로 아랫니와 윗니를 엇갈리게 밀어 입을 벌린다.

④ 입안에 있는 이물질이 더 안으로 깊이 들어가지 않도록 하여 이물질을 꺼내다.

⑤ 만약, 대상자가 의식을 잃고 숨을 쉬지 못한다면 즉시 119에 신고하여 전문적인 도움을 받을 수 있도록 한다.

(2) 기도 내의 이물질 제거방법

① 등 두드리기

- **앉아 있거나 서 있는 경우**

  대상자 뒤에 서서 약간 비켜선 자세로 한 손을 가슴 위에 얹고 대상자의 머리를 어깨보다 낮은 자세가 되도록 머리를 앞으로 숙이게 한 후 다른 한 손으로 견갑골 사이의 등을 3~4회 세게 두드린다.

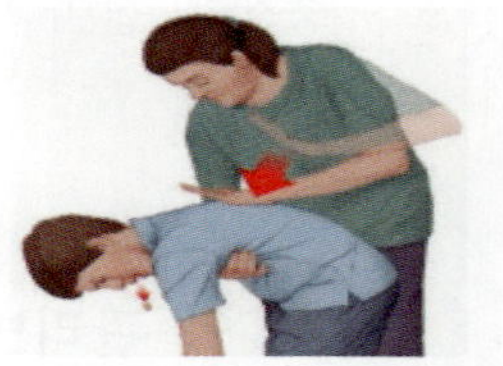

출처: 질병관리청 손상예방관리과.

- **누워 있는 경우**

  대상자와 마주 보도록 옆으로 눕힌 후 대상자의 가슴에 무릎을 대고 견갑골 사이의 등을 3~4회 세게 두드린다.

② 하임리히법

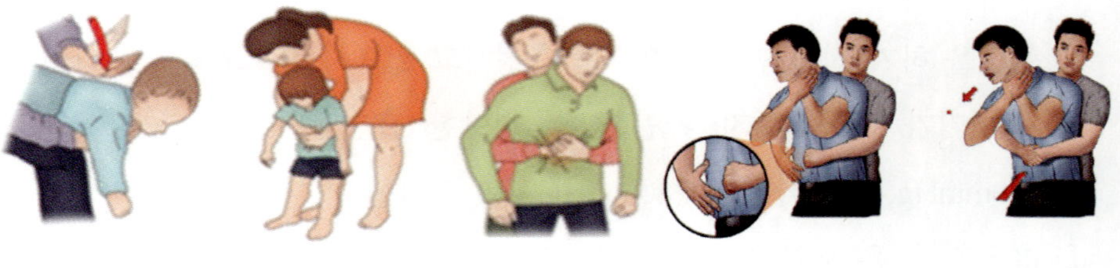

출처: 질병관리청 손상예방관리과.

- 영아는 머리와 목을 받쳐 다리 위에 얹은 후 유두 사이의 중앙에 검지와 중지로 강하고 빠르게 4cm 깊이로 5회 가슴 밀기를 시행한 후 코와 입을 V자로 만들고 목과 상반신을 지지하면서 뒤집어 양쪽 견갑골 사이를 손바닥으로 5회 등 두드리기를 하며, 다시 목과 상반신을 지지하면서 뒤집어

반복 시행한다.

- 성인이 자발적인 기침을 하지 못할 경우 뒤에 서서 주먹 쥔 손을 배꼽과 명치의 중간에 놓고 다른 한 손으로 주먹을 감싼 후 한쪽 다리를 대상자의 다리 사이로 다른 다리는 뒤로 뻗어 균형을 잡고 강하게 힘을 주면서 복부를 안쪽으로 누르며, 아래에서 위로 당겨 주기를 4~5회 반복 시행한다.
- **누워 있는 경우**
  대상자의 대퇴부 위에 걸터앉아 엉덩이를 들고 배꼽과 명치의 중간에서 중심을 잡아 대상자의 머리를 향하여 압력을 가해 5회 정도 빠르게 밀어 올린다.

(3) 흡인 관리법

① 흡인에 필요한 물품은 흡인기, 일회용 멸균장갑, 멸균 흡인카테터, 생리식염수, 에어웨이, 수건 또는 방수포, 100% 산소가 연결된 소생기구(Ambu bag) 등이다.

② 멸균 흡인카테터는 성인은 10~14Fr, 소아는 10~12Fr, 18개월 미만은 6~8Fr이다.

③ 흡인을 하기 전에 먼저 호흡수를 측정하고 필요시 산소포화도를 확인한다.

④ 흡인기가 작동되는지 확인한 후 적당한 흡인압인 성인과 소아는 80~120mmHg, 신생아는 60~80mmHg으로 조절한다.

⑤ R(우측 손)은 오염, L(좌측 손)은 멸균으로 장갑을 착용하고 멸균된 손으로 카테터를 꺼낸 후 오염된 손으로 흡인기의 튜브와 카테터를 연결하고 흡인기를 켠다.

⑥ 기관절개관을 삽입하기 전에 생리식염수가 윤활제 역할을 하도록 한다.

⑦ 카테터를 삽입하여 가래를 뽑는다는 설명을 하고 멸균 흡인카테터와 멸균 증류수는 1회만 사용한다.

⑧ 카테터는 기관 절개관의 길이 10~15cm보다 0.5cm 정도 더 깊이 삽입한 후 기관의 분기점에서 1~2cm 뒤로 빼내 카테터를 부드럽게 돌리면서 1회 10초 이내, 총 흡인시간 5분을 넘지 않도록 한다.

3. 급성 저혈압

1) 급성 저혈압(쇼크)의 개념

급성 저혈압이란, 대량출혈, 심근경색, 심한 감염증 등에 의하여 혈압이 과도하게 낮아져 기관과 조직에 충분한 혈액순환이 이루어지지 못한 상태를 뜻하며, 일반적으로 피부색이 하얗게 또는 파랗게 변하고 손발이 차가워지며, 맥박과 호흡수가 상승하고 혈압은 낮아져 후기고령자의 경우 갑작스럽게 사망하는 위급한 상황이다.

2) 급성 저혈압의 응급처치 방법

① 119에 신고하여 즉시 도움을 요청하고 앙와위 자세를 취한다.
② 대량출혈이 발생했다면 출혈에 대한 응급 조치를 실시한다.
③ 입에서 혈액 또는 토사물이 나온다면 고개를 옆으로 돌린다.
④ 발 아래 베개나 이불 등을 받쳐서 30cm 정도 다리를 높인 자세를 하고 불편을 호소한다면 대상자 스스로 가장 편안하게 느끼는 자세로 바꾸도록 하며, 대상자가 심부전이 있는 경우 앉은 자세를 취한다.
⑤ 신속하게 혈압과 맥박을 측정하며, 상황이 종료될 때까지 물이나 음식은 주지 않고 편안하게 숨을 쉬도록 안내한다.

4. 골절

1) 골절의 개념

골절이란, 강한 외부의 충격에 의해 뼈가 부러지거나 금이 간 상태를 뜻하며, 골절의 부위에 피부 상처가 없거나 신체표면에 직접 연결되지 않은 골절은 단순(폐쇄)골절이고 피부가 손상되어 상처가 있고 뼈가 보이는 골절은 복합(개방)골절이다.

2) 골절의 응급처치 방법

① 119에 신고하여 주변에 도움을 요청하고 절대로 움직이지 않도록 한다.

② 손상 부위가 붓기 전에 반지나 팔찌 등의 장신구를 제거하고 담요 등을 덮어 주어 대상자를 따뜻하게 한다.

③ 옷을 무리하게 벗기지 말고 잘라 낸 후 부목, 삼각건, 붕대, 보자기 등을 이용하여 조이지 않도록 고정시키고 이동할 경우 골절 의심 부위를 고정한 후 이동한다.

④ 부목은 골절을 충분히 덮을 수 있는 길이, 강도, 폭이라야 되고 출혈이 있을 경우 멸균거즈를 이용하여 지혈하며, 튀어나온 뼈는 직접 압박하지 않는다.

⑤ 통증이 심하면 얼음주머니 등을 이용하여 냉찜질을 하는데 맥박이 만져지지 않을 경우에는 얼음주머니를 사용하지 않는다.

5. 염좌와 타박상

1) 염좌와 타박상의 개념

(1) 염좌의 개념

염좌란, 갑자기 무거운 것을 들거나 발을 헛디뎠거나 낙상이나 바닥을 짚고 일어섰거나 비틀리거나 계단을 내려올 때 등 관절이 체중에 의해 심한 압력을 받아 뼈를 지지하는 인대 및 근육이 손상되는 상태, 즉 보통 삐었다는 표현을 한다.

(2) 타박상의 개념

타박상이란, 신체의 한 부분이 외부의 물체에 넘어지거나 맞거나 부딪혀서 연부 조직과 근육 등에 손상을 입어 부종과 통증이 생기는 경우를 말하며, 피부 속의 세포조직이 파괴되어 속으로 출혈이 되어 검푸르게 멍이 드는 경우가 많다(서울아산병원).

2) 염좌와 타박상의 응급처치 방법

(1) 안정과 휴식(Rest)

부상을 당했다면 즉시 활동을 중단하고 충분히 쉬어 안정을 취해야 하는데, 예를 들어 다리를 다쳤다면 즉시 목발을 사용하거나 주변 사람들의 부축을 받아 활동을 최소화하여야 하고 팔을 다쳤다면 다치지 않은 팔로 부상당한 팔의 움직임을 최소화하여야 한다. 그렇게 하지 않으면 출혈이 많아지고 붓기도 심해진다.

(2) 냉찜질(Ice)

부상 직후부터 48시간 이내에 젤의 형태나 팩 형태의 얼음주머니를 사용하여 얼음찜질을 하거나 얼음을 수건에 싸서 1~2시간마다 한 번씩 15~20분 정도 냉찜질을 반복하거나 차가운 물을 뿌려 주면 손상 부위의 대사 활동을 감소시켜 준다.

(3) 압박(Compression)

발목에 붕대나 탄력 붕대로 손상 부위를 적당히 감고 나뭇가지나 넓은 패드 같은 것으로 싸면 손상 부위의 출혈 및 부종을 감소시켜 주므로 냉찜질 전과 후에 실시하여야 하는데 통증이 지속되고 부종이 심각해지면 병원 진료를 받는다. 압박붕대를 감을 때 주의할 점은 단단히 감는 것은 좋으나, 통증이 있을 정도의 단단함은 좋지 않고 가급적이면 심장에서 먼 곳에서부터 가까운 쪽으로 감아 주는 것이 좋다.

(4) 거상(Elevation)

거상이란, 부상 부위를 심장 높이보다 높게 들어 올려 손상 부위의 압력을 낮춰 붓기를 줄여 주는 것을 말한다. 상황과 증상에 따라 빠른 조치가 필요하고 베개나 쿠션 등을 손상 아래에 두어 손상 부위를 심장보다 높게 들어 올려 편안히 누워 휴식을 취하면 부종이 감소한다.

6. 화상

1) 화상의 개념

화상이란, 불, 뜨거운 물이나 증기, 주방기구, 햇볕 등의 열이나 화학물질 또는 전기나 뜨거운 연기로 인해 초산, 크레졸(비누는 아님) 등의 부식성 물질을 삼켰을 때 발생하며, 어떤 경우이든지 노출된 피부가 손상을 받은 상황을 뜻한다. 화상은 손상된 깊이에 따라 1도, 2도, 3도로 구분되지만, 손상 부위와 넓이에 따라 종합적인 판단에 의해 119에 신고할 것인지, 간단한 응급조치를 취할 것인지를 결정한다. 예를 들어, 얼굴이나 관절이 접히는 부위의 화상은 전문적인 치료를 요구하고 면역기능이 낮은 후기고령자는 경미한 화상에도 심각한 합병증이 발생할 수 있다.

2) 화상의 범위

화상의 범위는 치료방법에 중요한 요인이 되고 치료방법은 체표면적을 백분율로 표시한 9의 법칙이며, 머리와 목, 각각의 상지 9%, 몸통 앞과 뒤, 각각의 하지 18%, 회음부 1%를 더해 총 100%로 한다.

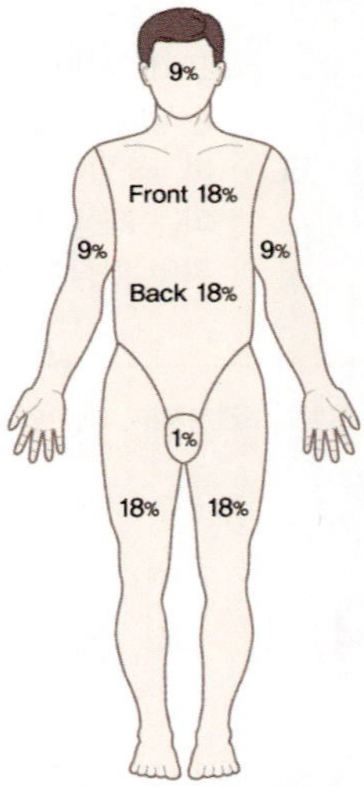

출처: 영진전문대학교 평생교육원.

3) 화상의 분류

1도	햇볕에 의한 화상처럼 표피에만 국한되어 빨갛게 변하고 약간의 부종과 통증이 있으며, 며칠 내에 피부는 아물고 손상된 껍질은 벗겨진다.	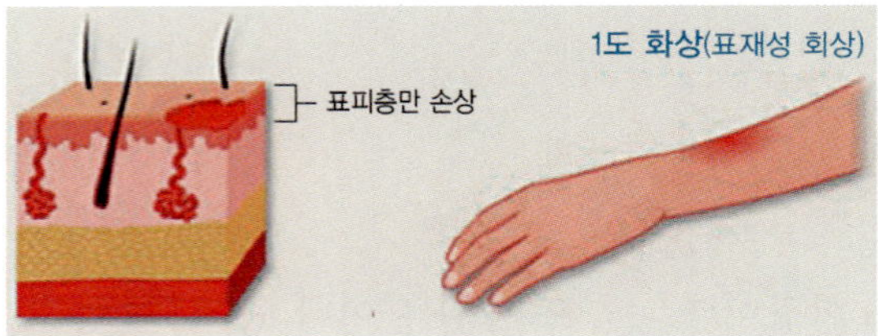
2도	표피는 파괴되고 진피는 손상되어 통증이 심하고 피부는 빨개지며, 맑은 물집이 생기고 3일이 지나면 통증은 줄고 14일 이내 완치된다.	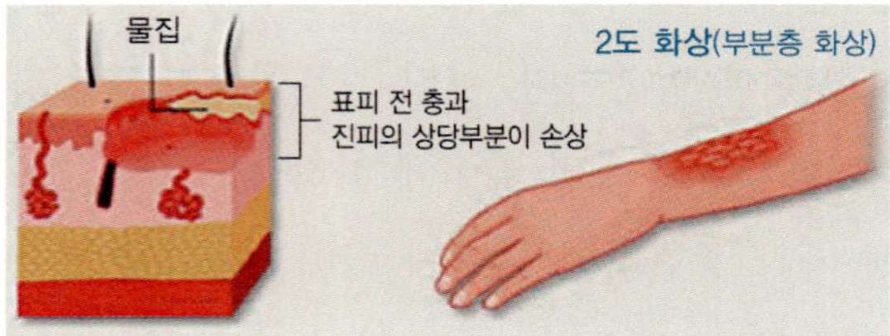
3도	표피, 진피, 지방층, 근육까지 손상되어 감각이 없고 두꺼우며, 색깔이 바래져 손상된 진피는 재생되지 않고 손상된 부위의 가장자리만 새살 돋는다.	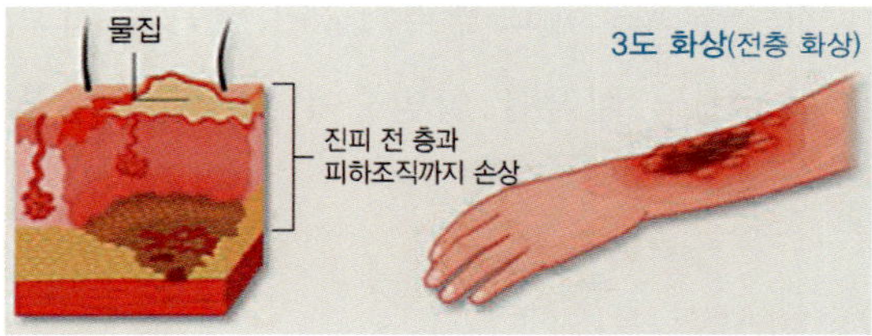

출처: 보건복지부. 대한의학회.

4) 화상의 응급처치 방법

① 화상을 입은 즉시 화상 부위의 통증이 없어질 때까지 5~12℃의 찬물에 15분 이상 담그거나 깨끗한 물수건으로 감싸 화상면의 확대와 염증을 억제하고 통증을 줄여 주며, 흐르는 수돗물이나 얼음, 얼음물을 직접 대는 것은 권장하지 않는다.

② 옷 위로 찬물을 부어 식히고 벗기기 힘든 의복은 벗기지 않고 잘라 내며, 반지, 팔찌, 귀고리 등의 장신구는 최대한 빨리 벗겨 낸다.

③ 화상 부위에 로션, 간장, 기름, 된장, 핸드크림, 치약 등을 바르면 세균감염의 위험이 있고 열기를 내보내지 못하여 상처를 악화시키므로 절대 바르면 안 되고 가능하면 깨끗하고 멸균 처리된 보푸라기 없는 거즈로 덮어야 한다.

④ 화상 부위는 감염의 위험이 있으므로 만지거나 물집을 터뜨리거나 화상부위에 딱 붙어 있는 물질들을 떼어 내면 안 된다.

⑤ 화상이 어느 정도 심한지 모르는 경우이거나 가스를 마신 경우 반드시 병원 진료를 받아야 하고 경미하면 멸균 드레싱을 실시한다.

⑥ 얼굴이나 입술에 화상을 입었을 경우 손상된 조직이 부어서 기도를 막아 호흡곤란이 오므로 즉시 병원 치료를 받아야 한다.

7. 출혈

1) 출혈의 개념

출혈이란, 혈액이 몸 밖으로 빠져나오는 현상을 말하며, 우리 몸 안에는 성인을 기준으로 5L 정도의 혈액이 있고 이 중 1L 이상의 출혈이 발생하면 생명의 위험을 초래하는 쇼크 상태에 빠질 수 있다.

2) 출혈의 응급처치 방법

① 119에 신고하여 구급대원이 올 때까지 출혈 부위를 눌러 지혈한다.

② 쇼크 증상이 보이면 다리와 발을 15~30cm 높게, 즉 심장 높이보다 높게 한다.

③ 출혈량이 적다면 멸균 거즈 등을 활용하여 상처를 압박한다.

④ 출혈량이 많다면 깨끗한 수건이나 옷으로 상처를 압박하고 출혈량이 너무 많으면 패드 2개를 덧대어 계속 압박하며, 부상자에게 물을 주지 않고 출혈이 멈추었다면 상처 부위에 드레싱을 실시한다.

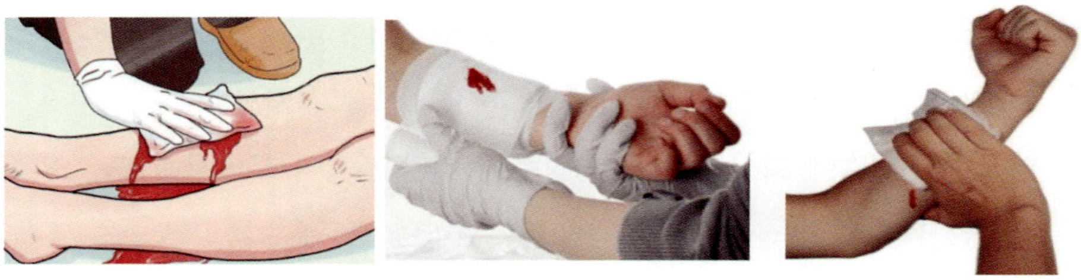

출처: 보건복지부.

8. 비출혈

1) 비출혈의 개념

비출혈, 즉 코피란, 연령이나 성별에 관계없이 혈액, 심장, 신장, 간 질환, 외상 등의 여러 가지 원인으로 콧속에 모여 있는 실핏줄이 터져 피가 나는 것이다. 고혈압이나 동맥경화가 동반된 고령의 경우 일회성으로 심하게 나타나는 후방 출혈은 비강 후반부에서 피가 나는 경우가 많고 지혈이 극히 어려우며, 재발되고 생명을 위협하기도 한다.

2) 비출혈의 응급처치 방법

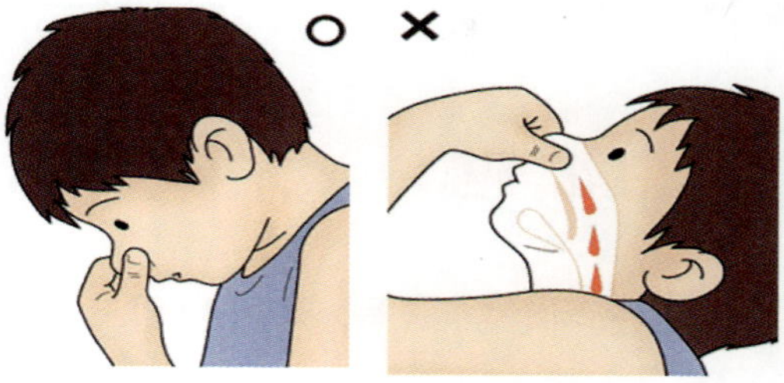

① 출혈 부위를 심장보다 높게 하고 대상자가 누워 있으면 머리를 옆으로 돌린다.

② 지혈될 때까지 머리를 뒤로 젖히면 기관지로 피가 넘어 갈 수 있으므로 주의하고 앉은 자세에서 머리를 약간 앞으로 숙여 피가 목 뒤로 넘어가지 않도록 한다.

③ 호흡은 입으로 하며, 코의 양쪽 끝을 엄지와 검지 손가락으로 세게 잡고 5~10분 정도 압박한다.

④ 눈과 눈 사이, 이마에 차가운 물수건이나 얼음주머니를 대어 주거나 입안에 얼음을 물고 있도록 한다.

⑤ 지속적으로 피가 계속 날 경우 코 앞쪽을 솜으로 막아 주고 피가 코 뒤로 넘어가면 힘을 주지 않으며, 뱉어내야 한다.

⑥ 지혈이 되어도 30분 정도 코를 푸는 행동은 금하고 입으로 호흡한다.

⑦ 대부분의 비출혈은 지혈을 하고 안정을 취하면 자연적으로 호전되지만, 출혈이 20분 이상 지속되거나 출혈량이 많아지거나 반복적인 비출혈은 의료기관을 방문한다.

9. 경련

1) 경련의 개념

경련은 뇌전증, 중독, 저혈당, 알코올 금단증상, 뇌졸중, 열사병 등으로 뇌세포가 비정상적으로 자극되어 온몸이 떨리면서 의식장애 및 몸의 근육이 비자발적으로 수축하는 증상을 뜻하며, 노인은 위중한 질병에 의해 발생하게 된다.

2) 경련의 응급처치 방법

① 경련을 멈추기 위해 입안에 손가락을 넣거나 약을 먹이는 등의 시도를 하지 말고 119 구급대원이 도착할 때까지 온전히 기다리는 것이 가장 중요하다.

② 대상자를 침대나 바닥에 눕히고 베개를 받쳐 머리의 손상을 보호하고 뾰족한 물건 등을 치운다.

③ 몸에 꽉 끼는 옷의 단추나 혁대, 넥타이를 풀고 편안하게 호흡하게 한다.

④ 침이나 거품 혹은 구토 등으로 숨을 쉴 수 없을 경우에는 대상자의 얼굴을 옆으로 돌려 질식을 예방, 즉 기도를 유지한다.

⑤ 입에 손수건 등 이물질을 넣어서는 안 된다.

⑥ 경련은 대부분 1~2분 이내에 종료되므로 대상자를 꽉 붙잡거나 억지로 경련을 멈추게 하려고 억제하지 말고 조용히 기다리면서 주의 깊게 관찰한다.

⑦ 상황이 종료될 때까지 물이나 음식을 주어서는 안 되고 경련이 멈추었다면 휴식을 취하면서 다친 곳은 없는지 살핀다.

⑧ 경련성 질환이 없었는데 경련을 일으키거나 5분 이상 지속되면 119에 신고한다.

10. 약물중독

1) 약물중독의 개념

약물중독이란, 고의 혹은 실수로 치료적 약물을 과량 복용하여 약물이 나타내는 치료적 효과 외의 독성 부작용이 발생할 것으로 예측되는 상태를 말하며, 모든 약물은 처방된 양보다 과량으로 복용하면 중독을 유발할 수 있다(서울대학교병원 의학정보).

2) 약물중독의 응급처치 방법

① 갑작스럽게 구토를 하거나 호흡이 불안해지거나 의식이 흐려지거나 약병 안에 내용물이 쏟아져 있거나 이상한 화학 약품 냄새 등의 정황은 약물중독을 의심할 수 있다.

② 의식을 잃었을 경우 구급차를 부르고 호흡과 맥박을 확인하며, 마실 것을 주지 않고 앙와위 자세로 의료진이 도착할 때까지 응급처치를 하면서 상태변화를 관찰한다.

③ 겉으로 드러난 증상이 없고 복용량이 적더라도 대상자가 먹고 남은 물질과 용기를 들고 반드시 의료기관을 방문한다.

④ 입에서 거품이나 토사물이 나온다면 고개를 옆으로 돌리고 토사물을 모아두었다가 의료진이 분석할 수 있도록 한다.

⑤ 복용약물의 설명서에 구토유도하라는 지시사항이 없을 경우 구토시키지 않는다.

11. 과호흡 증후군

1) 과호흡 증후군의 개념

우리 몸은 정상적인 호흡을 통해 산소를 받아들이고 이산화탄소를 배출시키는데 과도한 호흡을 통해 이산화탄소가 필요 이상으로 배출되어 동맥혈의 이산화탄소 농도가 정상 범위 이하로 감소하면 증상이 유발되는 상태를 과호흡 증후군이라고 한다. 과호흡 증후군은 다양한 신체적 이상에 의해서도 일어나지만, 신체적으로 건강한 사람이 일부러 숨이 찬 데도 불구하고 숨을 참는 경우, 호흡을 억제하고 있는 경우에도 나타날 수 있다(서울대학교병원 의학정보).

2) 과호흡 증후군의 응급처치 방법

① 가슴에 통증이 생기거나 팔다리가 꼬이는 느낌이 들며, 숨이 매우 가파지는 증상을 나타낸다.

② 앙와위 자세에서 꽉 조이는 옷은 느슨하게 하는 등 심신의 안정을 취하도록 한다.

③ 신체적 질환이 원인이면 원인 질환을 치료하면 과호흡 증후군도 호전될 수 있다.

④ 정신적 원인은 겪고 있는 증상이 심각한 신체 질환에 의한 것이 아님과 과호흡 자체가 증상을 유발할 수 있다는 사실을 이해하면 불안이 안정되고 증상이 좋아진다.

⑤ 호흡곤란 증상으로부터 대상자의 주의를 분산시키거나 스스로 호흡을 조절할 수 있다는 것을 느끼게 해 주면 증상이 호전되나, 호전되지 않으면 항불안제, 베타차단제 투약이나 스트레스 감소 치료 등의 치료가 시도된다.

⑥ 비닐봉지를 입과 코에 대고 자신이 내쉰 숨을 다시 들이마시는 치료법은 저산소증이나 사망 등의 위험이 있어 추천되지 않는다.

12. 심폐소생술

1) 심폐소생술의 개념

심폐소생술(CPR)은 심장마비가 발생했을 때 인공적으로 혈액을 순환시키고 호흡을 돕는 응급치료방법이며, 심장이 마비된 상태에서도 혈액을 순환시켜 뇌의 손상을 지연시키고 심장이 마비 상태로부터 회복하는 데 결정적인 도움을 준다. 폐와 혈관 내에는 심폐기능이 멈춘 후 약 6분 정도까지 생명을 유지할 수 있는 산소의 여분이 있으나, 4~6분 이상 혈액순환이 되지 않는 경우 뇌손상이 오므로 심정지를 목격한 사람이 즉시 심폐소생술을 시행하게 되면 그렇지 않은 경우보다 생명을 구할 수 있는 확률이 3배 이상 높다. 심폐소생술의 순서는 현장 안전과 대상자의 반응 확인, 도움 요청과 119 신고, 호흡과 맥박 확인, 가슴압박, 기도유지, 인공호흡, 자동제세동기 사용, 회복자세이다.

일반인 구조자에 의한 기본소생술 순서

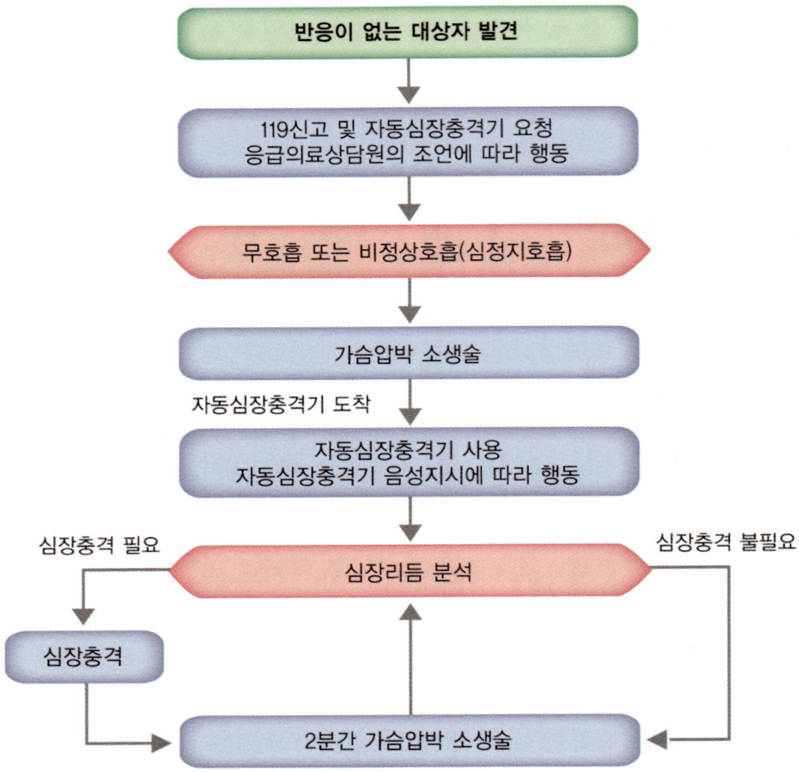

출처: 요양보호사양성표준교재.

2) 심폐소생술의 응급처치 방법

(1) 현장 안전과 대상자의 반응 확인

대상자에게 접근하기 전에 현장이 안전한지 확인하는데, 예를 들어 화재 또는 교통사고 현장에 있다면 대상자를 안전한 장소로 이동시켜 대상자의 양쪽 어깨를 가볍게 두드리면서 "괜찮으세요?"라고 질문하고 반응을 확인하지만, 척추의 부상은 이동시키지 않는다.

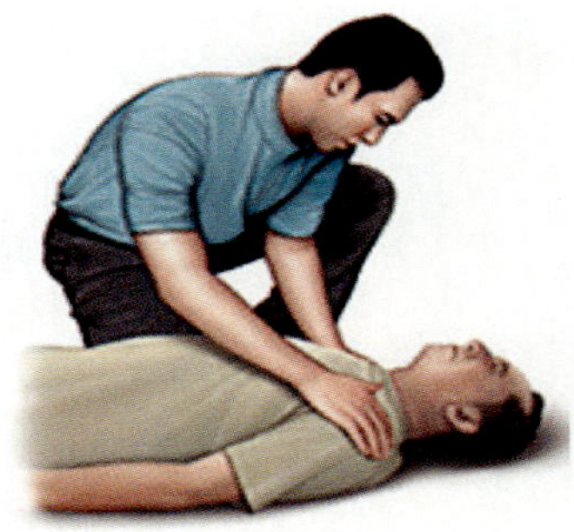

출처: 질병관리청 손상예방관리과.

(2) 도움 요청과 119 신고

질문에 반응이 없고 정상적인 호흡이 없다면 즉시 큰 소리로 주변 사람에게 119 신고와 자동제세동기(AED) 준비를 요청하고 주변에 아무도 없는 경우 직접 119에 신고하며, 이때 119 신고전화를 끊지 않고 상담 요원의 지시에 따르는 것이 매우 중요하다. 신고를 접수한 119의 상담 요원과 전화를 스피커폰 상태로 전환시킨 뒤에 신고자가 심정지를 확인하고 가슴압박 소생술을 시행할 수 있도록 상담요원이 도와주는 대로 시행한다.

출처: 질병관리청 손상예방관리과.

(3) 호흡과 맥박 확인

기도를 개방한 채 대상자의 숨소리를 확인하기 위해서 입과 코를 귀에 대고 소리를 들으며, 가슴이 오르내리는지 눈으로 보고 느끼면서 얼굴과 가슴을 10초 이내로 관찰한다. 대상자의 호흡이 없거나 비정상적이라면 심정지가 발생한 것으로 판단하지만, 일반인은 비정상적인 호흡 상태를 정확히 평가하여 확인하기 어려우므로 구급상황 요원의 지시에 따라 확인하는 것이 바람직하다.

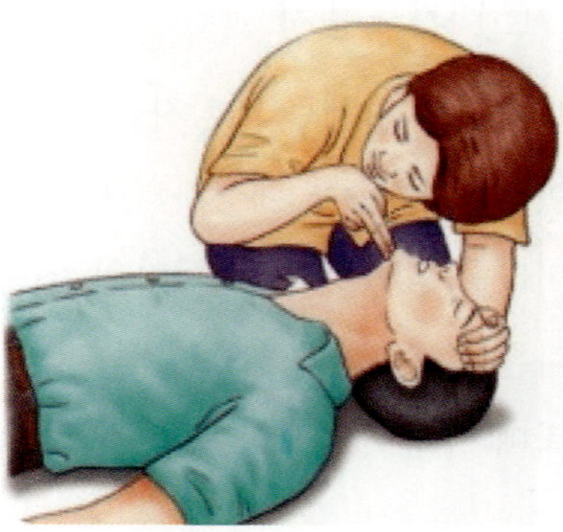

출처: 질병관리청 손상예방관리과.

(4) 가슴 압박

대상자를 바닥이 단단하고 평평한 곳에 앙와위로 눕힌 뒤에 대상자의 가슴 중앙에 한 손의 손바닥 끝을 대고 다른 손을 가슴 위에 있는 손 위에 포개어 손가락을 엇갈려 깍지를 끼듯이 하여 손가락을 위로 치켜올리며, 양팔을 쭉 편 상태에서 체중을 실어 대상자 몸과 수직이 되도록 무릎을 꿇고 엉덩이를 들어 올린 상태에서 실시한다. 압박된 가슴은 완전히 이완되도록 하고 가슴 압박 깊이는 성인 약 5cm, 영아는 4cm이며, 속도는 분당 100~120회를 유지하면서 강하고 빠르게 30회 가슴을 압박하고 인공호흡 방법을 모르거나 꺼려지는 경우에는 인공호흡을 제외하고 가슴 압박만 계속 시행한다. 일반 목격자는 구급상황 요원의 지시에 따라 '하나, 둘, … 서른' 세어 가면서 대상자가 회복하거나 119 구급대가 도착할 때까지 규칙적이고 지속적으로 실시한다.

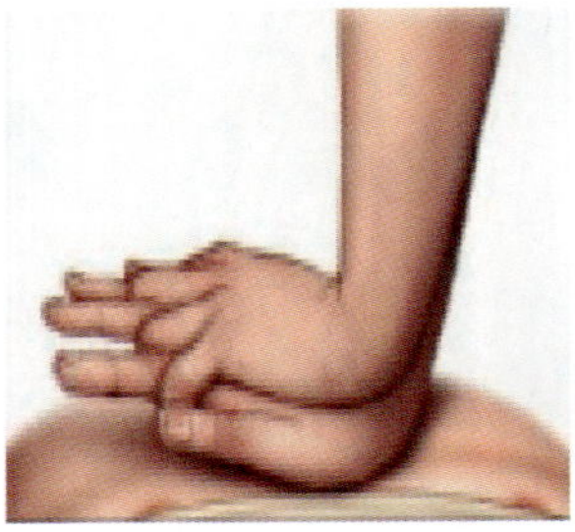
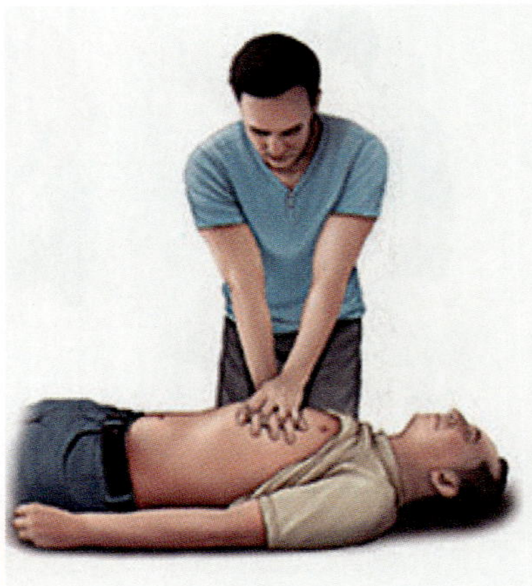

출처: 질병관리청 손상예방관리과.

(5) 기도유지

앙와위 자세로 대상자를 눕힌 후 대상자의 머리 가까이에 있는 손을 대상자의 이마에 대고 뒤쪽으로 밀어서 머리를 젖히는데 대상자의 입이 닫히지 않도록 하며, 다른 손의 손가락으로 턱 밑의 살을 누르지 않으면서 턱뼈 부분에 대고 턱을 들어 올린다.

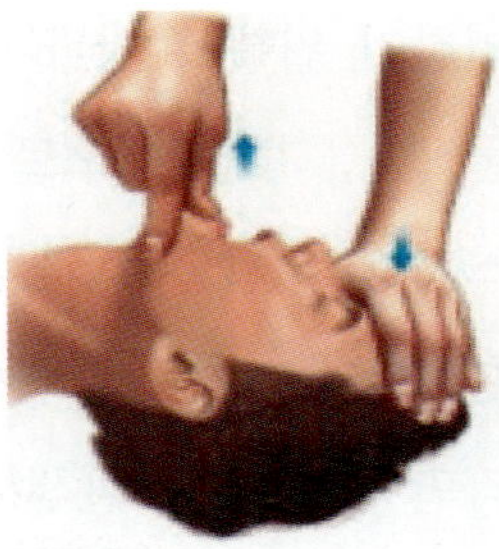

출처: 질병관리청 손상예방관리과.

(6) 인공호흡

머리를 뒤로 젖히고 턱을 들어 올려서 기도를 열어 준 후 대상자의 코를 엄지와 검지로 막고 처치자의 입을 대상자의 입에 밀착시켜 매회 보통호흡 약 500ml로 1초 동안 숨을 천천히 2회 불어넣은 후 막았던 코를 놓아주면서 숨이 들어갔는지 확인하기 위해 대상자의 가슴이 올라오는지 관찰한다.

호흡이 없으면 기도 확보한 자세에서 성인은 입을 벌려 코를 막고 입에서, 영아는 입과 코 동시에 밀착시켜 인공호흡을 서서히 1.5~2초 불고 흉부가 올라오면 코를 놓으며, 가슴 압박 30회, 인공호흡 2회, 즉 30:2로 번갈아 가면서 시행한다.

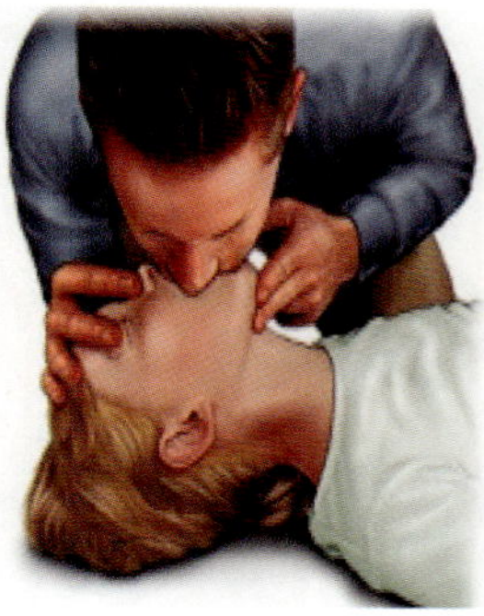

인공호흡

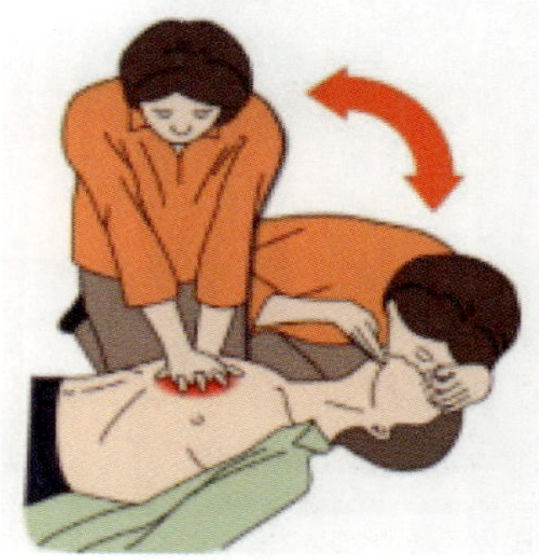

가슴압박과 인공호흡 반복

출처: 질병관리청 손상예방관리과.

(7) 자동제세동기 사용

① 전원 켜기

심장충격기는 반응과 정상적인 호흡이 없는 심정지 대상자에게만 사용해야 하고 심폐소생술 시행 중에 자동심장충격기가 도착하면 지체없이 적용해야 하며, 자동심장충격기를 심폐소생술에 방해가 되지 않는 위치에 놓은 뒤에 전원 버튼을 누른다.

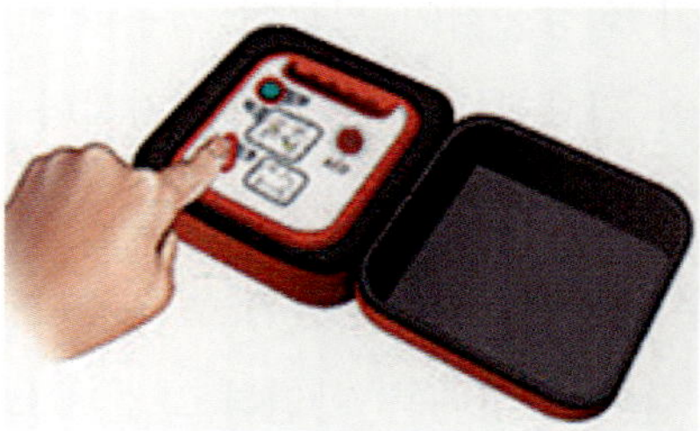

출처: 질병관리청 손상예방관리과.

② 두 개의 패드 부착

패드 부착 부위에 이물질이 있다면 제거하고 패드와 심장충격기 본체가 분리되어 있는 경우에는 연결한 후 패드 1은 오른쪽 빗장뼈 아래에, 패드 2는 왼쪽 젖꼭지 아래 겨드랑이에 부착한다.

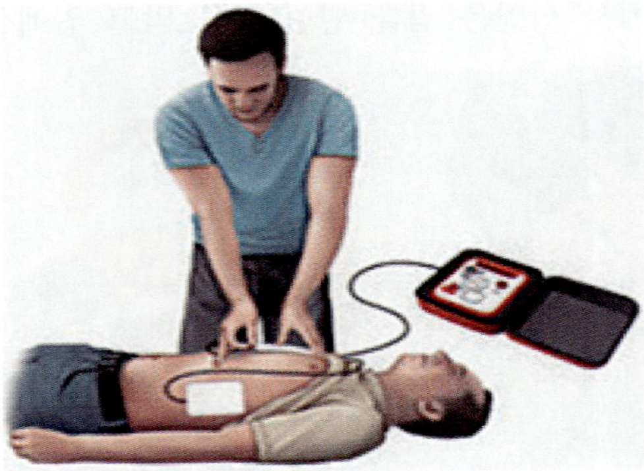

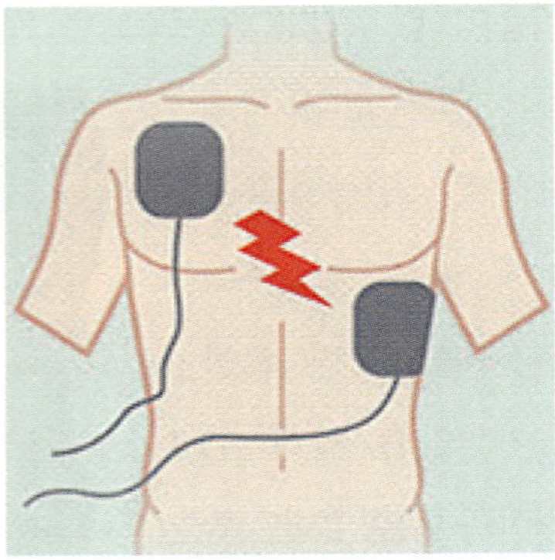

출처: 질병관리청 손상예방관리과.

③ 심장 리듬 분석

"분석 중…"이라는 음성지시가 나오면 심폐소생술을 멈추고 대상자에게서 손을 떼고 심장충격이 필요한 경우라면 "심장충격이 필요합니다"라는 음성지시와 함께 심장충격기에 스스로 설정된 에너지로 충전을 시작한다. 심장충격이 필요 없는 경우에는 "환자의 상태를 확인하고 심폐소생술을 계속하십시오"라는 음성지시가 나오며, 이 경우에는 즉시 심폐소생술을 시작한다.

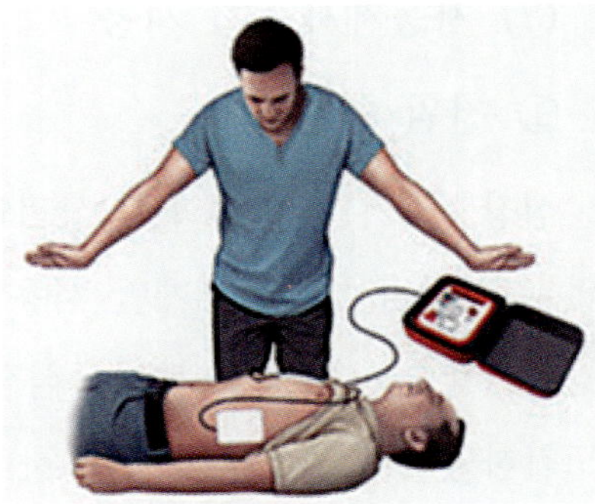

출처: 질병관리청 손상예방관리과.

④ 심장 충격 시행

심장 충격이 필요한 경우에만 심장 충격 버튼이 깜박이기 시작하고 깜박이는 버튼을 눌러 심장 충격을 시행하는 데 심장 충격 버튼을 누르기 전에는 반드시 다른 사람이 대상자에게서 떨어져 있는지 확인해야 한다.

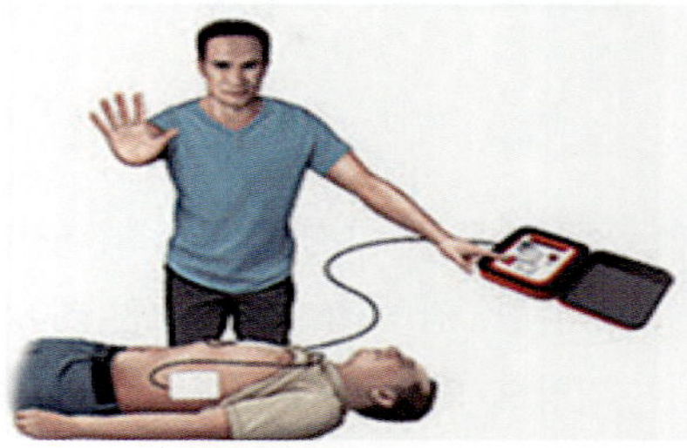

출처: 질병관리청 손상예방관리과.

⑤ 즉시 심폐소생술 다시 시행

심장 충격을 실시한 뒤에는 즉시 가슴 압박을 다시 시작한다. 심장충격기는 2분마다 심장 리듬을 반복해서 분석하며, 이러한 심장충격기의 사용 및 심폐소생술의 시행은 119 구급대가 현장에 도착할 때까지 지속되어야 한다.

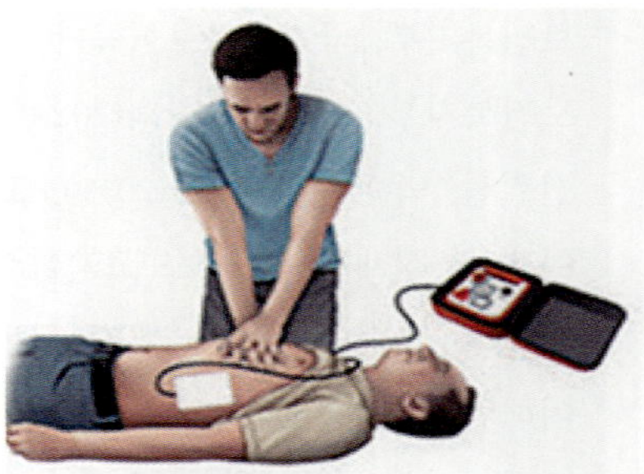

출처: 질병관리청 손상예방관리과.

(8) 회복 자세

가슴 압박 소생술을 시행하던 중에 대상자가 소리를 내거나 움직이면 호흡이 회복되었는지 확인하고 호흡이 회복되었다면 대상자를 측와위로 눕힌 후 대상자의 반응과 호흡을 관찰하며, 대상자의 반응과 정상적인 호흡이 없어진다면 심정지가 재발한 것이므로 신속히 가슴 압박과 인공호흡을 다시 시작한다.

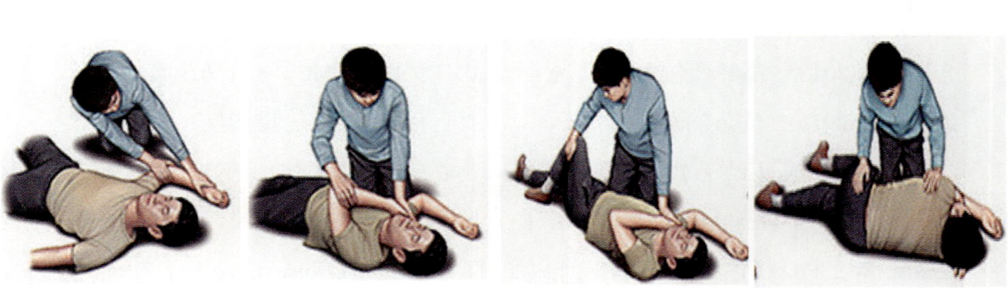

출처: 질병관리청 손상예방관리과.

참고문헌

경상남도광역치매센터(2021). 치매환자 돌봄기술안내서 돌봄의 온도.

김준환, 김혜경(2023). **노인 케어의 이론과 실제.** 경기: 어가.

김창오 외(2024). **요양보호사양성표준교재.** 세종: 보건복지부.

박미은 외(2011). 사례관리실천매뉴얼. 대전광역시 사회복지사협회.

박차상 외(2005). **한국노인복지론.** 서울: 학지사.

보건복지부, 국민건강보험공단(2023). **요양보호사 직무교육교재.**

보건복지부, 국민건강보험공단, 중앙치매센터(2024). 요양보호사 치매전문교육 기본과목.

보건복지부, 한국영양학회(2024). 한국인 영양섭취 기준 활용편.

신원선, 박수진, 김돈규(2019). **고령자를 위한 영양관리와 식사케어.** 서울: 창지사.

이재용, 정재필(2019). **보고행정업무 운영의 실제.** 서울: 창지사.

이태희, 오현숙(2023). **케어복지개론.** 경기: 공동체.

이해영(2023). **케어복지개론.** 경기: 양서원.

장세철 외(2002). **기본간호학 실습지침서.** 경기: 군자출판사.

조추용, 구재관, 이채식, 장우심, 정미경(2023). **케어복지론.** 양서원.

통계청(2024). 노인실태조사.

통계청(2024). 장래인구추계.

한국기독교사회복지학회(2004). **선진국의 케어복지실천.** 서울: 신흥메드싸이언스.

노인복지법 시행규칙.

노인장기요양보험법 시행규칙.

호스피스·완화의료 및 임종과정에 있는 환자의 연명의료결정에 관한 법률 시행규칙.

吉田貞夫(2018). 高齢者を低栄養しない 20のアプロチ. MCメディカ出版

迫田綾子(2016). 吳嚥を防ぐ ポジショニングと食事ケア. 三輪書店.

小山珠美(2017). 口から食べる幸せをサポ-トする包括的スキル, 第2版. 醫學書院.

Department of Health(2008). Better Lives: Better Care. UK.

Leahy, W., Fuzy, J. L., & Grafe, J. (2021). *Providing Home Care – A Textbook for Home Health Aides* (6th ed.). Albuquerque, NM: Hartman

Sepulveda, J. M. G., Baid, D., Johnson, F. R., & Finkelstein, E. A. (2022). What is a Good Death? A choice experiment on care indicators for patients at end of life. *Journal of pain and symptom management, 63*(4), 457-467.

Texas Health and Human Services(https://apps.hhs.texas.gov).

UN(1991). UN Principles for Older Persons.

UN(2018).

WHO(2015).

국립 연명의료관리기관(https://lst.go.kr/main/main.do).

다사랑효마을요양원

대한심폐소생협회, 심폐소생술 시행방법(https://www.kacpr.org).

대한심폐소생협회, 자동제세동기(AED) 사용방법(https://www.kacpr.org).

보건복지부, 국가정신건강정보포털(https://http://www.mentalhealth.go.kr).

보건복지부, 중앙치매센터(https://www.nid.or.kr).

서울대학교병원 의학정보(https://snuh.org/health/nMedInfo/nList.do).

서울아산병원 의학정보(https://www.amc.seoul.kr/asan/healthinfo/disease/diseaseSubmain.do).

영진전문대학교 평생교육원

자유재활원(http://mail.free1945.org/free1945).

장기요양보험 홈페이지(http:// www.longtermcare.or.kr).

질병관리청 국가건강정보포털(https://health.kdca.go.kr).

질병관리청 손상예방관리과(https://www.kdca.go.kr).

케어포 프로그램(https://www.carefor.co.kr).

찾아보기

ㅇ

ㅈ

ㅊ

ㅋ

저 / 자 / 소 / 개

■ 이나겸(李拿兼)

계명대학교 사회복지학과 학사 졸업
대구대학교 사회복지대학원 석사 졸업
현, 대구한의대학교 하이라이프경영학부 객원교수
　　대구수성대학교 보건복지경영과 겸임교수
　　율하요양보호사교육원 사회복지담당

〈저서 및 논문〉
요양보호사 실무(2022)
홀로 된 노인의 재혼에 대한 태도 연구(2004)

〈사회복지실천현장〉
도울노인복지센터 대표
삼보요양원 시설장
다사랑효마을요양원 실장
아시아복지재단자유재활원 생활장
국민건강보험공단 노인장기요양서비스 모니터링 외부요원

실버케어 실무

1판 1쇄 인쇄 — 2025년 8월 5일
1판 1쇄 발행 — 2025년 8월 8일

저　　자 - 이나겸
발 행 인 - 강철원
발 행 처 - 양성원
주　　소 - 경기도 파주시 검산로 173번길 29-12
전　　화 - 031-946-3861(代)
팩　　스 - 031-946-3864
이 메 일 - tnwpub@naver.com
홈페이지 - tnwpub.co.kr
출판등록 - 2015년 8월 31일 제 2015-000211 호

ISBN 979-11-6126-655-8

정가 23,000원